T&P BOOKS

I0142653

NORVEGESE
VOCABOLARIO

ITALIANO - NORVEGESE

Le parole più utili
Per ampliare il proprio lessico e affinare
le proprie abilità linguistiche

7000 parole

Vocabolario Italiano-Norvegese per studio autodidattico - 7000 parole

Di Andrey Taranov

I vocabolari T&P Books si propongono come strumento di aiuto per apprendere, memorizzare e revisionare l'uso di termini stranieri. Il dizionario si divide in vari argomenti che includono la maggior parte delle attività quotidiane, tra cui affari, scienza, cultura, ecc.

Il processo di apprendimento delle parole attraverso i dizionari divisi in liste tematiche della collana T&P Books offre i seguenti vantaggi:

- Le fonti d'informazione correttamente raggruppate garantiscono un buon risultato nella memorizzazione delle parole
- La possibilità di memorizzare gruppi di parole con la stessa radice (piuttosto che memorizzarle separatamente)
- Piccoli gruppi di parole facilitano il processo di apprendimento per associazione, utile al potenziamento lessicale
- Il livello di conoscenza della lingua può essere valutato attraverso il numero di parole apprese

T&P Books Publishing
www.tpbooks.com

ISBN: 978-1-78492-024-1

Questo libro è disponibile anche in formato e-book.
Visitate il sito www.tpbooks.com o le principali librerie online.

VOCABOLARIO NORVEGESE
per studio autodidattico

I vocabolari T&P Books si propongono come strumento di aiuto per apprendere, memorizzare e revisionare l'uso di termini stranieri. Il vocabolario contiene oltre 7000 parole di uso comune ordinate per argomenti.

* Il vocabolario contiene le parole più comunemente usate
* È consigliato in aggiunta ad un corso di lingua
* Risponde alle esigenze degli studenti di lingue straniere sia essi principianti o di livello avanzato
* Pratico per un uso quotidiano, per gli esercizi di revisione e di autovalutazione
* Consente di valutare la conoscenza del proprio lessico

Caratteristiche specifiche del vocabolario:

* Le parole sono ordinate secondo il proprio significato e non alfabeticamente
* Le parole sono riportate in tre colonne diverse per facilitare il metodo di revisione e autovalutazione
* I gruppi di parole sono divisi in sottogruppi per facilitare il processo di apprendimento
* Il vocabolario offre una pratica e semplice trascrizione fonetica per ogni termine straniero

Il vocabolario contiene 198 argomenti tra cui:

Concetti di Base, Numeri, Colori, Mesi, Stagioni, Unità di Misura, Abbigliamento e Accessori, Cibo e Alimentazione, Ristorante, Membri della Famiglia, Parenti, Personalità, Sentimenti, Emozioni, Malattie, Città, Visita Turistica, Acquisti, Denaro, Casa, Ufficio, Lavoro d'Ufficio, Import-export, Marketing, Ricerca di un Lavoro, Sport, Istruzione, Computer, Internet, Utensili, Natura, Paesi, Nazionalità e altro ancora ...

INDICE

Guida alla pronuncia	10
Abbreviazioni	12

CONCETTI DI BASE	14
Concetti di base. Parte 1	14

1. Pronomi	14
2. Saluti. Convenevoli. Saluti di congedo	14
3. Numeri cardinali. Parte 1	15
4. Numeri cardinali. Parte 2	16
5. Numeri. Frazioni	16
6. Numeri. Operazioni aritmetiche di base	17
7. Numeri. Varie	17
8. I verbi più importanti. Parte 1	18
9. I verbi più importanti. Parte 2	18
10. I verbi più importanti. Parte 3	19
11. I verbi più importanti. Parte 4	20
12. Colori	21
13. Domande	22
14. Parole grammaticali. Avverbi. Parte 1	22
15. Parole grammaticali. Avverbi. Parte 2	24

Concetti di base. Parte 2	26
16. Giorni della settimana	26
17. Ore. Giorno e notte	26
18. Mesi. Stagioni	27
19. Orario. Varie	29
20. Contrari	30
21. Linee e forme	31
22. Unità di misura	32
23. Contenitori	33
24. Materiali	34
25. Metalli	35

ESSERE UMANO	36
Essere umano. Il corpo umano	36
26. L'uomo. Concetti di base	36
27. Anatomia umana	36

28.	Testa	37
29.	Corpo umano	38

Abbigliamento e Accessori 39

30.	Indumenti. Soprabiti	39
31.	Abbigliamento uomo e donna	39
32.	Abbigliamento. Biancheria intima	40
33.	Copricapo	40
34.	Calzature	40
35.	Tessuti. Stoffe	41
36.	Accessori personali	41
37.	Abbigliamento. Varie	42
38.	Cura della persona. Cosmetici	42
39.	Gioielli	43
40.	Orologi da polso. Orologio	44

Cibo. Alimentazione 45

41.	Cibo	45
42.	Bevande	46
43.	Verdure	47
44.	Frutta. Noci	48
45.	Pane. Dolci	49
46.	Pietanze cucinate	49
47.	Spezie	50
48.	Pasti	51
49.	Preparazione della tavola	52
50.	Ristorante	52

Famiglia, parenti e amici 53

51.	Informazioni personali. Moduli	53
52.	Membri della famiglia. Parenti	53
53.	Amici. Colleghi	54
54.	Uomo. Donna	55
55.	Età	55
56.	Bambini	56
57.	Coppie sposate. Vita di famiglia	57

Personalità. Sentimenti. Emozioni 58

58.	Sentimenti. Emozioni	58
59.	Personalità. Carattere	59
60.	Dormire. Sogni	60
61.	Umorismo. Risata. Felicità	61
62.	Discussione. Conversazione. Parte 1	61
63.	Discussione. Conversazione. Parte 2	62
64.	Discussione. Conversazione. Parte 3	64
65.	Accordo. Rifiuto	64
66.	Successo. Fortuna. Fiasco	65
67.	Dispute. Sentimenti negativi	66

Medicinali 68

68.	Malattie	68
69.	Sintomi. Cure. Parte 1	69
70.	Sintomi. Cure. Parte 2	70
71.	Sintomi. Cure. Parte 3	71
72.	Medici	72
73.	Medicinali. Farmaci. Accessori	72
74.	Fumo. Prodotti di tabaccheria	73

HABITAT UMANO 74
Città 74

75.	Città. Vita di città	74
76.	Servizi cittadini	75
77.	Mezzi pubblici in città	76
78.	Visita turistica	77
79.	Acquisti	78
80.	Denaro	79
81.	Posta. Servizio postale	80

Abitazione. Casa 81

82.	Casa. Abitazione	81
83.	Casa. Ingresso. Ascensore	82
84.	Casa. Porte. Serrature	82
85.	Casa di campagna	83
86.	Castello. Reggia	83
87.	Appartamento	84
88.	Appartamento. Pulizie	84
89.	Arredamento. Interno	84
90.	Biancheria da letto	85
91.	Cucina	85
92.	Bagno	86
93.	Elettrodomestici	87
94.	Riparazioni. Restauro	88
95.	Impianto idraulico	88
96.	Incendio. Conflagrazione	89

ATTIVITÀ UMANA 91
Lavoro. Affari. Parte 1 91

97.	Attività bancaria	91
98.	Telefono. Conversazione telefonica	92
99.	Telefono cellulare	92
100.	Articoli di cancelleria	93

Lavoro. Affari. Parte 2 94

101.	Mezzi di comunicazione di massa	94
102.	Agricoltura	95

103. Edificio. Attività di costruzione   96

Professioni e occupazioni   98

104. Ricerca di un lavoro. Licenziamento   98
105. Gente d'affari   98
106. Professioni amministrative   99
107. Professioni militari e gradi   100
108. Funzionari. Sacerdoti   101
109. Professioni agricole   101
110. Professioni artistiche   102
111. Professioni varie   102
112. Attività lavorative. Condizione sociale   104

Sport   105

113. Tipi di sport. Sportivi   105
114. Tipi di sport. Varie   106
115. Palestra   106
116. Sport. Varie   107

Istruzione   109

117. Scuola   109
118. Istituto superiore. Università   110
119. Scienze. Discipline   111
120. Sistema di scrittura. Ortografia   111
121. Lingue straniere   112
122. Personaggi delle fiabe   113
123. Segni zodiacali   114

Arte   115

124. Teatro   115
125. Cinema   116
126. Pittura   117
127. Letteratura e poesia   118
128. Circo   118
129. Musica. Musica pop   119

Ristorante. Intrattenimento. Viaggi   121

130. Escursione. Viaggio   121
131. Hotel   121
132. Libri. Lettura   122
133. Caccia. Pesca   124
134. Ciochi. Biliardo   124
135. Ciochi. Carte da gioco   125
136. Riposo. Giochi. Varie   125
137. Fotografia   126
138. Spiaggia. Nuoto   126

ATTREZZATURA TECNICA. MEZZI DI TRASPORTO   128
Attrezzatura tecnica   128

139. Computer   128
140. Internet. Posta elettronica   129

Mezzi di trasporto   130

141. Aeroplano   130
142. Treno   131
143. Nave   132
144. Aeroporto   133
145. Bicicletta. Motocicletta   134

Automobili   135

146. Tipi di automobile   135
147. Automobili. Carrozzeria   135
148. Automobili. Vano passeggeri   136
149. Automobili. Motore   137
150. Automobili. Incidente. Riparazione   138
151. Automobili. Strada   139

GENTE. SITUAZIONI QUOTIDIANE   141
Situazioni quotidiane   141

152. Vacanze. Evento   141
153. Funerali. Sepoltura   142
154. Guerra. Soldati   142
155. Guerra. Azioni militari. Parte 1   144
156. Armi   145
157. Gli antichi   146
158. Il Medio Evo   147
159. Leader. Capo. Le autorità   149
160. Infrangere la legge. Criminali. Parte 1   149
161. Infrangere la legge. Criminali. Parte 2   151
162. Polizia. Legge. Parte 1   152
163. Polizia. Legge. Parte 2   153

LA NATURA   155
La Terra. Parte 1   155

164. L'Universo   155
165. La Terra   156
166. Punti cardinali   157
167. Mare. Oceano   157
168. Montagne   158
169. Fiumi   159
170. Foresta   160
171. Risorse naturali   161

La Terra. Parte 2   162

172. Tempo   162
173. Rigide condizioni metereologiche. Disastri naturali   163

Fauna   164

174. Mammiferi. Predatori   164
175. Animali selvatici   164
176. Animali domestici   165
177. Cani. Razze canine   166
178. Versi emessi dagli animali   167
179. Uccelli   167
180. Uccelli. Cinguettio e versi   169
181. Pesci. Animali marini   169
182. Anfibi. Rettili   170
183. Insetti   170
184. Animali. Parti del corpo   171
185. Animali. Ambiente naturale   171

Flora   173

186. Alberi   173
187. Arbusti   173
188. Funghi   174
189. Frutti. Bacche   174
190. Fiori. Piante   175
191. Cereali, granaglie   176

GEOGRAFIA REGIONALE   177
Paesi. Nazionalità   177

192. Politica. Governo. Parte 1   177
193. Politica. Governo. Parte 2   178
194. Paesi. Varie   179
195. Principali gruppi religiosi. Credi religiosi   180
196. Religioni. Sacerdoti   181
197. Fede. Cristianesimo. Islam   181

VARIE   184

198. Varie parole utili   184

GUIDA ALLA PRONUNCIA

Lettera	Esempio norvegese	Alfabeto fonetico T&P	Esempio italiano
Aa	plass	[ɑ], [ɑ:]	fare
Bb	bøtte, albue	[b]	bianco
Cc [1]	centimeter	[s]	sapere
Cc [2]	Canada	[k]	cometa
Dd	radius	[d]	doccia
Ee	rett	[e:]	essere
Ee [3]	begå	[ɛ]	centro
Ff	fattig	[f]	ferrovia
Gg [4]	golf	[g]	guerriero
Gg [5]	gyllen	[j]	New York
Gg [6]	regnbue	[ŋ]	fango
Hh	hektar	[h]	[h] dolce
Ii	kilometer	[ı], [i]	lunedì
Kk	konge	[k]	cometa
Kk [7]	kirke	[ħ]	[h] dolce
Jj	fjerde	[j]	New York
kj	bikkje	[ħ]	[h] dolce
Ll	halvår	[l]	saluto
Mm	middag	[m]	mostra
Nn	november	[n]	notte
ng	id_langt	[ŋ]	fango
Oo [8]	honning	[ɔ]	romanzo
Oo [9]	fot, krone	[u]	prugno
Pp	plomme	[p]	pieno
Qq	sequoia	[k]	cometa
Rr	sverge	[r]	ritmo, raro
Ss	appelsin	[s]	sapere
sk [10]	skikk, skyte	[ʃ]	ruscello
Tt	stør, torsk	[t]	tattica
Uu	brudd	[y]	luccio
Vv	kraftverk	[v]	volare
Ww	webside	[v]	volare
Xx	mexicaner	[ks]	taxi
Yy	nytte	[ı], [i]	lunedì
Zz [11]	New Zealand	[s]	sinfonia, tsunami
Ææ	vær, stær	[æ]	spremifrutta
Øø	ørn, gjø	[ø]	oblò
Åå	gås, værhår	[o:]	coordinare

Note di commento

[1] prima di e, i
[2] altrove
[3] atona
[4] prima di a, o, u, å
[5] prima di i e y
[6] insieme a gn
[7] prima di i e y
[8] prima di due consonanti
[9] prima di una consonante
[10] prima di i e y
[11] solo nei prestiti linguistici

ABBREVIAZIONI
usate nel vocabolario

Italiano. Abbreviazioni

agg	-	aggettivo
anim.	-	animato
avv	-	avverbio
cong	-	congiunzione
ecc.	-	eccetera
f	-	sostantivo femminile
f pl	-	femminile plurale
fem.	-	femminile
form.	-	formale
inanim.	-	inanimato
inform.	-	familiare
m	-	sostantivo maschile
m pl	-	maschile plurale
m, f	-	maschile, femminile
masc.	-	maschile
mil.	-	militare
pl	-	plurale
pron	-	pronome
qc	-	qualcosa
qn	-	qualcuno
sing.	-	singolare
v aus	-	verbo ausiliare
vi	-	verbo intransitivo
vi, vt	-	verbo intransitivo, transitivo
vr	-	verbo riflessivo
vt	-	verbo transitivo

Norvegese. Abbreviazioni

f	-	sostantivo femminile
f pl	-	femminile plurale
m	-	sostantivo maschile
m pl	-	maschile plurale
m/f	-	maschile, neutro
m/f pl	-	maschile/femminile plurale
m/f/n	-	maschile/femminile/neutro
m/n	-	maschile, femminile
n	-	neutro

n pl	-	plurale neutro
pl	-	plurale

CONCETTI DI BASE

Concetti di base. Parte 1

1. Pronomi

| io | jeg | ['jæj] |
| tu | du | [dʉ] |

lui	han	['hɑn]
lei	hun	['hʉn]
esso	det, den	['de], ['den]

noi	vi	['vi]
voi	dere	['derə]
loro	de	['de]

2. Saluti. Convenevoli. Saluti di congedo

Salve!	Hei!	['hæj]
Buongiorno!	Hallo! God dag!	[hɑ'lʉ], [gʉ 'dɑ]
Buongiorno! (la mattina)	God morn!	[gʉ 'mɔːn]
Buon pomeriggio!	God dag!	[gʉ'dɑ]
Buonasera!	God kveld!	[gʉ 'kvɛl]

salutare (vt)	å hilse	[ɔ 'hilsə]
Ciao! Salve!	Hei!	['hæj]
saluto (m)	hilsen (m)	['hilsən]
salutare (vt)	å hilse	[ɔ 'hilsə]
Come sta?	Hvordan står det til?	['vʉːdɑn stoːr de til]
Come stai?	Hvordan går det?	['vʉːdɑn gor de]
Che c'è di nuovo?	Hva nytt?	[vɑ 'nʏt]

Arrivederci!	Ha det bra!	[hɑ de 'brɑ]
Ciao!	Ha det!	[hɑ 'de]
A presto!	Vi ses!	[vi sɛs]
Addio!	Farvel!	[far'vɛl]
congedarsi (vr)	å si farvel	[ɔ 'si far'vɛl]
Ciao! (A presto!)	Ha det!	[hɑ 'de]

Grazie!	Takk!	['tɑk]
Grazie mille!	Tusen takk!	['tʉsən tɑk]
Prego	Bare hyggelig	['bɑrə 'hʏgeli]
Non c'è di che!	Ikke noe å takke for!	['ikə 'nʉe ɔ 'takə fɔr]
Di niente	Ingen årsak!	['iŋən 'oːʂak]
Scusa!	Unnskyld, …	['ʉnˌʂyl …]
Scusi!	Unnskyld meg, …	['ʉnˌʂyl me …]

scusare (vt)	å unnskylde	[ɔ 'ʉnˌsylə]
scusarsi (vr)	å unnskylde seg	[ɔ 'ʉnˌsylə sæj]
Chiedo scusa	Jeg ber om unnskyldning	[jæj ber ɔm 'ʉnˌsyldniŋ]
Mi perdoni!	Unnskyld!	['ʉnˌsyl]
perdonare (vt)	å tilgi	[ɔ 'tilˌji]
Non fa niente	Ikke noe problem	['ikə 'nʊe prʊ'blem]
per favore	vær så snill	['vær ʂɔ 'snil]

Non dimentichi!	Ikke glem!	['ikə 'glem]
Certamente!	Selvfølgelig!	[sɛl'følgəli]
Certamente no!	Selvfølgelig ikke!	[sɛl'følgəli 'ikə]
D'accordo!	OK! Enig!	[ɔ'kɛj], ['ɛni]
Basta!	Det er nok!	[de ær 'nɔk]

3. Numeri cardinali. Parte 1

zero (m)	null	['nʉl]
uno	en	['en]
due	to	['tʊ]
tre	tre	['tre]
quattro	fire	['fire]

cinque	fem	['fɛm]
sei	seks	['sɛks]
sette	sju	['ʂʉ]
otto	åtte	['ɔtə]
nove	ni	['ni]

dieci	ti	['ti]
undici	elleve	['ɛlvə]
dodici	tolv	['tɔl]
tredici	tretten	['trɛtən]
quattordici	fjorten	['fjɔ:ʈən]

quindici	femten	['fɛmtən]
sedici	seksten	['sæejstən]
diciassette	sytten	['sʏtən]
diciotto	atten	['atən]
diciannove	nitten	['nitən]

venti	tjue	['çʉe]
ventuno	tjueen	['çʉe en]
ventidue	tjueto	['çʉe tʊ]
ventitre	tjuetre	['çʉe tre]

trenta	tretti	['trɛti]
trentuno	trettien	['trɛti en]
trentadue	trettito	['trɛti tʊ]
trentatre	trettitre	['trɛti tre]

quaranta	førti	['fœ:ʈi]
quarantuno	førtien	['fœ:ʈi en]
quarantadue	førtito	['fœ:ʈi tʊ]
quarantatre	førtitre	['fœ:ʈi tre]

cinquanta	femti	['fɛmti]
cinquantuno	femtien	['fɛmti en]
cinquantadue	femtito	['fɛmti tʊ]
cinquantatre	femtitre	['fɛmti tre]

sessanta	seksti	['sɛksti]
sessantuno	sekstien	['sɛksti en]
sessantadue	sekstito	['sɛksti tʊ]
sessantatre	sekstitre	['sɛksti tre]

settanta	sytti	['sʏti]
settantuno	syttien	['sʏti en]
settantadue	syttito	['sʏti tʊ]
settantatre	syttitre	['sʏti tre]

ottanta	åtti	['ɔti]
ottantuno	åttien	['ɔti en]
ottantadue	åttito	['ɔti tʊ]
ottantatre	åttitre	['ɔti tre]

novanta	nitti	['niti]
novantuno	nittien	['niti en]
novantadue	nittito	['niti tʊ]
novantatre	nittitre	['niti tre]

4. Numeri cardinali. Parte 2

cento	hundre	['hʉndrə]
duecento	to hundre	['tʊ ˌhʉndrə]
trecento	tre hundre	['tre ˌhʉndrə]
quattrocento	fire hundre	['fire ˌhʉndrə]
cinquecento	fem hundre	['fɛm ˌhʉndrə]

seicento	seks hundre	['sɛks ˌhʉndrə]
settecento	syv hundre	['syv ˌhʉndrə]
ottocento	åtte hundre	['ɔtə ˌhʉndrə]
novecento	ni hundre	['ni ˌhʉndrə]

mille	tusen	['tʉsən]
duemila	to tusen	['tʊ ˌtʉsən]
tremila	tre tusen	['tre ˌtʉsən]
diecimila	ti tusen	['ti ˌtʉsən]
centomila	hundre tusen	['hʉndrə ˌtʉsən]
milione (m)	million (m)	[mi'ljun]
miliardo (m)	milliard (m)	[mi'lja:d]

5. Numeri. Frazioni

frazione (f)	brøk (m)	['brøk]
un mezzo	en halv	[en 'hɑl]
un terzo	en tredjedel	[en 'trɛdjəˌdel]
un quarto	en fjerdedel	[en 'fjærəˌdel]

un ottavo	en åttendedel	[en 'ɔtenə,del]
un decimo	en tiendedel	[en 'tienə,del]
due terzi	to tredjedeler	['tʊ 'trɛdjə,delər]
tre quarti	tre fjerdedeler	['tre 'fjær,delər]

6. Numeri. Operazioni aritmetiche di base

sottrazione (f)	subtraksjon (m)	[sʉbtrak'sʊn]
sottrarre (vt)	å subtrahere	[ɔ 'sʉbtra,herə]
divisione (f)	divisjon (m)	[divi'sʊn]
dividere (vt)	å dividere	[ɔ divi'derə]

addizione (f)	addisjon (m)	[adi'sʊn]
addizionare (vt)	å addere	[ɔ a'derə]
aggiungere (vt)	å addere	[ɔ a'derə]
moltiplicazione (f)	multiplikasjon (m)	[mʉltiplika'sʊn]
moltiplicare (vt)	å multiplisere	[ɔ mʉltipli'serə]

7. Numeri. Varie

cifra (f)	siffer (n)	['sifər]
numero (m)	tall (n)	['tal]
numerale (m)	tallord (n)	['tal,uːr]
meno (m)	minus (n)	['minʉs]
più (m)	pluss (n)	['plʉs]
formula (f)	formel (m)	['fɔrməl]

calcolo (m)	beregning (m/f)	[be'rɛjniŋ]
contare (vt)	å telle	[ɔ 'tɛlə]

calcolare (vt)	å telle opp	[ɔ 'tɛlə ɔp]
comparare (vt)	å sammenlikne	[ɔ 'samən,liknə]

Quanto?	Hvor mye?	[vʊr 'mye]
Quanti?	Hvor mange?	[vʊr 'maŋə]

somma (f)	sum (m)	['sʉm]
risultato (m)	resultat (n)	[resʉl'tat]
resto (m)	rest (m)	['rɛst]

qualche ...	noen	['nʊən]
alcuni, pochi (non molti)	få, ikke mange	['fɔ], ['ikə ,maŋə]
poco (non molto)	lite	['litə]
resto (m)	rest (m)	['rɛst]

uno e mezzo	halvannen	[hal'anən]
dozzina (f)	dusin (n)	[dʉ'sin]

in due	i 2 halvdeler	[i tʊ hal'delər]
in parti uguali	jevnt	['jɛvnt]
metà (f), mezzo (m)	halvdel (m)	['haldel]
volta (f)	gang (m)	['gaŋ]

8. I verbi più importanti. Parte 1

accorgersi (vr)	à bemerke	[ɔ beˈmærkə]
afferrare (vt)	à fange	[ɔ ˈfaŋə]
affittare (dare in affitto)	à leie	[ɔ ˈlæjə]
aiutare (vt)	à hjelpe	[ɔ ˈjɛlpə]
amare (qn)	à elske	[ɔ ˈɛlskə]

andare (camminare)	à gà	[ɔ ˈgɔ]
annotare (vt)	à skrive ned	[ɔ ˈskrivə ne]
appartenere (vi)	à tilhøre ...	[ɔ ˈtilˌhørə ...]
aprire (vt)	à àpne	[ɔ ˈɔpnə]
arrivare (vi)	à ankomme	[ɔ ˈanˌkɔmə]
aspettare (vt)	à vente	[ɔ ˈvɛntə]

avere (vt)	à ha	[ɔ ˈha]
avere fame	à være sulten	[ɔ ˈværə ˈsʉltən]
avere fretta	à skynde seg	[ɔ ˈʂynə sæj]

avere paura	à frykte	[ɔ ˈfrʏktə]
avere sete	à være tørst	[ɔ ˈværə ˈtœʂt]
avvertire (vt)	à varsle	[ɔ ˈvaʂlə]
cacciare (vt)	à jage	[ɔ ˈjagə]
cadere (vi)	à falle	[ɔ ˈfalə]
cambiare (vt)	à endre	[ɔ ˈɛndrə]
capire (vt)	à forstà	[ɔ fɔˈʂtɔ]
cenare (vi)	à spise middag	[ɔ ˈspisə ˈmiˌda]
cercare (vt)	à søke ...	[ɔ ˈsøkə ...]
cessare (vt)	à slutte	[ɔ ˈslʉtə]
chiedere (~ aiuto)	à tilkalle	[ɔ ˈtilˌkalə]

chiedere (domandare)	à spørre	[ɔ ˈspørə]
cominciare (vt)	à begynne	[ɔ beˈjinə]
comparare (vt)	à sammenlikne	[ɔ ˈsamənˌliknə]
confondere (vt)	à forveksle	[ɔ fɔrˈvɛkʂlə]
conoscere (qn)	à kjenne	[ɔ ˈçɛnə]

conservare (vt)	à beholde	[ɔ beˈhɔlə]
consigliare (vt)	à ràde	[ɔ ˈroːdə]
contare (calcolare)	à telle	[ɔ ˈtɛlə]
contare su ...	à regne med ...	[ɔ ˈrɛjnə me ...]
continuare (vt)	à fortsette	[ɔ ˈfortˌsɛtə]

controllare (vt)	à kontrollere	[ɔ kʉntrɔˈlerə]
correre (vi)	à løpe	[ɔ ˈløpə]
costare (vt)	à koste	[ɔ ˈkɔstə]
creare (vt)	à opprette	[ɔ ˈɔpˌrɛtə]
cucinare (vi)	à lage	[ɔ ˈlagə]

9. I verbi più importanti. Parte 2

| dare (vt) | à gi | [ɔ ˈji] |
| dare un suggerimento | à gi et vink | [ɔ ˈji et ˈvink] |

decorare (adornare)	å pryde	[ɔ 'prydə]
difendere (~ un paese)	å forsvare	[ɔ fɔ'şvarə]
dimenticare (vt)	å glemme	[ɔ 'glemə]

dire (~ la verità)	å si	[ɔ 'si]
dirigere (compagnia, ecc.)	å styre, å lede	[ɔ 'styrə], [ɔ 'ledə]
discutere (vt)	å diskutere	[ɔ diskʉ'terə]
domandare (vt)	å be	[ɔ 'be]
dubitare (vi)	å tvile	[ɔ 'tvilə]

entrare (vi)	å komme inn	[ɔ 'kɔmə in]
esigere (vt)	å kreve	[ɔ 'krevə]
esistere (vi)	å eksistere	[ɔ ɛksi'sterə]

essere (vi)	å være	[ɔ 'værə]
essere d'accordo	å samtykke	[ɔ 'sam͵tvkə]
fare (vt)	å gjøre	[ɔ 'jørə]
fare colazione	å spise frokost	[ɔ 'spisə ͵frʉkɔst]

fare il bagno	å bade	[ɔ 'badə]
fermarsi (vr)	å stoppe	[ɔ 'stɔpə]
fidarsi (vr)	å stole på	[ɔ 'stʉlə pɔ]
finire (vt)	å slutte	[ɔ 'şlʉtə]
firmare (~ un documento)	å underskrive	[ɔ 'ʉnə͵skrivə]

giocare (vi)	å leke	[ɔ 'lekə]
girare (~ a destra)	å svinge	[ɔ 'sviŋə]
gridare (vi)	å skrike	[ɔ 'skrikə]
indovinare (vt)	å gjette	[ɔ 'jɛtə]
informare (vt)	å informere	[ɔ infɔr'merə]

ingannare (vt)	å fuske	[ɔ 'fʉskə]
insistere (vi)	å insistere	[ɔ insi'sterə]
insultare (vt)	å fornærme	[ɔ fɔː'ŋærmə]
interessarsi di ...	å interessere seg	[ɔ intərе'serə sæj]
invitare (vt)	å innby, å invitere	[ɔ 'inby], [ɔ invi'terə]

lamentarsi (vr)	å klage	[ɔ 'klagə]
lasciar cadere	å tappe	[ɔ 'tapə]
lavorare (vi)	å arbeide	[ɔ 'ar͵bæjdə]
leggere (vi, vt)	å lese	[ɔ 'lesə]
liberare (vt)	å befri	[ɔ be'fri]

10. I verbi più importanti. Parte 3

mancare le lezioni	å skulke	[ɔ 'skʉlkə]
mandare (vt)	å sende	[ɔ 'sɛnə]
menzionare (vt)	å omtale, å nevne	[ɔ 'ɔm͵talə], [ɔ 'nɛvnə]
minacciare (vt)	å true	[ɔ 'trʉə]
mostrare (vt)	å vise	[o 'visə]

nascondere (vt)	å gjemme	[ɔ 'jɛmə]
nuotare (vi)	å svømme	[ɔ 'svœmə]
obiettare (vt)	å innvende	[ɔ 'in͵vɛnə]

occorrere (vimp)	å være behøv	[ɔ 'værə bə'høv]
ordinare (~ il pranzo)	å bestille	[ɔ be'stilə]

ordinare (mil.)	å beordre	[ɔ be'ɔrdrə]
osservare (vt)	å observere	[ɔ ɔbsɛr'verə]
pagare (vi, vt)	å betale	[ɔ be'talə]
parlare (vi, vt)	å tale	[ɔ 'talə]
partecipare (vi)	å delta	[ɔ 'dɛlta]

pensare (vi, vt)	å tenke	[ɔ 'tɛnkə]
perdonare (vt)	å tilgi	[ɔ 'til‚ji]
permettere (vt)	å tillate	[ɔ 'ti‚latə]
piacere (vi)	å like	[ɔ 'likə]
piangere (vi)	å gråte	[ɔ 'gro:tə]

pianificare (vt)	å planlegge	[ɔ 'plan‚legə]
possedere (vt)	å besidde, å eie	[ɔ bɛ'sidə], [ɔ 'æje]
potere (v aus)	å kunne	[ɔ 'kʉnə]
pranzare (vi)	å spise lunsj	[ɔ 'spisə ‚lʉnʂ]
preferire (vt)	å foretrekke	[ɔ 'fɔrə‚trɛkə]

pregare (vi, vt)	å be	[ɔ 'be]
prendere (vt)	å ta	[ɔ 'ta]
prevedere (vt)	å forutse	[ɔ 'fɔrʉt‚sə]
promettere (vt)	å love	[ɔ 'lɔvə]
pronunciare (vt)	å uttale	[ɔ 'ʉt‚talə]

proporre (vt)	å foreslå	[ɔ 'fɔrə‚ʂlɔ]
punire (vt)	å straffe	[ɔ 'strafə]
raccomandare (vt)	å anbefale	[ɔ 'anbe‚falə]
ridere (vi)	å le, å skratte	[ɔ 'le], [ɔ 'skratə]
rifiutarsi (vr)	å vegre seg	[ɔ 'vɛgrə sæj]

rincrescere (vi)	å beklage	[ɔ be'klagə]
ripetere (ridire)	å gjenta	[ɔ 'jɛnta]
riservare (vt)	å reservere	[ɔ resɛr'verə]
rispondere (vi, vt)	å svare	[ɔ 'svarə]
rompere (spaccare)	å bryte	[ɔ 'brytə]
rubare (~ i soldi)	å stjele	[ɔ 'stjelə]

11. I verbi più importanti. Parte 4

salvare (~ la vita a qn)	å redde	[ɔ 'rɛdə]
sapere (vt)	å vite	[ɔ 'vitə]
sbagliare (vi)	å gjøre feil	[ɔ 'jørə ‚fæjl]
scavare (vt)	å grave	[ɔ 'gravə]
scegliere (vt)	å velge	[ɔ 'vɛlgə]

scendere (vi)	å gå ned	[ɔ 'gɔ ne]
scherzare (vi)	å spøke	[ɔ 'spøkə]
scrivere (vt)	å skrive	[ɔ 'skrivə]
scusare (vt)	å unnskylde	[ɔ 'ʉn‚ʂylə]
scusarsi (vr)	å unnskylde seg	[ɔ 'ʉn‚ʂylə sæj]
sedersi (vr)	å sette seg	[ɔ 'sɛtə sæj]

seguire (vt)	å følge etter …	[ɔ 'føle 'ɛtər …]
sgridare (vt)	å skjelle	[ɔ 'ʂɛ:lə]
significare (vt)	å bety	[ɔ 'bety]
sorridere (vi)	å smile	[ɔ 'smilə]

sottovalutare (vt)	å undervurdere	[ɔ 'ʉnərvʉːˌɖerə]
sparare (vi)	å skyte	[ɔ 'ʂytə]
sperare (vi, vt)	å håpe	[ɔ 'hoːpə]
spiegare (vt)	å forklare	[ɔ fɔr'klɑrə]
studiare (vt)	å studere	[ɔ stʉ'derə]

stupirsi (vr)	å bli forundret	[ɔ 'bli fɔ'rʉndrət]
tacere (vi)	å tie	[ɔ 'tie]
tentare (vt)	å prøve	[ɔ 'prøvə]
toccare (~ con le mani)	å røre	[ɔ 'rørə]
tradurre (vt)	å oversette	[ɔ 'ɔvəˌʂɛtə]

trovare (vt)	å finne	[ɔ 'finə]
uccidere (vt)	å døde, å myrde	[ɔ 'dødə], [ɔ 'myːɖə]
udire (percepire suoni)	å høre	[ɔ 'hørə]
unire (vt)	å forene	[ɔ fɔ'renə]
uscire (vi)	å gå ut	[ɔ 'gɔ ʉt]

vantarsi (vr)	å prale	[ɔ 'prɑlə]
vedere (vt)	å se	[ɔ 'se]
vendere (vt)	å selge	[ɔ 'sɛlə]
volare (vi)	å fly	[ɔ 'fly]
volere (desiderare)	å ville	[ɔ 'vilə]

12. Colori

colore (m)	farge (m)	['fɑrgə]
sfumatura (f)	nyanse (m)	[ny'ɑnse]
tono (m)	fargetone (m)	['fɑrgəˌtʉnə]
arcobaleno (m)	regnbue (m)	['ræjnˌbʉːə]

bianco (agg)	hvit	['vit]
nero (agg)	svart	['svɑːt]
grigio (agg)	grå	['grɔ]

verde (agg)	grønn	['grœn]
giallo (agg)	gul	['gʉl]
rosso (agg)	rød	['rø]

blu (agg)	blå	['blɔ]
azzurro (agg)	lyseblå	['lysəˌblɔ]
rosa (agg)	rosa	['rɔsɑ]
arancione (agg)	oransje	[ɔ'rɑnʂɛ]
violetto (agg)	fiolett	[fiʉ'lət]
marrone (agg)	brun	['brʉn]

d'oro (agg)	gullgul	['gʉl]
argenteo (agg)	sølv-	['søl-]
beige (agg)	beige	['bɛːʂ]

color crema (agg)	kremfarget	['krɛm,fargət]
turchese (agg)	turkis	[tʉr'kis]
rosso ciliegia (agg)	kirsebærrød	['çişəbær,rød]
lilla (agg)	lilla	['lila]
rosso lampone (agg)	karminrød	['karmʉ'sin,rød]

chiaro (agg)	lys	['lys]
scuro (agg)	mørk	['mœrk]
vivo, vivido (agg)	klar	['klar]

colorato (agg)	farge-	['fargə-]
a colori	farge-	['fargə-]
bianco e nero (agg)	svart-hvit	['sva:t vit]
in tinta unita	ensfarget	['ɛns,fargət]
multicolore (agg)	mangefarget	['maŋə,fargət]

13. Domande

Chi?	Hvem?	['vɛm]
Che cosa?	Hva?	['va]
Dove? (in che luogo?)	Hvor?	['vʉr]
Dove? (~ vai?)	Hvorhen?	['vʉrhen]
Di dove?, Da dove?	Hvorfra?	['vʉrfra]
Quando?	Når?	[nɔr]
Perché? (per quale scopo?)	Hvorfor?	['vʉrfʉr]
Perché? (per quale ragione?)	Hvorfor?	['vʉrfʉr]

Per che cosa?	Hvorfor?	['vʉrfʉr]
Come?	Hvordan?	['vʉːdɑn]
Che? (~ colore è?)	Hvilken?	['vilkən]
Quale?	Hvilken?	['vilkən]

A chi?	Til hvem?	[til 'vɛm]
Di chi?	Om hvem?	[ɔm 'vɛm]
Di che cosa?	Om hva?	[ɔm 'va]
Con chi?	Med hvem?	[me 'vɛm]

Quanti?	Hvor mange?	[vʉr 'maŋə]
Quanto?	Hvor mye?	[vʉr 'mye]
Di chi?	Hvis?	['vis]

14. Parole grammaticali. Avverbi. Parte 1

Dove?	Hvor?	['vʉr]
qui (in questo luogo)	her	['hɛr]
lì (in quel luogo)	der	['dɛr]

da qualche parte (essere ~)	et sted	[et 'sted]
da nessuna parte	ingensteds	['iŋən,stɛts]

vicino a ...	ved	['ve]
vicino alla finestra	ved vinduet	[ve 'vindʉə]

Dove?	Hvorhen?	['vʊrhen]
qui (vieni ~)	hit	['hit]
ci (~ vado stasera)	dit	['dit]
da qui	herfra	['hɛr,fra]
da lì	derfra	['dɛr,fra]
vicino, accanto (avv)	nær	['nær]
lontano (avv)	langt	['laŋt]
vicino (~ a Parigi)	nær	['nær]
vicino (qui ~)	i nærheten	[i 'nær,hetən]
non lontano	ikke langt	['ikə 'laŋt]
sinistro (agg)	venstre	['vɛnstrə]
a sinistra (rimanere ~)	til venstre	[til 'vɛnstrə]
a sinistra (girare ~)	til venstre	[til 'vɛnstrə]
destro (agg)	høyre	['højrə]
a destra (rimanere ~)	til høyre	[til 'højrə]
a destra (girare ~)	til høyre	[til 'højrə]
davanti	foran	['fɔran]
anteriore (agg)	fremre	['frɛmrə]
avanti	fram	['fram]
dietro (avv)	bakom	['bakɔm]
da dietro	bakfra	['bak,fra]
indietro	tilbake	[til'bakə]
mezzo (m), centro (m)	midt (m)	['mit]
in mezzo, al centro	i midten	[i 'mitən]
di fianco	fra siden	[fra 'sidən]
dappertutto	overalt	[ɔvər'alt]
attorno	rundt omkring	['rʉnt ɔm'kriŋ]
da dentro	innefra	['inə,fra]
da qualche parte (andare ~)	et sted	[et 'sted]
dritto (direttamente)	rett, direkte	['rɛt], ['di'rɛktə]
indietro	tilbake	[til'bakə]
da qualsiasi parte	et eller annet steds fra	[et 'elər ,ɑːnt 'stɛts fra]
da qualche posto (veniamo ~)	et eller annet steds fra	[et 'elər ,ɑːnt 'stɛts fra]
in primo luogo	for det første	[fɔr de 'fœʂtə]
in secondo luogo	for det annet	[fɔr de 'ɑːnt]
in terzo luogo	for det tredje	[fɔr de 'trɛdje]
all'improvviso	plutselig	['plʉtseli]
all'inizio	i begynnelsen	[i be'jinəlsən]
per la prima volta	for første gang	[fʊr 'fœʂtə ,gaŋ]
molto tempo prima di...	lenge før ...	['lenə 'før ...]
di nuovo	på nytt	[pɔ 'nʏt]
per sempre	for godt	[fɔr 'gɔt]
mai	aldri	['aldri]

23

ancora	igjen	[i'jɛn]
adesso	nå	['nɔ]
spesso (avv)	ofte	['ɔftə]
allora	da	['dɑ]
urgentemente	omgående	['ɔm,gɔːnə]
di solito	vanligvis	['vɑnli,vis]

a proposito, ...	forresten, ...	[fɔ'rɛstən ...]
è possibile	mulig, kanskje	['mʉli], ['kɑnʂə]
probabilmente	sannsynligvis	[sɑn'sʏnli,vis]
forse	kanskje	['kɑnʂə]
inoltre ...	dessuten, ...	[des'ʉtən ...]
ecco perché ...	derfor ...	['dɛrfɔr ...]
nonostante (~ tutto)	på tross av ...	['pɔ 'trɔs ɑː ...]
grazie a ...	takket være ...	['tɑkət ,værə ...]

che cosa (pron)	hva	['vɑ]
che (cong)	at	[ɑt]
qualcosa (qualsiasi cosa)	noe	['nʉe]
qualcosa (le serve ~?)	noe	['nʉe]
niente	ingenting	['iŋəntiŋ]

chi (pron)	hvem	['vɛm]
qualcuno (annuire a ~)	noen	['nʉən]
qualcuno (dipendere da ~)	noen	['nʉən]

nessuno	ingen	['iŋən]
da nessuna parte	ingensteds	['iŋən,stɛts]
di nessuno	ingens	['iŋəns]
di qualcuno	noens	['nʉəns]

così (era ~ arrabbiato)	så	['sɔː]
anche (penso ~ a ...)	også	['ɔsɔ]
anche, pure	også	['ɔsɔ]

15. Parole grammaticali. Avverbi. Parte 2

Perché?	Hvorfor?	['vʊrfʊr]
per qualche ragione	av en eller annen grunn	[ɑː en elər 'anən ,grʉn]
perché ...	fordi ...	[fɔ'di ...]
per qualche motivo	av en eller annen grunn	[ɑː en elər 'anən ,grʉn]

e (cong)	og	['ɔ]
o (sì ~ no?)	eller	['elər]
ma (però)	men	['men]
per (~ me)	for, til	[fɔr], [til]

troppo	for, altfor	['fɔr], ['altfɔr]
solo (avv)	bare	['barə]
esattamente	presis, eksakt	[prɛ'sis], [ɛk'sɑkt]
circa (~ 10 dollari)	cirka	['sirka]

| approssimativamente | omtrent | [ɔm'trɛnt] |
| approssimativo (agg) | omtrentlig | [ɔm'trɛntli] |

| quasi | nesten | ['nɛstən] |
| resto | rest (m) | ['rɛst] |

l'altro (~ libro)	den annen	[den 'anən]
altro (differente)	andre	['andrə]
ogni (agg)	hver	['vɛr]
qualsiasi (agg)	hvilken som helst	['vilkən sɔm 'hɛlst]
molti, molto	mye	['mye]
molta gente	mange	['maŋə]
tutto, tutti	alle	['alə]

in cambio di ...	til gjengjeld for ...	[til 'jɛnjɛl fɔr ...]
in cambio	istedenfor	[i'steden̩for]
a mano (fatto ~)	for hånd	[fɔr 'hɔn]
poco probabile	neppe	['nepə]

probabilmente	sannsynligvis	[san'synliˌvis]
apposta	med vilje	[me 'vilje]
per caso	tilfeldigvis	[til'fɛldivis]

molto (avv)	meget	['megət]
per esempio	for eksempel	[fɔr ɛk'sɛmpəl]
fra (~ due)	mellom	['mɛlɔm]
fra (~ più di due)	blant	['blant]
tanto (quantità)	så mye	['sɔ: mye]
soprattutto	særlig	['sæːli]

Concetti di base. Parte 2

16. Giorni della settimana

lunedì (m)	mandag (m)	['manˌda]
martedì (m)	tirsdag (m)	['tiʂˌda]
mercoledì (m)	onsdag (m)	['ʊnsˌda]
giovedì (m)	torsdag (m)	['toʂˌda]
venerdì (m)	fredag (m)	['frɛˌda]
sabato (m)	lørdag (m)	['lørˌda]
domenica (f)	søndag (m)	['sønˌda]

oggi (avv)	i dag	[i 'da]
domani	i morgen	[i 'mɔːən]
dopodomani	i overmorgen	[i 'ɔvərˌmɔːən]
ieri (avv)	i går	[i 'gɔr]
l'altro ieri	i forgårs	[i 'fɔrˌgɔʂ]

giorno (m)	dag (m)	['da]
giorno (m) lavorativo	arbeidsdag (m)	['arbæjdsˌda]
giorno (m) festivo	festdag (m)	['fɛstˌda]
giorno (m) di riposo	fridag (m)	['friˌda]
fine (m) settimana	ukeslutt (m), helg (f)	['ʉkəˌslʉt], ['hɛlg]

tutto il giorno	hele dagen	['helə 'dagən]
l'indomani	neste dag	['nɛstə ˌda]
due giorni fa	for to dager siden	[fɔr tʊ 'dagər ˌsidən]
il giorno prima	dagen før	['dagən 'før]
quotidiano (agg)	daglig	['dagli]
ogni giorno	hver dag	['vɛr da]

settimana (f)	uke (m/f)	['ʉkə]
la settimana scorsa	siste uke	['sistə 'ʉkə]
la settimana prossima	i neste uke	[i 'nɛstə 'ʉkə]
settimanale (agg)	ukentlig	['ʉkəntli]
ogni settimana	hver uke	['vɛr 'ʉkə]
due volte alla settimana	to ganger per uke	['tʊ 'gaŋər per 'ʉkə]
ogni martedì	hver tirsdag	['vɛr 'tiʂda]

17. Ore. Giorno e notte

mattina (f)	morgen (m)	['mɔːən]
di mattina	om morgenen	[ɔm 'mɔːenən]
mezzogiorno (m)	middag (m)	['miˌda]
nel pomeriggio	om ettermiddagen	[ɔm 'ɛtərˌmidagən]

sera (f)	kveld (m)	['kvɛl]
di sera	om kvelden	[ɔm 'kvɛlən]

notte (f)	natt (m/f)	['nat]
di notte	om natta	[ɔm 'nata]
mezzanotte (f)	midnatt (m/f)	['mid,nat]

secondo (m)	sekund (m/n)	[se'kʉn]
minuto (m)	minutt (n)	[mi'nʉt]
ora (f)	time (m)	['timə]
mezzora (f)	halvtime (m)	['hal,timə]
un quarto d'ora	kvarter (n)	[kva:ţer]
quindici minuti	femten minutter	['fɛmtən mi'nʉtər]
ventiquattro ore	døgn (n)	['døjn]

levata (f) del sole	soloppgang (m)	['sʉlɔp,gaŋ]
alba (f)	daggry (n)	['dag,gry]
mattutino (m)	tidlig morgen (m)	['tili 'mɔ:ən]
tramonto (m)	solnedgang (m)	['sʉlned,gaŋ]

di buon mattino	tidlig om morgenen	['tili ɔm 'mɔ:enən]
stamattina	i morges	[i 'mɔrəs]
domattina	i morgen tidlig	[i 'mɔ:ən 'tili]
oggi pomeriggio	i formiddag	[i 'fɔrmi,da]
nel pomeriggio	om ettermiddagen	[ɔm 'ɛtər,midagən]
domani pomeriggio	i morgen ettermiddag	[i 'mɔ:ən 'ɛtər,mida]
stasera	i kveld	[i 'kvɛl]
domani sera	i morgen kveld	[i 'mɔ:ən ,kvɛl]

alle tre precise	presis klokka tre	[prɛ'sis 'klɔka tre]
verso le quattro	ved fire-tiden	[ve 'fire ,tidən]
per le dodici	innen klokken tolv	['inən 'klɔkən tɔl]

fra venti minuti	om tjue minutter	[ɔm 'çʉə mi'nʉtər]
fra un'ora	om en time	[ɔm en 'timə]
puntualmente	i tide	[i 'tidə]

un quarto di ...	kvart på ...	['kva:ţ pɔ ...]
entro un'ora	innen en time	['inən en 'timə]
ogni quindici minuti	hvert kvarter	['vɛ:ţ kva:'ţer]
giorno e notte	døgnet rundt	['døjne ,rʉnt]

18. Mesi. Stagioni

gennaio (m)	januar (m)	['janʉ,ar]
febbraio (m)	februar (m)	['febrʉ,ar]
marzo (m)	mars (m)	['maş]
aprile (m)	april (m)	[a'pril]
maggio (m)	mai (m)	['maj]
giugno (m)	juni (m)	['jʉni]

luglio (m)	juli (m)	['jʉli]
agosto (m)	august (m)	[au'gʉst]
settembre (m)	september (m)	[sep'tɛmbər]
ottobre (m)	oktober (m)	[ɔk'tʉbər]
novembre (m)	november (m)	[nʉ'vɛmbər]
dicembre (m)	desember (m)	[de'sɛmbər]

27

primavera (f)	vår (m)	['vɔ:r]
in primavera	om våren	[ɔm 'vo:rən]
primaverile (agg)	vår-, vårlig	['vɔ:r-], ['vɔ:li]

estate (f)	sommer (m)	['sɔmər]
in estate	om sommeren	[ɔm 'sɔmerən]
estivo (agg)	sommer-	['sɔmər-]

autunno (m)	høst (m)	['høst]
in autunno	om høsten	[ɔm 'høstən]
autunnale (agg)	høst-, høstlig	['høst-], ['høstli]

inverno (m)	vinter (m)	['vintər]
in inverno	om vinteren	[ɔm 'vinterən]
invernale (agg)	vinter-	['vintər-]

mese (m)	måned (m)	['mo:nət]
questo mese	denne måneden	['dɛnə 'mo:nedən]
il mese prossimo	neste måned	['nɛstə 'mo:nət]
il mese scorso	forrige måned	['fɔriə ,mo:nət]

un mese fa	for en måned siden	[fɔr en 'mo:nət ,sidən]
fra un mese	om en måned	[ɔm en 'mo:nət]
fra due mesi	om to måneder	[ɔm 'tʊ 'mo:nedər]
un mese intero	en hel måned	[en 'hel 'mo:nət]
per tutto il mese	hele måned	['helə 'mo:nət]

mensile (rivista ~)	månedlig	['mo:nədli]
mensilmente	månedligt	['mo:nedlət]
ogni mese	hver måned	[‚vɛr 'mo:nət]
due volte al mese	to ganger per måned	['tʊ 'gaŋər per 'mo:nət]

anno (m)	år (n)	['ɔr]
quest'anno	i år	[i 'o:r]
l'anno prossimo	neste år	['nɛstə ,o:r]
l'anno scorso	i fjor	[i 'fjɔr]

un anno fa	for et år siden	[fɔr et 'o:r ,sidən]
fra un anno	om et år	[ɔm et 'o:r]
fra due anni	om to år	[ɔm 'tʊ 'o:r]
un anno intero	hele året	['helə 'o:re]
per tutto l'anno	hele året	['helə 'o:re]

ogni anno	hvert år	['vɛ:ʈ 'o:r]
annuale (agg)	årlig	['o:li]
annualmente	årlig, hvert år	['o:li], ['vɛ:ʈ 'ɔr]
quattro volte all'anno	fire ganger per år	['fire 'gaŋər per 'o:r]

data (f) (~ di oggi)	dato (m)	['datʊ]
data (f) (~ di nascita)	dato (m)	['datʊ]
calendario (m)	kalender (m)	[ka'lendər]

mezz'anno (m)	halvår (n)	['hal‚o:r]
semestre (m)	halvår (n)	['hal‚o:r]
stagione (f) (estate, ecc.)	årstid (m/f)	['o:ʂ‚tid]
secolo (m)	århundre (n)	['ɔr‚hʉndrə]

19. Orario. Varie

tempo (m)	tid (m/f)	['tid]
istante (m)	øyeblikk (n)	['øjǝˌblik]
momento (m)	øyeblikk (n)	['øjǝˌblik]
istantaneo (agg)	øyeblikkelig	['øjǝˌblikǝli]
periodo (m)	tidsavsnitt (n)	['tidsˌɑfsnit]
vita (f)	liv (n)	['liv]
eternità (f)	evighet (m)	['ɛviˌhet]
epoca (f)	epoke (m)	[ɛ'pʉkǝ]
era (f)	æra (m)	['æra]
ciclo (m)	syklus (m)	['syklʉs]
periodo (m)	periode (m)	[pæri'ʉdǝ]
scadenza (f)	sikt (m)	['sikt]
futuro (m)	framtid (m/f)	['frɑmˌtid]
futuro (agg)	framtidig, fremtidig	['frɑmˌtidi], ['frɛmˌtidi]
la prossima volta	neste gang	['nɛstǝ ˌgɑŋ]
passato (m)	fortid (m/f)	['foːˌtid]
scorso (agg)	forrige	['foriǝ]
la volta scorsa	siste gang	['sistǝ ˌgɑŋ]
più tardi	senere	['senerǝ]
dopo	etterpå	['ɛtǝrˌpo]
oggigiorno	for nærværende	[for 'nærˌværnǝ]
adesso, ora	nå	['no]
immediatamente	umiddelbart	['ʉmidǝlˌbaːt]
fra poco, presto	snart	['snaːt]
in anticipo	på forhånd	[po 'foːrˌhon]
tanto tempo fa	for lenge siden	[for 'leŋǝ ˌsidǝn]
di recente	nylig	['nyli]
destino (m)	skjebne (m)	['ʂɛbnǝ]
ricordi (m pl)	minner (n pl)	['minǝr]
archivio (m)	arkiv (n)	[ɑr'kiv]
durante ...	under ...	['ʉnǝr ...]
a lungo	lenge	['leŋǝ]
per poco tempo	ikke lenge	['ikǝ 'leŋǝ]
presto (al mattino ~)	tidlig	['tili]
tardi (non presto)	sent	['sɛnt]
per sempre	for alltid	[for 'alˌtid]
cominciare (vt)	å begynne	[o be'jinǝ]
posticipare (vt)	å utsette	[o 'ʉtˌsɛtǝ]
simultaneamente	samtidig	['samˌtidi]
tutto il tempo	alltid, stadig	['alˌtid], ['stadi]
costante (agg)	konstant	[kʉn'stant]
temporaneo (agg)	midlertidig, temporær	['mIdlǝˌtidi], ['tɛmpoˌrær]
a volte	av og til	['av o ˌtil]
raramente	sjelden	['ʂɛlǝn]
spesso (avv)	ofte	['oftǝ]

29

20. Contrari

ricco (agg)	rik	['rik]
povero (agg)	fattig	['fɑti]
malato (agg)	syk	['syk]
sano (agg)	frisk	['frisk]
grande (agg)	stor	['stʊr]
piccolo (agg)	liten	['litən]
rapidamente	fort	['fʊːt]
lentamente	langsomt	['lɑŋsɔmt]
veloce (agg)	hurtig	['hø:ţi]
lento (agg)	langsom	['lɑŋsɔm]
allegro (agg)	glad	['glɑ]
triste (agg)	sørgmodig	[sør'mʊdi]
insieme	sammen	['samən]
separatamente	separat	[sepɑ'rɑt]
ad alta voce (leggere ~)	høyt	['højt]
in silenzio	for seg selv	[fɔr sæj 'sɛl]
alto (agg)	høy	['høj]
basso (agg)	lav	['lɑv]
profondo (agg)	dyp	['dyp]
basso (agg)	grunn	['grʉn]
sì	ja	['ja]
no	nei	['næj]
lontano (agg)	fjern	['fjæ:n̩]
vicino (agg)	nær	['nær]
lontano (avv)	langt	['lɑŋt]
vicino (avv)	i nærheten	[i 'nær͵hetən]
lungo (agg)	lang	['lɑŋ]
corto (agg)	kort	['kʊːt]
buono (agg)	god	['gʊ]
cattivo (agg)	ond	['ʊn]
sposato (agg)	gift	['jift]
celibe (agg)	ugift	[ʉ:'jift]
vietare (vt)	å forby	[ɔ fɔr'by]
permettere (vt)	å tillate	[ɔ 'ti͵lɑtə]
fine (f)	slutt (m)	['ʂlʉt]
inizio (m)	begynnelse (m)	[be'jinəlsə]

| sinistro (agg) | venstre | ['vɛnstrə] |
| destro (agg) | høyre | ['højrə] |

| primo (agg) | første | ['fœʂtə] |
| ultimo (agg) | sist | ['sist] |

| delitto (m) | forbrytelse (m) | [fɔr'brytəlsə] |
| punizione (f) | straff (m) | ['strɑf] |

| ordinare (vt) | å beordre | [ɔ be'ɔrdrə] |
| obbedire (vi) | å underordne seg | [ɔ 'ʉnər͵ɔrdnə sæj] |

| dritto (agg) | rett | ['rɛt] |
| curvo (agg) | kroket | ['krɔkət] |

| paradiso (m) | paradis (n) | ['pɑrɑ͵dis] |
| inferno (m) | helvete (n) | ['hɛlvetə] |

| nascere (vi) | å fødes | [ɔ 'fødə] |
| morire (vi) | å dø | [ɔ 'dø] |

| forte (agg) | sterk | ['stærk] |
| debole (agg) | svak | ['svɑk] |

| vecchio (agg) | gammel | ['gaməl] |
| giovane (agg) | ung | ['ʉŋ] |

| vecchio (agg) | gammel | ['gaməl] |
| nuovo (agg) | ny | ['ny] |

| duro (agg) | hard | ['hɑr] |
| morbido (agg) | bløt | ['bløt] |

| caldo (agg) | varm | ['vɑrm] |
| freddo (agg) | kald | ['kɑl] |

| grasso (agg) | tykk | ['tʏk] |
| magro (agg) | tynn | ['tʏn] |

| stretto (agg) | smal | ['smɑl] |
| largo (agg) | bred | ['bre] |

| buono (agg) | bra | ['brɑ] |
| cattivo (agg) | dårlig | ['doːɭi] |

| valoroso (agg) | tapper | ['tɑpər] |
| codardo (agg) | feig | ['fæjg] |

21. Linee e forme

quadrato (m)	kvadrat (n)	[kvɑ'drɑt]
quadrato (agg)	kvadratisk	[kvɑ'drɑtisk]
cerchio (m)	sirkel (m)	['sirkəl]
rotondo (agg)	rund	['rʉn]

| triangolo (m) | trekant (m) | ['tre͵kant] |
| triangolare (agg) | trekantet | ['tre͵kantət] |

ovale (m)	oval (m)	[ʊ'val]
ovale (agg)	oval	[ʊ'val]
rettangolo (m)	rektangel (n)	['rɛk͵taŋəl]
rettangolare (agg)	rettvinklet	['rɛt͵vinklət]

piramide (f)	pyramide (m)	[pyra'midə]
rombo (m)	rombe (m)	['rʊmbə]
trapezio (m)	trapes (m/n)	[tra'pes]
cubo (m)	kube, terning (m)	['kʉbə], ['tæːnɪŋ]
prisma (m)	prisme (n)	['prismə]

circonferenza (f)	omkrets (m)	['ɔm͵krɛts]
sfera (f)	sfære (m)	['sfærə]
palla (f)	kule (m/f)	['kʉːlə]

diametro (m)	diameter (m)	['dia͵metər]
raggio (m)	radius (m)	['radiʉs]
perimetro (m)	perimeter (n)	[peri'metər]
centro (m)	midtpunkt (n)	['mit͵pʉnkt]

orizzontale (agg)	horisontal	[hʊrisɔn'tal]
verticale (agg)	loddrett, lodd-	['lɔd͵rɛt], ['lɔd-]
parallela (f)	parallell (m)	[para'lel]
parallelo (agg)	parallell	[para'lel]

linea (f)	linje (m)	['linjə]
tratto (m)	strek (m)	['strek]
linea (f) retta	rett linje (m/f)	['rɛt 'linjə]
linea (f) curva	kurve (m)	['kʉrvə]
sottile (uno strato ~)	tynn	['tʏn]
contorno (m)	kontur (m)	[kʊn'tʉr]

intersezione (f)	skjæringspunkt (n)	['ʂæriŋs͵pʉnkt]
angolo (m) retto	rett vinkel (m)	['rɛt 'vinkəl]
segmento	segment (n)	[seg'mɛnt]
settore (m)	sektor (m)	['sɛktʊr]
lato (m)	side (m/f)	['sidə]
angolo (m)	vinkel (m)	['vinkəl]

22. Unità di misura

peso (m)	vekt (m)	['vɛkt]
lunghezza (f)	lengde (m/f)	['leŋdə]
larghezza (f)	bredde (m)	['brɛdə]
altezza (f)	høyde (m)	['højdə]
profondità (f)	dybde (m)	['dʏbdə]
volume (m)	volum (n)	[vɔ'lʉm]
area (f)	areal (n)	[͵are'al]

| grammo (m) | gram (n) | ['gram] |
| milligrammo (m) | milligram (n) | ['mili͵gram] |

chilogrammo (m)	kilogram (n)	['çilu‚gram]
tonnellata (f)	tonn (m/n)	['tɔn]
libbra (f)	pund (n)	['pʉn]
oncia (f)	unse (m)	['ʉnsə]

metro (m)	meter (m)	['metər]
millimetro (m)	millimeter (m)	['mili‚metər]
centimetro (m)	centimeter (m)	['sɛnti‚metər]
chilometro (m)	kilometer (m)	['çilu‚metər]
miglio (m)	mil (m/f)	['mil]

pollice (m)	tomme (m)	['tɔmə]
piede (f)	fot (m)	['fʊt]
iarda (f)	yard (m)	['ja:rd]

metro (m) quadro	kvadratmeter (m)	[kva'drat‚metər]
ettaro (m)	hektar (n)	['hɛktar]

litro (m)	liter (m)	['litər]
grado (m)	grad (m)	['grad]
volt (m)	volt (m)	['vɔlt]
ampere (m)	ampere (m)	[am'pɛr]
cavallo vapore (m)	hestekraft (m/f)	['hɛstə‚kraft]

quantità (f)	mengde (m)	['mɛŋdə]
un po' di ...	få ...	['fɔ ...]
metà (f)	halvdel (m)	['haldel]
dozzina (f)	dusin (n)	[dʉ'sin]
pezzo (m)	stykke (n)	['stʏkə]

dimensione (f)	størrelse (m)	['stœrəlsə]
scala (f) (modello in ~)	målestokk (m)	['mo:lə‚stɔk]

minimo (agg)	minimal	[mini'mal]
minore (agg)	minste	['minstə]
medio (agg)	middel-	['midəl-]
massimo (agg)	maksimal	[maksi'mal]
maggiore (agg)	største	['stœʂtə]

23. Contenitori

barattolo (m) di vetro	glaskrukke (m/f)	['glas‚krʉkə]
latta, lattina (f)	boks (m)	['boks]
secchio (m)	bøtte (m/f)	['bœtə]
barile (m), botte (f)	tønne (m)	['tœnə]

catino (m)	vaskefat (n)	['vaskə‚fat]
serbatoio (m) (per liquidi)	tank (m)	['tank]
fiaschetta (f)	lommelerke (m/f)	['lʊmə‚lærkə]
tanica (f)	bensinkanne (m/f)	[bɛn'sin‚kanə]
cisterna (f)	tank (m)	['tank]

tazza (f)	krus (n)	['krʉs]
tazzina (f) (~ di caffé)	kopp (m)	['kɔp]

33

piattino (m)	tefat (n)	['te͜fat]
bicchiere (m) (senza stelo)	glass (n)	['glas]
calice (m)	vinglass (n)	['vin͜glas]
casseruola (f)	gryte (m/f)	['grytə]
bottiglia (f)	flaske (m)	['flaskə]
collo (m) (~ della bottiglia)	flaskehals (m)	['flaskə͜hals]
caraffa (f)	karaffel (m)	[ka'rafəl]
brocca (f)	mugge (m/f)	['mʉgə]
recipiente (m)	beholder (m)	[be'holər]
vaso (m) di coccio	pott, potte (m)	['pot], ['potə]
vaso (m) di fiori	vase (m)	['vasə]
boccetta (f) (~ di profumo)	flakong (m)	[fla'kɔŋ]
fiala (f)	flaske (m/f)	['flaskə]
tubetto (m)	tube (m)	['tʉbə]
sacco (m) (~ di patate)	sekk (m)	['sɛk]
sacchetto (m) (~ di plastica)	pose (m)	['pʉsə]
pacchetto (m) (~ di sigarette, ecc.)	pakke (m/f)	['pakə]
scatola (f) (~ per scarpe)	eske (m/f)	['ɛskə]
cassa (f) (~ di vino, ecc.)	kasse (m/f)	['kasə]
cesta (f)	kurv (m)	['kʉrv]

24. Materiali

materiale (m)	materiale (n)	[materi'alə]
legno (m)	tre (n)	['trɛ]
di legno	tre-, av tre	['trɛ-], [ɑ: 'trɛ]
vetro (m)	glass (n)	['glas]
di vetro	glass-	['glas-]
pietra (f)	stein (m)	['stæjn]
di pietra	stein-	['stæjn-]
plastica (f)	plast (m)	['plast]
di plastica	plast-	['plast-]
gomma (f)	gummi (m)	['gʉmi]
di gomma	gummi-	['gʉmi-]
stoffa (f)	tøy (n)	['tøj]
di stoffa	tøy-	['tøj-]
carta (f)	papir (n)	[pa'pir]
di carta	papir-	[pa'pir-]
cartone (m)	papp, kartong (m)	['pap], [ka:'tɔŋ]
di cartone	papp-, kartong-	['pap-], [ka:'tɔŋ-]
polietilene (m)	polyetylen (n)	['pʉlyɛty͜len]

cellofan (m)	cellofan (m)	[sɛlu'fan]
linoleum (m)	linoleum (m)	[li'nɔleum]
legno (m) compensato	kryssfiner (m)	['krʏsfi̩nɛr]

porcellana (f)	porselen (n)	[pɔʂə'len]
di porcellana	porselens-	[pɔʂə'lens-]
argilla (f)	leir (n)	['læjr]
d'argilla	leir-	['læjr-]
ceramica (f)	keramikk (m)	[çera'mik]
ceramico	keramisk	[çe'ramisk]

25. Metalli

metallo (m)	metall (n)	[me'tal]
metallico	metall-	[me'tal-]
lega (f)	legering (m/f)	[le'geriŋ]

oro (m)	gull (n)	['gʉl]
d'oro	av gull, gull-	[ɑ: 'gʉl], ['gʉl-]
argento (m)	sølv (n)	['søl]
d'argento	sølv-, av sølv	['søl-], [ɑ: 'søl]

ferro (m)	jern (n)	['jæ:ɳ]
di ferro	jern-	['jæ:ɳ-]
acciaio (m)	stål (n)	['stɔl]
d'acciaio	stål-	['stɔl-]
rame (m)	kobber (n)	['kɔbər]
di rame	kobber-	['kɔbər-]

alluminio (m)	aluminium (n)	[ɑlu'minium]
di alluminio, alluminico	aluminium-	[ɑlu'minium-]
bronzo (m)	bronse (m)	['brɔnsə]
di bronzo	bronse-	['brɔnsə-]

ottone (m)	messing (m)	['mɛsiŋ]
nichel (m)	nikkel (m)	['nikəl]
platino (m)	platina (m/n)	['platina]
mercurio (m)	kvikksølv (n)	['kvik̩søl]
stagno (m)	tinn (n)	['tin]
piombo (m)	bly (n)	['bly]
zinco (m)	sink (m/n)	['sink]

ESSERE UMANO

Essere umano. Il corpo umano

26. L'uomo. Concetti di base

uomo (m) (essere umano)	menneske (n)	['mɛnəskə]
uomo (m) (adulto maschio)	mann (m)	['man]
donna (f)	kvinne (m/f)	['kvinə]
bambino (m) (figlio)	barn (n)	['bɑːŋ]
bambina (f)	jente (m/f)	['jɛntə]
bambino (m)	gutt (m)	['gʉt]
adolescente (m, f)	tenåring (m)	['tɛnoːriŋ]
vecchio (m)	eldre mann (m)	['ɛldrə ˌman]
vecchia (f)	eldre kvinne (m/f)	['ɛldrə ˌkvinə]

27. Anatomia umana

organismo (m)	organisme (m)	[ɔrgɑ'nismə]
cuore (m)	hjerte (n)	['jæːʈə]
sangue (m)	blod (n)	['blʉ]
arteria (f)	arterie (m)	[ɑːˈʈeriə]
vena (f)	vene (m)	['veːnə]
cervello (m)	hjerne (m)	['jæːŋə]
nervo (m)	nerve (m)	['nærvə]
nervi (m pl)	nerver (m pl)	['nærvər]
vertebra (f)	ryggvirvel (m)	['rʏgˌvirvəl]
colonna (f) vertebrale	ryggrad (m)	['rʏgˌrad]
stomaco (m)	magesekk (m)	['mɑgəˌsɛk]
intestini (m pl)	innvoller, tarmer (m pl)	['inˌvolər], ['tarmər]
intestino (m)	tarm (m)	['tarm]
fegato (m)	lever (m)	['levər]
rene (m)	nyre (m/n)	['nyrə]
osso (m)	bein (n)	['bæjn]
scheletro (m)	skjelett (n)	[ʂe'let]
costola (f)	ribbein (n)	['ribˌbæjn]
cranio (m)	hodeskalle (m)	['hʉdəˌskalə]
muscolo (m)	muskel (m)	['mʉskəl]
bicipite (m)	biceps (m)	['bisɛps]
tricipite (m)	triceps (m)	['trisɛps]
tendine (m)	sene (m/f)	['seːnə]
articolazione (f)	ledd (n)	['led]

polmoni (m pl)	lunger (m pl)	['lʉŋər]
genitali (m pl)	kjønnsorganer (n pl)	['çœnsˌɔr'ganər]
pelle (f)	hud (m/f)	['hʉd]

28. Testa

testa (f)	hode (n)	['hʉdə]
viso (m)	ansikt (n)	['ansikt]
naso (m)	nese (m/f)	['nese]
bocca (f)	munn (m)	['mʉn]

occhio (m)	øye (n)	['øjə]
occhi (m pl)	øyne (n pl)	['øjnə]
pupilla (f)	pupill (m)	[pʉ'pil]
sopracciglio (m)	øyenbryn (n)	['øjənˌbryn]
ciglio (m)	øyenvipp (m)	['øjənˌvip]
palpebra (f)	øyelokk (m)	['øjəˌlɔk]

lingua (f)	tunge (m/f)	['tʉŋə]
dente (m)	tann (m/f)	['tan]
labbra (f pl)	lepper (m/f pl)	['lepər]
zigomi (m pl)	kinnbein (n pl)	['çinˌbæjn]
gengiva (f)	tannkjøtt (n)	['tanˌçœt]
palato (m)	gane (m)	['ganə]

narici (f pl)	nesebor (n pl)	['nesəˌbʉr]
mento (m)	hake (m/f)	['hakə]
mascella (f)	kjeve (m)	['çɛvə]
guancia (f)	kinn (n)	['çin]

fronte (f)	panne (m/f)	['panə]
tempia (f)	tinning (m)	['tiniŋ]
orecchio (m)	øre (n)	['ørə]
nuca (f)	bakhode (n)	['bakˌhɔdə]
collo (m)	hals (m)	['hals]
gola (f)	strupe, hals (m)	['strʉpə], ['hals]

capelli (m pl)	hår (n pl)	['hɔr]
pettinatura (f)	frisyre (m)	[fri'syrə]
taglio (m)	hårfasong (m)	['hoːrfaˌsɔŋ]
parrucca (f)	parykk (m)	[pa'rʏk]

baffi (m pl)	mustasje (m)	[mʉ'staʂə]
barba (f)	skjegg (n)	['ʂɛg]
portare (~ la barba, ecc.)	å ha	[ɔ 'ha]
treccia (f)	flette (m/f)	['fletə]
basette (f pl)	bakkenbarter (pl)	['bakənˌbaːˌʈər]

rosso (agg)	rødhåret	['røˌhoːrət]
brizzolato (agg)	grå	['grɔ]
calvo (agg)	skallet	['skalət]
calvizie (f)	skallet flekk (m)	['skalət ˌflek]
coda (f) di cavallo	hestehale (m)	['hɛstəˌhalə]
frangetta (f)	pannelugg (m)	['panəˌlʉg]

29. Corpo umano

| mano (f) | hånd (m/f) | ['hɔn] |
| braccio (m) | arm (m) | ['ɑrm] |

dito (m)	finger (m)	['fiŋər]
dito (m) del piede	tå (m/f)	['tɔ]
pollice (m)	tommel (m)	['tɔməl]
mignolo (m)	lillefinger (m)	['lilə‚fiŋər]
unghia (f)	negl (m)	['nɛjl]

pugno (m)	knyttneve (m)	['knʏt‚nevə]
palmo (m)	håndflate (m/f)	['hɔn‚flɑtə]
polso (m)	håndledd (n)	['hɔn‚led]
avambraccio (m)	underarm (m)	['ʉnər‚ɑrm]
gomito (m)	albue (m)	['ɑl‚bʉə]
spalla (f)	skulder (m)	['skʉldər]

gamba (f)	bein (n)	['bæjn]
pianta (f) del piede	fot (m)	['fʊt]
ginocchio (m)	kne (n)	['knɛ]
polpaccio (m)	legg (m)	['leg]
anca (f)	hofte (m)	['hɔftə]
tallone (m)	hæl (m)	['hæl]

corpo (m)	kropp (m)	['krɔp]
pancia (f)	mage (m)	['mɑgə]
petto (m)	bryst (n)	['brʏst]
seno (m)	bryst (n)	['brʏst]
fianco (m)	side (m/f)	['sidə]
schiena (f)	rygg (m)	['rʏg]
zona (f) lombare	korsrygg (m)	['kɔːʂ‚rʏg]
vita (f)	liv (n), midje (m/f)	['liv], ['midjə]

ombelico (m)	navle (m)	['nɑvlə]
natiche (f pl)	rumpeballer (m pl)	['rʉmpə‚bɑlər]
sedere (m)	bak (m)	['bɑk]

neo (m)	føflekk (m)	['fø‚flek]
voglia (f) (~ di fragola)	fødselsmerke (n)	['føtsəls‚mærkə]
tatuaggio (m)	tatovering (m/f)	[tɑtu'vɛriŋ]
cicatrice (f)	arr (n)	['ɑr]

Abbigliamento e Accessori

30. Indumenti. Soprabiti

vestiti (m pl)	klær (n)	['klær]
soprabito (m)	yttertøy (n)	['ytə,tøj]
abiti (m pl) invernali	vinterklær (n pl)	['vintər,klær]

cappotto (m)	frakk (m), kåpe (m/f)	['frɑk], ['ko:pə]
pelliccia (f)	pels (m), pelskåpe (m/f)	['pɛls], ['pɛls,ko:pə]
pellicciotto (m)	pelsjakke (m/f)	['pɛls,jakə]
piumino (m)	dunjakke (m/f)	['dʉn,jakə]

giubbotto (m), giaccha (f)	jakke (m/f)	['jakə]
impermeabile (m)	regnfrakk (m)	['ræjn,frɑk]
impermeabile (agg)	vanntett	['vɑn,tɛt]

31. Abbigliamento uomo e donna

camicia (f)	skjorte (m/f)	['ṣœ:ţə]
pantaloni (m pl)	bukse (m)	['bʉksə]
jeans (m pl)	jeans (m)	['dʒins]
giacca (f) (~ di tweed)	dressjakke (m/f)	['drɛs,jakə]
abito (m) da uomo	dress (m)	['drɛs]

abito (m)	kjole (m)	['çulə]
gonna (f)	skjørt (n)	['ṣø:ţ]
camicetta (f)	bluse (m)	['blʉsə]
giacca (f) a maglia	strikket trøye (m/f)	['strikə 'trøjə]
giacca (f) tailleur	blazer (m)	['blæsər]

maglietta (f)	T-skjorte (m/f)	['te,ṣœ:ţə]
pantaloni (m pl) corti	shorts (m)	['ṣɔ:ţs]
tuta (f) sportiva	treningsdrakt (m/f)	['treniŋs,drɑkt]
accappatoio (m)	badekåpe (m/f)	['badə,ko:pə]
pigiama (m)	pyjamas (m)	[py'ṣamas]

| maglione (m) | sweater (m) | ['svɛtər] |
| pullover (m) | pullover (m) | [pʉ'lɔvər] |

gilè (m)	vest (m)	['vɛst]
frac (m)	livkjole (m)	['liv,çulə]
smoking (m)	smoking (m)	['smɔkiŋ]

uniforme (f)	uniform (m)	[ʉni'fɔrm]
tuta (f) da lavoro	arbeidsklær (n pl)	['ɑrbæjds,klær]
salopette (f)	kjeledress, overall (m)	['çelə,drɛs], ['ɔvɛr,ɔl]
camice (m) (~ del dottore)	kittel (m)	['çitəl]

32. Abbigliamento. Biancheria intima

biancheria (f) intima	undertøy (n)	['ʉnəˌtøj]
boxer (m pl)	underbukse (m/f)	['ʉnərˌbʉksə]
mutandina (f)	truse (m/f)	['trʉsə]
maglietta (f) intima	undertrøye (m/f)	['ʉnəˌtrøjə]
calzini (m pl)	sokker (m pl)	['sɔkər]
camicia (f) da notte	nattkjole (m)	['natˌçulə]
reggiseno (m)	behå (m)	['beˌhɔ]
calzini (m pl) alti	knestrømper (m/f pl)	['knɛˌstrømpər]
collant (m)	strømpebukse (m/f)	['strømpəˌbʉksə]
calze (f pl)	strømper (m/f pl)	['strømpər]
costume (m) da bagno	badedrakt (m/f)	['badəˌdrakt]

33. Copricapo

cappello (m)	hatt (m)	['hat]
cappello (m) di feltro	hatt (m)	['hat]
cappello (m) da baseball	baseball cap (m)	['bɛjsbɔl kɛp]
coppola (f)	sikspens (m)	['sikspens]
basco (m)	alpelue, baskerlue (m/f)	['alpəˌlʉə], ['baskəˌlʉə]
cappuccio (m)	hette (m/f)	['hɛtə]
panama (m)	panamahatt (m)	['panamaˌhat]
berretto (m) a maglia	strikket lue (m/f)	['strikəˌlʉə]
fazzoletto (m) da capo	skaut (n)	['skaʉt]
cappellino (m) donna	hatt (m)	['hat]
casco (m) (~ di sicurezza)	hjelm (m)	['jɛlm]
bustina (f)	båtlue (m/f)	['bɔtˌlʉə]
casco (m) (~ moto)	hjelm (m)	['jɛlm]
bombetta (f)	bowlerhatt, skalk (m)	['boʉlerˌhat], ['skalk]
cilindro (m)	flosshatt (m)	['flɔsˌhat]

34. Calzature

calzature (f pl)	skotøy (n)	['skʉtøj]
stivaletti (m pl)	skor (m pl)	['skʉr]
scarpe (f pl)	pumps (m pl)	['pʉmps]
stivali (m pl)	støvler (m pl)	['støvlər]
pantofole (f pl)	tøfler (m pl)	['tøflər]
scarpe (f pl) da tennis	tennissko (m pl)	['tɛnisˌskʉ]
scarpe (f pl) da ginnastica	canvas sko (m pl)	['kanvas ˌskʉ]
sandali (m pl)	sandaler (m pl)	[san'dalər]
calzolaio (m)	skomaker (m)	['skʉˌmakər]
tacco (m)	hæl (m)	['hæl]

paio (m)	par (n)	['par]
laccio (m)	skolisse (m/f)	['skuˌlisə]
allacciare (vt)	å snøre	[ɔ 'snørə]
calzascarpe (m)	skohorn (n)	['skuˌhuːŋ]
lucido (m) per le scarpe	skokrem (m)	['skuˌkrɛm]

35. Tessuti. Stoffe

cotone (m)	bomull (m/f)	['buˌmʉl]
di cotone	bomulls-	['buˌmʉls-]
lino (m)	lin (n)	['lin]
di lino	lin-	['lin-]

seta (f)	silke (m)	['silkə]
di seta	silke-	['silkə-]
lana (f)	ull (m/f)	['ʉl]
di lana	ull-, av ull	['ʉl-], ['ɑː ʉl]

velluto (m)	fløyel (m)	['fløjəl]
camoscio (m)	semsket skinn (n)	['sɛmsket ˌʂin]
velluto (m) a coste	kordfløyel (m/n)	['kɔːdˌfløjəl]

nylon (m)	nylon (n)	['nyˌlɔn]
di nylon	nylon-	['nyˌlɔn-]
poliestere (m)	polyester (m)	[pʉly'ɛstər]
di poliestere	polyester-	[pʉly'ɛstər-]

pelle (f)	lær, skinn (n)	['lær], ['ʂin]
di pelle	lær-, av lær	['lær-], ['ɑː lær]
pelliccia (f)	pels (m)	['pɛls]
di pelliccia	pels-	['pɛls-]

36. Accessori personali

guanti (m pl)	hansker (m pl)	['hanskər]
manopole (f pl)	votter (m pl)	['vɔtər]
sciarpa (f)	skjerf (n)	['ʂærf]

occhiali (m pl)	briller (m pl)	['brilər]
montatura (f)	innfatning (m/f)	['inˌfatniŋ]
ombrello (m)	paraply (m)	[parɑ'ply]
bastone (m)	stokk (m)	['stɔk]
spazzola (f) per capelli	hårbørste (m)	['hɔrˌbœʂtə]
ventaglio (m)	vifte (m/f)	['viftə]

cravatta (f)	slips (n)	['slips]
cravatta (f) a farfalla	sløyfe (m/f)	['ʂløjfə]
bretelle (f pl)	bukseseler (m pl)	['bʉksə'selər]
fazzoletto (m)	lommetørkle (n)	['lʉməˌtœrklə]

| pettine (m) | kam (m) | ['kam] |
| fermaglio (m) | hårspenne (m/f/n) | ['hɔːrˌspɛnə] |

41

| forcina (f) | hårnål (m/f) | ['ho:r,nol] |
| fibbia (f) | spenne (m/f/n) | ['spɛnə] |

| cintura (f) | belte (m) | ['bɛltə] |
| spallina (f) | skulderreim, rem (m/f) | ['skʉldə,ræjm], ['rem] |

borsa (f)	veske (m/f)	['vɛskə]
borsetta (f)	håndveske (m/f)	['hɔn,vɛskə]
zaino (m)	ryggsekk (m)	['ryg,sɛk]

37. Abbigliamento. Varie

moda (f)	mote (m)	['mʉtə]
di moda	moteriktig	['mʉtə,rikti]
stilista (m)	moteskaper (m)	['mʉtə,skɑpər]

collo (m)	krage (m)	['krɑgə]
tasca (f)	lomme (m/f)	['lʉmə]
tascabile (agg)	lomme-	['lʉmə-]
manica (f)	erme (n)	['ærmə]
asola (f) per appendere	hempe (m)	['hɛmpə]
patta (f) (~ dei pantaloni)	gylf, buksesmekk (m)	['gylf], ['bʉksə,smɛk]

cerniera (f) lampo	glidelås (m/n)	['glidə,lɔs]
chiusura (f)	hekte (m/f), knepping (m)	['hɛktə], ['knɛpiŋ]
bottone (m)	knapp (m)	['knɑp]
occhiello (m)	klapphull (n)	['klɑp,hʉl]
staccarsi (un bottone)	å falle av	[ɔ 'falə ɑ:]

cucire (vi, vt)	å sy	[ɔ 'sy]
ricamare (vi, vt)	å brodere	[ɔ brʉ'derə]
ricamo (m)	broderi (n)	[brʉde'ri]
ago (m)	synål (m/f)	['sy,nɔl]
filo (m)	tråd (m)	['trɔ]
cucitura (f)	søm (m)	['søm]

sporcarsi (vr)	å skitne seg til	[ɔ 'ʂitnə sæj til]
macchia (f)	flekk (m)	['flek]
sgualcirsi (vr)	å bli skrukkete	[ɔ 'bli 'skrʉketə]
strappare (vt)	å rive	[ɔ 'rivə]
tarma (f)	møll (m/n)	['møl]

38. Cura della persona. Cosmetici

dentifricio (m)	tannpasta (m)	['tɑn,pɑstɑ]
spazzolino (m) da denti	tannbørste (m)	['tɑn,bœʂtə]
lavarsi i denti	å pusse tennene	[ɔ 'pʉsə 'tɛnənə]

rasoio (m)	høvel (m)	['høvəl]
crema (f) da barba	barberkrem (m)	[bɑr'bɛr,krɛm]
rasarsi (vr)	å barbere seg	[ɔ bɑr'berə sæj]
sapone (m)	såpe (m/f)	['so:pə]

shampoo (m)	sjampo (m)	['ṣam‚pʊ]
forbici (f pl)	saks (m/f)	['saks]
limetta (f)	neglefil (m/f)	['nɛjlə‚fil]
tagliaunghie (m)	negleklipper (m)	['nɛjlə‚klipər]
pinzette (f pl)	pinsett (m)	[pin'sɛt]

cosmetica (f)	kosmetikk (m)	[kʊsme'tik]
maschera (f) di bellezza	ansiktsmaske (m/f)	['ansikts‚maskə]
manicure (m)	manikyr (m)	[mani'kyr]
fare la manicure	å få manikyr	[ɔ 'fɔ mani'kyr]
pedicure (m)	pedikyr (m)	[pedi'kyr]

borsa (f) del trucco	sminkeveske (m/f)	['sminkə‚vɛskə]
cipria (f)	pudder (n)	['pʉdər]
portacipria (m)	pudderdåse (m)	['pʉdər‚doːsə]
fard (m)	rouge (m)	['ruːṣ]

profumo (m)	parfyme (m)	[par'fymə]
acqua (f) da toeletta	eau de toilette (m)	['ɔː də twa'let]
lozione (f)	lotion (m)	['lousɛn]
acqua (f) di Colonia	eau de cologne (m)	['ɔː də kɔ'lɔŋ]

ombretto (m)	øyeskygge (m)	['øjə‚sygə]
eyeliner (m)	eyeliner (m)	['aːj‚lajnər]
mascara (m)	maskara (m)	[ma'skara]

rossetto (m)	leppestift (m)	['lepə‚stift]
smalto (m)	neglelakk (m)	['nɛjlə‚lak]
lacca (f) per capelli	hårlakk (m)	['hoːr‚lak]
deodorante (m)	deodorant (m)	[deudʉ'rant]

crema (f)	krem (m)	['krɛm]
crema (f) per il viso	ansiktskrem (m)	['ansikts‚krɛm]
crema (f) per le mani	håndkrem (m)	['hɔn‚krɛm]
crema (f) antirughe	antirynkekrem (m)	[anti'rʏnkə‚krɛm]
crema (f) da giorno	dagkrem (m)	['dag‚krɛm]
crema (f) da notte	nattkrem (m)	['nat‚krɛm]
da giorno	dag-	['dag-]
da notte	natt-	['nat-]

tampone (m)	tampong (m)	[tam'pɔn]
carta (f) igienica	toalettpapir (n)	[tʊa'let pa'pir]
fon (m)	hårføner (m)	['hoːr‚fønər]

39. Gioielli

gioielli (m pl)	smykker (n pl)	['smʏkər]
prezioso (agg)	edel-	['ɛdəl-]
marchio (m)	stempel (n)	['stɛmpəl]

anello (m)	ring (m)	['riŋ]
anello (m) nuziale	giftering (m)	['jiftə‚riŋ]
braccialetto (m)	armbånd (n)	['arm‚bɔn]
orecchini (m pl)	øreringer (m pl)	['ørə‚riŋər]

collana (f)	halssmykke (n)	['hals,smʏkə]
corona (f)	krone (m/f)	['krʊnə]
perline (f pl)	perlekjede (m/n)	['pærlə,çɛ:də]

diamante (m)	diamant (m)	[dia'mant]
smeraldo (m)	smaragd (m)	[sma'ragd]
rubino (m)	rubin (m)	[rʉ'bin]
zaffiro (m)	safir (m)	[sa'fir]
perle (f pl)	perler (m pl)	['pærlər]
ambra (f)	rav (n)	['rav]

40. Orologi da polso. Orologio

orologio (m) (~ da polso)	armbåndsur (n)	['armbɔns,ʉr]
quadrante (m)	urskive (m/f)	['ʉ:,ʂivə]
lancetta (f)	viser (m)	['visər]
braccialetto (m)	armbånd (n)	['arm,bɔn]
cinturino (m)	rem (m/f)	['rem]

pila (f)	batteri (n)	[batɛ'ri]
essere scarico	å bli utladet	[ɔ 'bli 'ʉt,ladət]
cambiare la pila	å skifte batteriene	[ɔ 'ʂiftə batɛ'riene]
andare avanti	å gå for fort	[ɔ 'gɔ fɔ 'fɔ:ʈ]
andare indietro	å gå for sakte	[ɔ 'gɔ fɔ 'saktə]

orologio (m) da muro	veggur (n)	['vɛg,ʉr]
clessidra (f)	timeglass (n)	['timə,glas]
orologio (m) solare	solur (n)	['sʊl,ʉr]
sveglia (f)	vekkerklokka (m/f)	['vɛkər,klɔka]
orologiaio (m)	urmaker (m)	['ʉr,makər]
riparare (vt)	å reparere	[ɔ repa'rerə]

Cibo. Alimentazione

41. Cibo

carne (f)	kjøtt (n)	['çœt]
pollo (m)	høne (m/f)	['hønə]
pollo (m) novello	kylling (m)	['çyliŋ]
anatra (f)	and (m/f)	['an]
oca (f)	gås (m/f)	['gɔs]
cacciagione (f)	vilt (n)	['vilt]
tacchino (m)	kalkun (m)	[kal'kʉn]

maiale (m)	svinekjøtt (n)	['svinə,çœt]
vitello (m)	kalvekjøtt (n)	['kalvə,çœt]
agnello (m)	fårekjøtt (n)	['fo:rə,çœt]
manzo (m)	oksekjøtt (n)	['ɔksə,çœt]
coniglio (m)	kanin (m)	[ka'nin]

salame (m)	pølse (m/f)	['pølsə]
w?rstel (m)	wienerpølse (m/f)	['vinər,pølsə]
pancetta (f)	bacon (n)	['bɛjkən]
prosciutto (m)	skinke (m)	['şinkə]
prosciutto (m) affumicato	skinke (m)	['şinkə]

pâté (m)	pate, paté (m)	[pa'te]
fegato (m)	lever (m)	['levər]
carne (f) trita	kjøttfarse (m)	['çœt,farşə]
lingua (f)	tunge (m/f)	['tʉŋə]

uovo (m)	egg (n)	['ɛg]
uova (f pl)	egg (n pl)	['ɛg]
albume (m)	eggehvite (m)	['ɛgə,vitə]
tuorlo (m)	plomme (m/f)	['plʉmə]

pesce (m)	fisk (m)	['fisk]
frutti (m pl) di mare	sjømat (m)	['şø,mat]
crostacei (m pl)	krepsdyr (n pl)	['krɛps,dyr]
caviale (m)	kaviar (m)	['kavi,ar]

granchio (m)	krabbe (m)	['krabə]
gamberetto (m)	reke (m/f)	['rekə]
ostrica (f)	østers (m)	['østəş]
aragosta (f)	langust (m)	[laŋ'gʉst]
polpo (m)	blekksprut (m)	['blek,sprʉt]
calamaro (m)	blekksprut (m)	['blek,sprʉt]

storione (m)	stør (m)	['stør]
salmone (m)	laks (m)	['laks]
ippoglosso (m)	kveite (m/f)	['kvæjtə]
merluzzo (m)	torsk (m)	['tɔşk]

scombro (m)	makrell (m)	[ma'krɛl]
tonno (m)	tunfisk (m)	['tʉn,fisk]
anguilla (f)	ål (m)	['ɔl]

trota (f)	ørret (m)	['øret]
sardina (f)	sardin (m)	[sɑː'd̠in]
luccio (m)	gjedde (m/f)	['jɛdə]
aringa (f)	sild (m/f)	['sil]

pane (m)	brød (n)	['brø]
formaggio (m)	ost (m)	['ʉst]
zucchero (m)	sukker (n)	['sʉkər]
sale (m)	salt (n)	['salt]

riso (m)	ris (m)	['ris]
pasta (f)	pasta, makaroni (m)	['pasta], [maka'rʉni]
tagliatelle (f pl)	nudler (m pl)	['nʉdlər]

burro (m)	smør (n)	['smør]
olio (m) vegetale	vegetabilsk olje (m)	[vegeta'bilsk ,ɔljə]
olio (m) di girasole	solsikkeolje (m)	['sʉlsikə,ɔlje]
margarina (f)	margarin (m)	[marga'rin]

| olive (f pl) | olivener (m pl) | [ʉ'livenər] |
| olio (m) d'oliva | olivenolje (m) | [ʉ'livən,ɔljə] |

latte (m)	melk (m/f)	['mɛlk]
latte (m) condensato	kondensert melk (m/f)	[kʉndən'seːt ,mɛlk]
yogurt (m)	jogurt (m)	['jɔgʉːt]
panna (f) acida	rømme, syrnet fløte (m)	['rœmə], ['syːŋet 'fløtə]
panna (f)	fløte (m)	['fløtə]

| maionese (m) | majones (m) | [majɔ'nɛs] |
| crema (f) | krem (m) | ['krɛm] |

cereali (m pl)	gryn (n)	['gryn]
farina (f)	mel (n)	['mel]
cibi (m pl) in scatola	hermetikk (m)	[hɛrme'tik]

fiocchi (m pl) di mais	cornflakes (m)	['kɔːɳ,flejks]
miele (m)	honning (m)	['hɔniŋ]
marmellata (f)	syltetøy (n)	['syltə,tøj]
gomma (f) da masticare	tyggegummi (m)	['tygə,gʉmi]

42. Bevande

acqua (f)	vann (n)	['van]
acqua (f) potabile	drikkevann (n)	['drikə,van]
acqua (f) minerale	mineralvann (n)	[minə'ral,van]

liscia (non gassata)	uten kullsyre	['ʉtən kʉl'syrə]
gassata (agg)	kullsyret	[kʉl'syrət]
frizzante (agg)	med kullsyre	[me kʉl'syrə]
ghiaccio (m)	is (m)	['is]

con ghiaccio	med is	[me 'is]
analcolico (agg)	alkoholfri	['alkʊhʊlˌfri]
bevanda (f) analcolica	alkoholfri drikk (m)	['alkʊhʊlˌfri drik]
bibita (f)	leskedrikk (m)	['leskəˌdrik]
limonata (f)	limonade (m)	[limɔ'nadə]

bevande (f pl) alcoliche	rusdrikker (m pl)	['rʉsˌdrikər]
vino (m)	vin (m)	['vin]
vino (m) bianco	hvitvin (m)	['vitˌvin]
vino (m) rosso	rødvin (m)	['røˌvin]

liquore (m)	likør (m)	[li'kør]
champagne (m)	champagne (m)	[ʂam'panjə]
vermouth (m)	vermut (m)	['værmʉt]

whisky	whisky (m)	['viski]
vodka (f)	vodka (m)	['vɔdka]
gin (m)	gin (m)	['dʒin]
cognac (m)	konjakk (m)	['kʊnjak]
rum (m)	rom (m)	['rʊm]

caffè (m)	kaffe (m)	['kafə]
caffè (m) nero	svart kaffe (m)	['svaːt̩ 'kafə]
caffè latte (m)	kaffe (m) med melk	['kafə me 'mɛlk]
cappuccino (m)	cappuccino (m)	[kapʊ'tʃinɔ]
caffè (m) solubile	pulverkaffe (m)	['pʉlvərˌkafə]

latte (m)	melk (m/f)	['mɛlk]
cocktail (m)	cocktail (m)	['kɔkˌtɛjl]
frullato (m)	milkshake (m)	['milkˌʂɛjk]

succo (m)	jus, juice (m)	['dʒʉs]
succo (m) di pomodoro	tomatjuice (m)	[tʊ'matˌdʒʉs]
succo (m) d'arancia	appelsinjuice (m)	[apel'sinˌdʒʉs]
spremuta (f)	nypresset juice (m)	['nyˌprɛsə 'dʒʉs]

birra (f)	øl (m/n)	['øl]
birra (f) chiara	lettøl (n)	['letˌøl]
birra (f) scura	mørkt øl (n)	['mœrktˌøl]

tè (m)	te (m)	['te]
tè (m) nero	svart te (m)	['svaːt̩ ˌte]
tè (m) verde	grønn te (m)	['grœn ˌte]

43. Verdure

ortaggi (m pl)	grønnsaker (m pl)	['grœnˌsakər]
verdura (f)	grønnsaker (m pl)	['grœnˌsakər]

pomodoro (m)	tomat (m)	[tʊ'mat]
cetriolo (m)	agurk (m)	[a'gʉrk]
carota (f)	gulrot (m/f)	['gʉlˌrʊt]
patata (f)	potet (m/f)	[pʊ'tet]
cipolla (f)	løk (m)	['løk]

aglio (m)	hvitløk (m)	['vit,løk]
cavolo (m)	kål (m)	['kɔl]
cavolfiore (m)	blomkål (m)	['blɔm,kɔl]
cavoletti (m pl) di Bruxelles	rosenkål (m)	['rʉsən,kɔl]
broccolo (m)	brokkoli (m)	['brɔkɔli]

barbabietola (f)	rødbete (m/f)	['rø,betə]
melanzana (f)	aubergine (m)	[ɔbɛr'şin]
zucchina (f)	squash (m)	['skvɔş]
zucca (f)	gresskar (n)	['grɛskar]
rapa (f)	nepe (m/f)	['nepə]

prezzemolo (m)	persille (m/f)	[pæ'şilə]
aneto (m)	dill (m)	['dil]
lattuga (f)	salat (m)	[sɑ'lat]
sedano (m)	selleri (m/n)	[sɛle,ri]
asparago (m)	asparges (m)	[ɑ'sparşəs]
spinaci (m pl)	spinat (m)	[spi'nat]

pisello (m)	erter (m pl)	['æ:ʈər]
fave (f pl)	bønner (m/f pl)	['bœnər]
mais (m)	mais (m)	['mais]
fagiolo (m)	bønne (m/f)	['bœnə]

peperone (m)	pepper (m)	['pɛpər]
ravanello (m)	reddik (m)	['rɛdik]
carciofo (m)	artisjokk (m)	[,ɑ:ʈi'şɔk]

44. Frutta. Noci

frutto (m)	frukt (m/f)	['frʉkt]
mela (f)	eple (n)	['ɛplə]
pera (f)	pære (m/f)	['pærə]
limone (m)	sitron (m)	[si'trʉn]
arancia (f)	appelsin (m)	[apel'sin]
fragola (f)	jordbær (n)	['ju:r,bær]

mandarino (m)	mandarin (m)	[mandɑ'rin]
prugna (f)	plomme (m/f)	['plʉmə]
pesca (f)	fersken (m)	['fæşkən]
albicocca (f)	aprikos (m)	[apri'kʉs]
lampone (m)	bringebær (n)	['briŋə,bær]
ananas (m)	ananas (m)	['ananas]

banana (f)	banan (m)	[bɑ'nan]
anguria (f)	vannmelon (m)	['vanme,lʉn]
uva (f)	drue (m/f)	['drʉə]
amarena (f)	kirsebær (n)	['çişə,bær]
ciliegia (f)	morell (m)	[mʉ'rɛl]
melone (m)	melon (m)	[me'lun]

pompelmo (m)	grapefrukt (m/f)	['grɛjp,frʉkt]
avocado (m)	avokado (m)	[avɔ'kadɔ]
papaia (f)	papaya (m)	[pɑ'paja]

| mango (m) | mango (m) | ['maɲu] |
| melagrana (f) | granateple (n) | [gra'nat,ɛplə] |

ribes (m) rosso	rips (m)	['rips]
ribes (m) nero	solbær (n)	['sul,bær]
uva (f) spina	stikkelsbær (n)	['stikəls,bær]
mirtillo (m)	blåbær (n)	['blɔ,bær]
mora (f)	bjørnebær (m)	['bjœ:ɲə,bær]

uvetta (f)	rosin (m)	[rʊ'sin]
fico (m)	fiken (m)	['fikən]
dattero (m)	daddel (m)	['dadəl]

arachide (f)	jordnøtt (m)	['ju:r,nœt]
mandorla (f)	mandel (m)	['mandəl]
noce (f)	valnøtt (m/f)	['val,nœt]
nocciola (f)	hasselnøtt (m/f)	['hasəl,nœt]
noce (f) di cocco	kokosnøtt (m/f)	['kukʊs,nœt]
pistacchi (m pl)	pistasier (m pl)	[pi'staşiər]

45. Pane. Dolci

pasticceria (f)	bakevarer (m/f pl)	['bakə,varər]
pane (m)	brød (n)	['brø]
biscotti (m pl)	kjeks (m)	['çɛks]

cioccolato (m)	sjokolade (m)	[şukʊ'ladə]
al cioccolato (agg)	sjokolade-	[şukʊ'ladə-]
caramella (f)	sukkertøy (n), karamell (m)	['sʉkə:tøj], [kara'mɛl]
tortina (f)	kake (m/f)	['kakə]
torta (f)	bløtkake (m/f)	['bløt,kakə]

| crostata (f) | pai (m) | ['paj] |
| ripieno (m) | fyll (m/n) | ['fʏl] |

marmellata (f)	syltetøy (n)	['syltə,tøj]
marmellata (f) di agrumi	marmelade (m)	[marme'ladə]
wafer (m)	vaffel (m)	['vafəl]
gelato (m)	iskrem (m)	['iskrɛm]
budino (m)	pudding (m)	['pʉdiŋ]

46. Pietanze cucinate

piatto (m) (~ principale)	rett (m)	['rɛt]
cucina (f)	kjøkken (n)	['çœkən]
ricetta (f)	oppskrift (m)	['ɔp,skrift]
porzione (f)	porsjon (m)	[pɔ'şʊn]

insalata (i)	salat (m)	[sa'lat]
minestra (f)	suppe (m/f)	['sʉpə]
brodo (m)	buljong (m)	[bu'ljɔŋ]
panino (m)	smørbrød (n)	['smør,brø]

uova (f pl) al tegamino	speilegg (n)	['spæjl,ɛg]
hamburger (m)	hamburger (m)	['hambʊrgər]
bistecca (f)	biff (m)	['bif]

contorno (m)	tilbehør (n)	['tilbə,hør]
spaghetti (m pl)	spagetti (m)	[spa'gɛti]
purè (m) di patate	potetmos (m)	[pʊ'tet,mʊs]
pizza (f)	pizza (m)	['pitsa]
porridge (m)	grøt (m)	['grøt]
frittata (f)	omelett (m)	[ɔmə'let]

bollito (agg)	kokt	['kʊkt]
affumicato (agg)	røkt	['røkt]
fritto (agg)	stekt	['stɛkt]
secco (agg)	tørket	['tœrkət]
congelato (agg)	frossen, dypfryst	['frɔsən], ['dyp,frʏst]
sottoaceto (agg)	syltet	['sʏltət]

dolce (gusto)	søt	['søt]
salato (agg)	salt	['salt]
freddo (agg)	kald	['kal]
caldo (agg)	het, varm	['het], ['varm]
amaro (agg)	bitter	['bitər]
buono, gustoso (agg)	lekker	['lekər]

cuocere, preparare (vt)	å koke	[ɔ 'kʊkə]
cucinare (vi)	å lage	[ɔ 'lagə]
friggere (vt)	å steke	[ɔ 'stekə]
riscaldare (vt)	å varme opp	[ɔ 'varmə ɔp]

salare (vt)	å salte	[ɔ 'saltə]
pepare (vt)	å pepre	[ɔ 'pɛprə]
grattugiare (vt)	å rive	[ɔ 'rivə]
buccia (f)	skall (n)	['skal]
sbucciare (vt)	å skrelle	[ɔ 'skrɛlə]

47. Spezie

sale (m)	salt (n)	['salt]
salato (agg)	salt	['salt]
salare (vt)	å salte	[ɔ 'saltə]

pepe (m) nero	svart pepper (m)	['svaːʈ 'pɛpər]
peperoncino (m)	rød pepper (m)	['rø 'pɛpər]
senape (f)	sennep (m)	['sɛnəp]
cren (m)	pepperrot (m/f)	['pɛpər,rʊt]

condimento (m)	krydder (n)	['krʏdər]
spezie (f pl)	krydder (n)	['krʏdər]
salsa (f)	saus (m)	['saʊs]
aceto (m)	eddik (m)	['ɛdik]

| anice (m) | anis (m) | ['anis] |
| basilico (m) | basilik (m) | [basi'lik] |

chiodi (m pl) di garofano	nellik (m)	['nɛlik]
zenzero (m)	ingefær (m)	['iŋə,fær]
coriandolo (m)	koriander (m)	[kʊri'andər]
cannella (f)	kanel (m)	[ka'nel]

sesamo (m)	sesam (m)	['sesam]
alloro (m)	laurbærblad (n)	['laʊrbær,bla]
paprica (f)	paprika (m)	['paprika]
cumino (m)	karve, kummin (m)	['karvə], ['kʉmin]
zafferano (m)	safran (m)	[sa'fran]

48. Pasti

cibo (m)	mat (m)	['mat]
mangiare (vi, vt)	å spise	[ɔ 'spisə]

colazione (f)	frokost (m)	['frʊkɔst]
fare colazione	å spise frokost	[ɔ 'spisə ,frʊkɔst]
pranzo (m)	lunsj, lunch (m)	['lʉnʂ]
pranzare (vi)	å spise lunsj	[ɔ 'spisə ,lʉnʂ]
cena (f)	middag (m)	['mi,da]
cenare (vi)	å spise middag	[ɔ 'spisə 'mi,da]

appetito (m)	appetitt (m)	[ape'tit]
Buon appetito!	God appetitt!	['gʊ ape'tit]

aprire (vt)	å åpne	[ɔ 'ɔpnə]
rovesciare (~ il vino, ecc.)	å spille	[ɔ 'spilə]
rovesciarsi (vr)	å bli spilt	[ɔ 'bli 'spilt]

bollire (vi)	å koke	[ɔ 'kʊkə]
far bollire	å koke	[ɔ 'kʊkə]
bollito (agg)	kokt	['kʊkt]

raffreddare (vt)	å svalne	[ɔ 'svalnə]
raffreddarsi (vr)	å avkjøles	[ɔ 'av,çœləs]

gusto (m)	smak (m)	['smak]
retrogusto (m)	bismak (m)	['bismak]

essere a dieta	å være på diet	[ɔ 'værə pɔ di'et]
dieta (f)	diett (m)	[di'et]
vitamina (f)	vitamin (n)	[vɪta'mɪn]
caloria (f)	kalori (m)	[kalʊ'ri]

vegetariano (m)	vegetarianer (m)	[vegetari'anər]
vegetariano (agg)	vegetarisk	[vege'tarisk]

grassi (m pl)	fett (n)	['fɛt]
proteine (f pl)	proteiner (n pl)	[prʊte'ɪnər]
carboidrati (m pl)	kullhydrater (n pl)	['kʉlhy,dratər]
fetta (f), fettina (f)	skive (m/f)	['ʂivə]
pezzo (m) (~ di torta)	stykke (n)	['stʏkə]
briciola (f) (~ di pane)	smule (m)	['smʉlə]

49. Preparazione della tavola

cucchiaio (m)	skje (m)	['ʂe]
coltello (m)	kniv (m)	['kniv]
forchetta (f)	gaffel (m)	['gafəl]
tazza (f)	kopp (m)	['kɔp]
piatto (m)	tallerken (m)	[ta'lærkən]
piattino (m)	tefat (n)	['te₎fat]
tovagliolo (m)	serviett (m)	[sɛrvi'ɛt]
stuzzicadenti (m)	tannpirker (m)	['tan₎pirkər]

50. Ristorante

ristorante (m)	restaurant (m)	[rɛstʊ'raŋ]
caffè (m)	kafé, kaffebar (m)	[ka'fe], ['kafə₎bar]
pub (m), bar (m)	bar (m)	['bar]
sala (f) da tè	tesalong (m)	['tesa₎lɔŋ]
cameriere (m)	servitør (m)	['særvi'tør]
cameriera (f)	servitrise (m/f)	[særvi'trisə]
barista (m)	bartender (m)	['baː₎tɛndər]
menù (m)	meny (m)	[me'ny]
lista (f) dei vini	vinkart (n)	['vin₎kaːt]
prenotare un tavolo	å reservere bord	[ɔ resɛr'verə 'bʊr]
piatto (m)	rett (m)	['rɛt]
ordinare (~ il pranzo)	å bestille	[ɔ be'stilə]
fare un'ordinazione	å bestille	[ɔ be'stilə]
aperitivo (m)	aperitiff (m)	[aperi'tif]
antipasto (m)	forrett (m)	['fɔrɛt]
dolce (m)	dessert (m)	[de'sɛːr]
conto (m)	regning (m/f)	['rɛjniŋ]
pagare il conto	å betale regningen	[ɔ be'talə 'rɛjniŋən]
dare il resto	å gi tilbake veksel	[ɔ ji til'bakə 'vɛksəl]
mancia (f)	driks (m)	['driks]

Famiglia, parenti e amici

51. Informazioni personali. Moduli

nome (m)	navn (n)	['nɑvn]
cognome (m)	etternavn (n)	['ɛtəˌŋɑvn]
data (f) di nascita	fødselsdato (m)	['føtsəlsˌdɑtʉ]
luogo (m) di nascita	fødested (n)	['fødəˌsted]
nazionalità (f)	nasjonalitet (m)	[nɑʂʉnɑli'tet]
domicilio (m)	bosted (n)	['bʉˌsted]
paese (m)	land (n)	['lɑn]
professione (f)	yrke (n), profesjon (m)	['yrkə], [prʉfe'ʂʉn]
sesso (m)	kjønn (n)	['çœn]
statura (f)	høyde (m)	['højdə]
peso (m)	vekt (m)	['vɛkt]

52. Membri della famiglia. Parenti

madre (f)	mor (m/f)	['mʉr]
padre (m)	far (m)	['fɑr]
figlio (m)	sønn (m)	['sœn]
figlia (f)	datter (m/f)	['dɑtər]
figlia (f) minore	yngste datter (m/f)	['yŋstə 'dɑtər]
figlio (m) minore	yngste sønn (m)	['yŋstə 'sœn]
figlia (f) maggiore	eldste datter (m/f)	['ɛlstə 'dɑtər]
figlio (m) maggiore	eldste sønn (m)	['ɛlstə 'sœn]
fratello (m)	bror (m)	['brʉr]
fratello (m) maggiore	eldre bror (m)	['ɛldrə ˌbrʉr]
fratello (m) minore	lillebror (m)	['liləˌbrʉr]
sorella (f)	søster (m/f)	['søstər]
sorella (f) maggiore	eldre søster (m/f)	['ɛldrə ˌsøstər]
sorella (f) minore	lillesøster (m/f)	['liləˌsøstər]
cugino (m)	fetter (m/f)	['fɛtər]
cugina (f)	kusine (m)	[kʉ'sinə]
mamma (f)	mamma (m)	['mɑmɑ]
papà (m)	pappa (m)	['pɑpɑ]
genitori (m pl)	foreldre (pl)	[for'ɛldrə]
bambino (m)	barn (n)	['bɑːn̩]
bambini (m pl)	barn (n pl)	['bɑːn̩]
nonna (f)	bestemor (m)	['bɛstəˌmʉr]
nonno (m)	bestefar (m)	['bɛstəˌfɑr]
nipote (m) (figlio di un figlio)	barnebarn (n)	['bɑːnəˌbɑːn̩]

| nipote (f) | barnebarn (n) | ['bɑːŋə,bɑːŋ] |
| nipoti (pl) | barnebarn (n pl) | ['bɑːŋə,bɑːŋ] |

zio (m)	onkel (m)	['ʊnkəl]
zia (f)	tante (m/f)	['tantə]
nipote (m) (figlio di un fratello)	nevø (m)	[ne'vø]
nipote (f)	niese (m/f)	[ni'esə]

suocera (f)	svigermor (m/f)	['sviɡər,mʊr]
suocero (m)	svigerfar (m)	['sviɡər,far]
genero (m)	svigersønn (m)	['sviɡər,sœn]
matrigna (f)	stemor (m/f)	['ste,mʊr]
patrigno (m)	stefar (m)	['ste,far]

neonato (m)	brystbarn (n)	['brʏst,bɑːŋ]
infante (m)	spedbarn (n)	['spe,bɑːŋ]
bimbo (m), ragazzino (m)	lite barn (n)	['litə 'bɑːŋ]

moglie (f)	kone (m/f)	['kʊnə]
marito (m)	mann (m)	['man]
coniuge (m)	ektemann (m)	['ɛktə,man]
coniuge (f)	hustru (m)	['hʉstrʉ]

sposato (agg)	gift	['jift]
sposata (agg)	gift	['jift]
celibe (agg)	ugift	[ʉ'jift]
scapolo (m)	ungkar (m)	['ʉŋ,kar]
divorziato (agg)	fraskilt	['fra,ṣilt]
vedova (f)	enke (m)	['ɛnkə]
vedovo (m)	enkemann (m)	['ɛnkə,man]

parente (m)	slektning (m)	['ṣlektniŋ]
parente (m) stretto	nær slektning (m)	['nær 'slektniŋ]
parente (m) lontano	fjern slektning (m)	['fjæːɳ 'slektniŋ]
parenti (m pl)	slektninger (m pl)	['ṣlektniŋər]

orfano (m), orfana (f)	foreldreløst barn (n)	[for'ɛldrələst ,bɑːŋ]
tutore (m)	formynder (m)	['for,mʏnər]
adottare (~ un bambino)	å adoptere	[ɔ adɔp'terə]
adottare (~ una bambina)	å adoptere	[ɔ adɔp'terə]

53. Amici. Colleghi

amico (m)	venn (m)	['vɛn]
amica (f)	venninne (m/f)	[vɛ'ninə]
amicizia (f)	vennskap (n)	['vɛn,skap]
essere amici	å være venner	[ɔ 'værə 'vɛnər]

amico (m) (inform.)	venn (m)	['vɛn]
amica (f) (inform.)	venninne (m/f)	[vɛ'ninə]
partner (m)	partner (m)	['paːʈnər]

| capo (m) | sjef (m) | ['ṣɛf] |
| capo (m), superiore (m) | overordnet (m) | ['ɔvər,ɔrdnet] |

proprietario (m)	eier (m)	['æejər]
subordinato (m)	underordnet (m)	['ʉnərˌɔrdnet]
collega (m)	kollega (m)	[kʉ'lega]

conoscente (m)	bekjent (m)	[be'çɛnt]
compagno (m) di viaggio	medpassasjer (m)	['meˌpasa'sɛr]
compagno (m) di classe	klassekamerat (m)	['klasəˌkamə'ra:t]

vicino (m)	nabo (m)	['nabʉ]
vicina (f)	nabo (m)	['nabʉ]
vicini (m pl)	naboer (m pl)	['nabʉər]

54. Uomo. Donna

donna (f)	kvinne (m/f)	['kvinə]
ragazza (f)	jente (m/f)	['jɛntə]
sposa (f)	brud (m/f)	['brʉd]

bella (agg)	vakker	['vakər]
alta (agg)	høy	['høj]
snella (agg)	slank	['şlɑnk]
bassa (agg)	liten av vekst	['litən a: 'vɛkst]

| bionda (f) | blondine (m) | [blɔn'dinə] |
| bruna (f) | brunette (m) | [brʉ'nɛtə] |

da donna (agg)	dame-	['damə-]
vergine (f)	jomfru (m/f)	['ʉmfrʉ]
incinta (agg)	gravid	[gra'vid]

uomo (m) (adulto maschio)	mann (m)	['man]
biondo (m)	blond mann (m)	['blɔn ˌman]
bruno (m)	mørkhåret mann (m)	['mœrkˌho:ret man]
alto (agg)	høy	['høj]
basso (agg)	liten av vekst	['litən a: 'vɛkst]

sgarbato (agg)	grov	['grɔv]
tozzo (agg)	undersetsig	['ʉnəˌşɛtsi]
robusto (agg)	robust	[rʉ'bʉst]
forte (agg)	sterk	['stærk]
forza (f)	kraft, styrke (m)	['kraft], ['styrkə]

grasso (agg)	tykk	['tʏk]
bruno (agg)	mørkhudet	['mœrkˌhʉdət]
snello (agg)	slank	['şlɑnk]
elegante (agg)	elegant	[ɛle'gant]

55. Età

età (f)	alder (m)	['aldər]
giovinezza (f)	ungdom (m)	['ʉŋˌdɔm]
giovane (agg)	ung	['ʉŋ]

| più giovane (agg) | yngre | ['ʏŋrə] |
| più vecchio (agg) | eldre | ['ɛldrə] |

giovane (m)	unge mann (m)	['ʉŋə ˌman]
adolescente (m, f)	tenåring (m)	['tɛnoːriŋ]
ragazzo (m)	kar (m)	['kar]

| vecchio (m) | gammel mann (m) | ['gaməl ˌman] |
| vecchia (f) | gammel kvinne (m/f) | ['gaməl ˌkvinə] |

adulto (m)	voksen	['vɔksən]
di mezza età	middelaldrende	['midəlˌaldrɛnə]
anziano (agg)	eldre	['ɛldrə]
vecchio (agg)	gammel	['gaməl]

pensionamento (m)	pensjon (m)	[pan'sʉn]
andare in pensione	å gå av med pensjon	[ɔ 'gɔ ɑː me pan'sʉn]
pensionato (m)	pensjonist (m)	[panʂʉ'nist]

56. Bambini

bambino (m), bambina (f)	barn (n)	['baːn̩]
bambini (m pl)	barn (n pl)	['baːn̩]
gemelli (m pl)	tvillinger (m pl)	['tviliŋər]

culla (f)	vogge (m/f)	['vɔgə]
sonaglio (m)	rangle (m/f)	['raŋlə]
pannolino (m)	bleie (m/f)	['blæjə]

tettarella (f)	smokk (m)	['smʊk]
carrozzina (f)	barnevogn (m/f)	['baːnəˌvɔŋn]
scuola (f) materna	barnehage (m)	['baːnəˌhagə]
baby-sitter (f)	babysitter (m)	['bɛbyˌsitər]

infanzia (f)	barndom (m)	['baːn̩ˌdɔm]
bambola (f)	dukke (m/f)	['dʉkə]
giocattolo (m)	leketøy (n)	['lekəˌtøj]
gioco (m) di costruzione	byggesett (n)	['bʏgəˌsɛt]

educato (agg)	veloppdragen	['velˌɔp'dragən]
maleducato (agg)	uoppdragen	[ʉop'dragən]
viziato (agg)	bortskjemt	['bʊːtʂɛmt]

essere disubbidiente	å være stygg	[ɔ 'væːrə 'stʏg]
birichino (agg)	skøyeraktig	['skøjəˌrakti]
birichinata (f)	skøyeraktighet (m)	['skøjəˌraktihet]
bambino (m) birichino	skøyer (m)	['skøjər]

| ubbidiente (agg) | lydig | ['lydi] |
| disubbidiente (agg) | ulydig | [ʉ'lydi] |

docile (agg)	føyelig	['føjli]
intelligente (agg)	klok	['klʊk]
bambino (m) prodigio	vidunderbarn (n)	['vidˌʉndərˌbaːn̩]

57. Coppie sposate. Vita di famiglia

baciare (vt)	å kysse	[ɔ 'çysə]
baciarsi (vr)	å kysse hverandre	[ɔ 'çysə ˌverandrə]
famiglia (f)	familie (m)	[fɑ'miliə]
familiare (agg)	familie-	[fɑ'miliə-]
coppia (f)	par (n)	['pɑr]
matrimonio (m)	ekteskap (n)	['ɛktəˌskɑp]
focolare (m) domestico	hjemmets arne (m)	['jɛmets 'ɑːŋə]
dinastia (f)	dynasti (n)	[dinɑs'ti]
appuntamento (m)	stevnemøte (n)	['stɛvnəˌmøtə]
bacio (m)	kyss (n)	['çys]
amore (m)	kjærlighet (m)	['çæːˌliˌhet]
amare (qn)	å elske	[ɔ 'ɛlskə]
amato (agg)	elskling	['ɛlskliŋ]
tenerezza (f)	ømhet (m)	['ømˌhet]
dolce, tenero (agg)	øm	['øm]
fedeltà (f)	troskap (m)	['trʊˌskɑp]
fedele (agg)	trofast	['trʊfɑst]
premura (f)	omsorg (m)	['ɔmˌsɔrg]
premuroso (agg)	omsorgsfull	['ɔmˌsɔrgsfʉl]
sposi (m pl) novelli	nygifte (n)	['nyˌjiftə]
luna (f) di miele	hvetebrødsdager (m pl)	['vetɛbrøsˌdagər]
sposarsi (per una donna)	å gifte seg	[ɔ 'jiftə sæj]
sposarsi (per un uomo)	å gifte seg	[ɔ 'jiftə sæj]
nozze (f pl)	bryllup (n)	['brʏlʉp]
nozze (f pl) d'oro	gullbryllup (n)	['gʉlˌbrʏlʉp]
anniversario (m)	årsdag (m)	['oːʂˌda]
amante (m)	elsker (m)	['ɛlskər]
amante (f)	elskerinne (m/f)	['ɛlskəˌrinə]
adulterio (m)	utroskap (m)	['ʉˌtrɔskɑp]
tradire (commettere adulterio)	å være utro	[ɔ 'væːrə 'ʉˌtrʊ]
geloso (agg)	sjalu	[ʂɑ'lʉː]
essere geloso	å være sjalu	[ɔ 'væːrə ʂɑ'lʉː]
divorzio (m)	skilsmisse (m)	['ʂilsˌmisə]
divorziare (vi)	å skille seg	[ɔ 'ʂilə sæj]
litigare (vi)	å krangle	[ɔ 'kraŋlə]
fare pace	å forsone seg	[ɔ fɔ'ʂʊnə sæj]
insieme	sammen	['samən]
sesso (m)	sex (m)	['sɛks]
felicità (f)	lykke (m/f)	['lʏkə]
felice (agg)	lykkelig	['lʏkəlɪ]
disgrazia (f)	ulykke (m/f)	['ʉˌlʏkə]
infelice (agg)	ulykkelig	['ʉˌlʏkəli]

Personalità. Sentimenti. Emozioni

58. Sentimenti. Emozioni

sentimento (m)	følelse (m)	['føləlsə]
sentimenti (m pl)	følelser (m pl)	['føləlsər]
sentire (vt)	å kjenne	[ɔ 'çɛnə]
fame (f)	sult (m)	['sʉlt]
avere fame	å være sulten	[ɔ 'værə 'sʉltən]
sete (f)	tørst (m)	['tœʂt]
avere sete	å være tørst	[ɔ 'værə 'tœʂt]
sonnolenza (f)	søvnighet (m)	['sœvni,het]
avere sonno	å være søvnig	[ɔ 'værə 'sœvni]
stanchezza (f)	tretthet (m)	['trɛt,het]
stanco (agg)	trett	['trɛt]
stancarsi (vr)	å bli trett	[ɔ 'bli 'trɛt]
umore (m) (buon ~)	humør (n)	[hʉ'mør]
noia (f)	kjedsomhet (m/f)	['çɛdsɔm,het]
annoiarsi (vr)	å kjede seg	[ɔ 'çedə sæj]
isolamento (f)	avsondrethet (m/f)	['afsɔndrɛt,het]
isolarsi (vr)	å isolere seg	[ɔ isʉ'lerə sæj]
preoccupare (vt)	å bekymre, å uroe	[ɔ be'çymrə], [ɔ 'ʉːrʉə]
essere preoccupato	å bekymre seg	[ɔ be'çymrə sæj]
agitazione (f)	bekymring (m/f)	[be'çymriŋ]
preoccupazione (f)	uro (m/f)	['ʉrʉ]
preoccupato (agg)	bekymret	[be'çymrət]
essere nervoso	å være nervøs	[ɔ 'værə nær'vøs]
andare in panico	å få panikk	[ɔ 'fɔ pa'nik]
speranza (f)	håp (n)	['hɔp]
sperare (vi, vt)	å håpe	[ɔ 'hoːpə]
certezza (f)	sikkerhet (m/f)	['sikər,het]
sicuro (agg)	sikker	['sikər]
incertezza (f)	usikkerhet (m)	['ʉsikər,het]
incerto (agg)	usikker	['ʉ,sikər]
ubriaco (agg)	beruset, full	[be'rʉsət], ['fʉl]
sobrio (agg)	edru	['ɛdrʉ]
debole (agg)	svak	['svak]
fortunato (agg)	lykkelig	['lʏkəli]
spaventare (vt)	å skremme	[ɔ 'skrɛmə]
furia (f)	raseri (n)	[rasɛ'ri]
rabbia (f)	raseri (n)	[rasɛ'ri]
depressione (f)	depresjon (m)	[dɛpre'ʂʉn]
disagio (m)	ubehag (n)	['ʉbe,hag]

conforto (m)	komfort (m)	[kʊm'fɔːr]
rincrescere (vi)	å beklage	[ɔ be'klagə]
rincrescimento (m)	beklagelse (m)	[be'klagəlsə]
sfortuna (f)	uhell (n)	['ʉ,hɛl]
tristezza (f)	sorg (m/f)	['sɔr]

vergogna (f)	skam (m/f)	['skam]
allegria (f)	glede (m/f)	['gledə]
entusiasmo (m)	entusiasme (m)	[ɛntʉsi'asmə]
entusiasta (m)	entusiast (m)	[ɛntʉsi'ast]
mostrare entusiasmo	å vise entusiasme	[ɔ 'visə ɛntʉsi'asmə]

59. Personalità. Carattere

carattere (m)	karakter (m)	[karak'ter]
difetto (m)	karakterbrist (m/f)	[karak'ter,brist]
mente (f)	sinn (n)	['sin]
intelletto (m)	forstand (m)	[fɔ'ʂtan]

coscienza (f)	samvittighet (m)	[sam'viti,het]
abitudine (f)	vane (m)	['vanə]
capacità (f)	evne (m/f)	['ɛvnə]
sapere (~ nuotare)	å kunne	[ɔ 'kʉnə]

paziente (agg)	tålmodig	[tɔl'mʊdi]
impaziente (agg)	utålmodig	['ʉtɔl,mʊdi]
curioso (agg)	nysgjerrig	['nʏ,ʂæri]
curiosità (f)	nysgjerrighet (m)	['nʏ,ʂæri,het]

modestia (f)	beskjedenhet (m)	[be'ʂeden,het]
modesto (agg)	beskjeden	[be'ʂedən]
immodesto (agg)	ubeskjeden	['ʉbe,ʂedən]

pigrizia (f)	lathet (m)	['lat,het]
pigro (agg)	doven	['dʊvən]
poltrone (m)	dovendyr (n)	['dʊvən,dyr]

furberia (f)	list (m/f)	['list]
furbo (agg)	listig	['listi]
diffidenza (f)	mistro (m/f)	['mis,trɔ]
diffidente (agg)	mistroende	['mis,trʊenə]

generosità (f)	gavmildhet (m)	['gavmil,het]
generoso (agg)	generøs	[sene'røs]
di talento	talentfull	[ta'lent,fʉl]
talento (m)	talent (n)	[ta'lent]

coraggioso (agg)	modig	['mʊdi]
coraggio (m)	mot (n)	['mʊt]
onesto (agg)	ærlig	['æː,l̩]
onestà (f)	ærlighet (m)	['æː,l̩,het]

| prudente (agg) | forsiktig | [fɔ'ʂikti] |
| valoroso (agg) | modig | ['mʊdi] |

| serio (agg) | alvorlig | [al'vɔ:[i] |
| severo (agg) | streng | ['strɛŋ] |

deciso (agg)	besluttsom	[be'ʂlʉt,sɔm]
indeciso (agg)	ubesluttsom	[ʉbe'ʂlʉt,sɔm]
timido (agg)	forsagt	['fɔ,ʂakt]
timidezza (f)	forsagthet (m)	['foʂakt,het]

fiducia (f)	tillit (m)	['tilit]
fidarsi (vr)	å tro	[ɔ 'trʊ]
fiducioso (agg)	tillitsfull	['tilits,fʉl]

sinceramente	oppriktig	[ɔp'rikti]
sincero (agg)	oppriktig	[ɔp'rikti]
sincerità (f)	oppriktighet (m)	[ɔp'rikti,het]
aperto (agg)	åpen	['ɔpən]

tranquillo (agg)	stille	['stilə]
sincero (agg)	oppriktig	[ɔp'rikti]
ingenuo (agg)	naiv	[na'iv]
distratto (agg)	forstrødd	['fʊ,ʂtrød]
buffo (agg)	morsom	['mʊʂɔm]

avidità (f)	grådighet (m)	['gro:di,het]
avido (agg)	grådig	['gro:di]
avaro (agg)	gjerrig	['jæri]
cattivo (agg)	ond	['ʊn]
testardo (agg)	hårdnakket	['hɔ:r,nakət]
antipatico (agg)	ubehagelig	[ʉbe'hageli]

egoista (m)	egoist (m)	[ɛgʊ'ist]
egoistico (agg)	egoistisk	[ɛgʊ'istisk]
codardo (m)	feiging (m)	['fæjgiŋ]
codardo (agg)	feig	['fæjg]

60. Dormire. Sogni

dormire (vi)	å sove	[ɔ 'sɔvə]
sonno (m) (stato di sonno)	søvn (m)	['sœvn]
sogno (m)	drøm (m)	['drøm]
sognare (fare sogni)	å drømme	[ɔ 'drœmə]
sonnolento (agg)	søvnig	['sœvni]

letto (m)	seng (m/f)	['sɛŋ]
materasso (m)	madrass (m)	[ma'dras]
coperta (f)	dyne (m/f)	['dynə]
cuscino (m)	pute (m/f)	['pʉtə]
lenzuolo (m)	laken (n)	['lakən]

insonnia (f)	søvnløshet (m)	['sœvnløs,het]
insonne (agg)	søvnløs	['sœvn,løs]
sonnifero (m)	sovetablett (n)	['sove,tab'let]
prendere il sonnifero	å ta en sovetablett	[ɔ 'ta en 'sove,tab'let]
avere sonno	å være søvnig	[ɔ 'værə 'sœvni]

sbadigliare (vi)	å gjespe	[ɔ 'jɛspə]
andare a letto	å gå til sengs	[ɔ 'gɔ til 'sɛŋs]
fare il letto	å re opp sengen	[ɔ 're ɔp 'sɛŋən]
addormentarsi (vr)	å falle i søvn	[ɔ 'falə i 'sœvn]

incubo (m)	mareritt (n)	['marə‚rit]
russare (m)	snork (m)	['snɔrk]
russare (vi)	å snorke	[ɔ 'snɔrkə]

sveglia (f)	vekkerklokka (m/f)	['vɛkər‚klɔka]
svegliare (vt)	å vekke	[ɔ 'vɛkə]
svegliarsi (vr)	å våkne	[ɔ 'vɔknə]
alzarsi (vr)	å stå opp	[ɔ 'stɔ: ɔp]
lavarsi (vr)	å vaske seg	[ɔ 'vaskə sæj]

61. Umorismo. Risata. Felicità

umorismo (m)	humor (m/n)	['hʉmʊr]
senso (m) dello humour	sans (m) for humor	['sans fɔr 'hʉmʊr]
divertirsi (vr)	å more seg	[ɔ 'mʊrə sæj]
allegro (agg)	glad, munter	['gla], ['mʉntər]
allegria (f)	munterhet (m)	['mʉntər‚het]

sorriso (m)	smil (m/n)	['smil]
sorridere (vi)	å smile	[ɔ 'smilə]
mettersi a ridere	å begynne å skratte	[ɔ be'jinə ɔ 'skratə]
ridere (vi)	å le, å skratte	[ɔ 'le], [ɔ 'skratə]
riso (m)	latter (m), skratt (m/n)	['latər], ['skrat]

aneddoto (m)	anekdote (m)	[anek'dɔtə]
divertente (agg)	morsom	['mʉʂɔm]
ridicolo (agg)	morsom	['mʉʂɔm]

scherzare (vi)	å spøke	[ɔ 'spøkə]
scherzo (m)	skjemt, spøk (m)	['ʂɛmt], ['spøk]
gioia (f) (fare salti di ~)	glede (m/f)	['gledə]
rallegrarsi (vr)	å glede seg	[ɔ 'gledə sæj]
allegro (agg)	glad	['gla]

62. Discussione. Conversazione. Parte 1

| comunicazione (f) | kommunikasjon (m) | [kʉmʉnikə'ʂʉn] |
| comunicare (vi) | å kommunisere | [ɔ kʉmʉni'serə] |

conversazione (f)	samtale (m)	['sam‚talə]
dialogo (m)	dialog (m)	[dia'lɔg]
discussione (f)	diskusjon (m)	[diskʉ'ʂʉn]
dibattito (m)	debatt (m)	[de'bʉt]
discutere (vi)	å diskutere	[ɔ diskʉ'terə]

| interlocutore (m) | samtalepartner (m) | ['sam‚talə 'pa:‚ʈnər] |
| tema (m) | emne (n) | ['ɛmnə] |

punto (m) di vista	synspunkt (n)	['sʏns‚pʉnt]
opinione (f)	mening (m/f)	['meniŋ]
discorso (m)	tale (m)	['talə]

discussione (f)	diskusjon (m)	[diskʉ'ʂʊn]
discutere (~ una proposta)	å drøfte, å diskutere	[ɔ 'drœftə], [ɔ diskʉ'terə]
conversazione (f)	samtale (m)	['sam‚talə]
conversare (vi)	å snakke, å samtale	[ɔ 'snakə], [ɔ 'sam‚talə]
incontro (m)	møte (n)	['møtə]
incontrarsi (vr)	å møtes	[ɔ 'møtəs]

proverbio (m)	ordspråk (n)	['uːr‚sprɔk]
detto (m)	ordstev (n)	['uːr‚stev]
indovinello (m)	gåte (m)	['goːtə]
fare un indovinello	å utgjøre en gåte	[ɔ ʉt'jørə en 'goːtə]
parola (f) d'ordine	passord (n)	['pas‚uːr]
segreto (m)	hemmelighet (m/f)	['hɛməli‚het]

giuramento (m)	ed (m)	['ɛd]
giurare (prestare giuramento)	å sverge	[ɔ 'sværgə]
promessa (f)	løfte (n), loven (m)	['lœftə], ['lovən]
promettere (vt)	å love	[ɔ 'lovə]

consiglio (m)	råd (n)	['rɔd]
consigliare (vt)	å råde	[ɔ 'roːdə]
seguire il consiglio	å følge råd	[ɔ 'følə 'roːd]
ubbidire (ai genitori)	å adlyde	[ɔ 'ad‚lydə]

notizia (f)	nyhet (m)	['nyhet]
sensazione (f)	sensasjon (m)	[sɛnsa'ʂʊn]
informazioni (f pl)	opplysninger (m/f pl)	['ɔp‚lʏsniŋər]
conclusione (f)	slutning (m)	['ʂlʉtniŋ]
voce (f)	røst (m/f), stemme (m)	['røst], ['stɛmə]
complimento (m)	kompliment (m)	[kʊmpli'man]
gentile (agg)	elskverdig	[ɛlsk'værdi]

parola (f)	ord (n)	['uːr]
frase (f)	frase (m)	['frasə]
risposta (f)	svar (n)	['svar]

| verità (f) | sannhet (m) | ['san‚het] |
| menzogna (f) | løgn (m/f) | ['løjn] |

pensiero (m)	tanke (m)	['tankə]
idea (f)	ide (m)	[i'de]
fantasia (f)	fantasi (m)	[fanta'si]

63. Discussione. Conversazione. Parte 2

rispettato (agg)	respektert	[rɛspɛk'tɛːt]
rispettare (vt)	å respektere	[ɔ rɛspɛk'terə]
rispetto (m)	respekt (m)	[rɛ'spɛkt]
Egregio ...	Kjære ...	['çærə ...]
presentare (~ qn)	å introdusere	[ɔ introdʉ'serə]

fare la conoscenza di ...	å stifte bekjentskap med ...	[ɔ 'stiftə be'çɛnˌskɑp me ...]
intenzione (f)	hensikt (m)	['hɛnˌsikt]
avere intenzione	å ha til hensikt	[ɔ 'hɑ til 'hɛnˌsikt]
augurio (m)	ønske (n)	['ønskə]
augurare (vt)	å ønske	[ɔ 'ønskə]

sorpresa (f)	overraskelse (m/f)	['ɔvəˌrɑskəlsə]
sorprendere (stupire)	å forundre	[ɔ fɔ'rʉndrə]
stupirsi (vr)	å bli forundret	[ɔ 'bli fɔ'rʉndrət]

dare (vt)	å gi	[ɔ 'ji]
prendere (vt)	å ta	[ɔ 'tɑ]
rendere (vt)	å gi tilbake	[ɔ 'ji til'bɑkə]
restituire (vt)	å returnere	[ɔ retʉr'nerə]

scusarsi (vr)	å unnskylde seg	[ɔ 'ʉnˌsylə sæj]
scusa (f)	unnskyldning (m/f)	['ʉnˌsyldniŋ]
perdonare (vt)	å tilgi	[ɔ 'tilˌji]

parlare (vi, vt)	å tale	[ɔ 'tɑlə]
ascoltare (vi)	å lye, å lytte	[ɔ 'lye], [ɔ 'lʏtə]
ascoltare fino in fondo	å høre på	[ɔ 'hørə pɔ]
capire (vt)	å forstå	[ɔ fɔ'ʂtɔ]

mostrare (vt)	å vise	[ɔ 'visə]
guardare (vt)	å se på ...	[ɔ 'se pɔ ...]
chiamare (rivolgersi a)	å kalle	[ɔ 'kalə]
dare fastidio	å distrahere	[ɔ distrɑ'erə]
disturbare (vt)	å forstyrre	[ɔ fɔ'ʂtʏrə]
consegnare (vt)	å rekke	[ɔ 'rɛkə]

richiesta (f)	begjæring (m/f)	[be'jæriŋ]
chiedere (vt)	å be, å bede	[ɔ 'be], [ɔ 'bedə]
esigenza (f)	krav (n)	['krɑv]
esigere (vt)	å kreve	[ɔ 'krevə]

stuzzicare (vt)	å erte	[ɔ 'ɛːʈə]
canzonare (vt)	å håne	[ɔ 'hoːnə]
burla (f), beffa (f)	hån (m)	['hɔn]
soprannome (m)	kallenavn, tilnavn (n)	['kɑləˌnɑvn], ['tilˌnɑvn]

allusione (f)	insinuasjon (m)	[insinʉɑ'ʂʉn]
alludere (vi)	å insinuere	[ɔ insinʉ'erə]
intendere (cosa intendi dire?)	å bety	[ɔ 'bety]

descrizione (f)	beskrivelse (m)	[be'skrivəlsə]
descrivere (vt)	å beskrive	[ɔ be'skrivə]
lode (f)	ros (m)	['rʊs]
lodare (vt)	å rose, å berømme	[ɔ 'rʊsə], [ɔ be'rœmə]

delusione (f)	skuffelse (m)	['skʉfəlsə]
deludere (vt)	å skuffe	[ɔ 'skufə]
rimanere deluso	å bli skuffet	[ɔ 'bli 'skʉfət]

supposizione (f)	antagelse (m)	[ɑn'tɑgəlsə]
supporre (vt)	å anta, å formode	[ɔ 'ɑnˌtɑ], [ɔ fɔr'mʊdə]

| avvertimento (m) | advarsel (m) | ['adˌvaʂəl] |
| avvertire (vt) | å advare | [ɔ 'adˌvarə] |

64. Discussione. Conversazione. Parte 3

| persuadere (vt) | å overtale | [ɔ 'ɔvəˌtalə] |
| tranquillizzare (vt) | å berolige | [ɔ be'rʊliə] |

silenzio (m) (il ~ è d'oro)	taushet (m)	['taʊsˌhet]
tacere (vi)	å tie	[ɔ 'tie]
sussurrare (vt)	å hviske	[ɔ 'viskə]
sussurro (m)	hvisking (m/f)	['viskiŋ]

| francamente | oppriktig | [ɔp'rikti] |
| secondo me … | etter min mening … | ['ɛtər min 'meniŋ …] |

dettaglio (m)	detalj (m)	[de'talj]
dettagliato (agg)	detaljert	[detɑ'ljɛːt]
dettagliatamente	i detaljer	[i de'taljer]

| suggerimento (m) | vink (n) | ['vink] |
| suggerire (vt) | å gi et vink | [ɔ 'ji et 'vink] |

sguardo (m)	blikk (n)	['blik]
gettare uno sguardo	å kaste et blikk	[ɔ 'kastə et 'blik]
fisso (agg)	stiv	['stiv]
battere le palpebre	å blinke	[ɔ 'blinkə]
ammiccare (vi)	å blinke	[ɔ 'blinkə]
accennare col capo	å nikke	[ɔ 'nikə]

sospiro (m)	sukk (n)	['sʉk]
sospirare (vi)	å sukke	[ɔ 'sʉkə]
sussultare (vi)	å gyse	[ɔ 'jisə]
gesto (m)	gest (m)	['gɛst]
toccare (~ il braccio)	å røre	[ɔ 'rørə]
afferrare (~ per il braccio)	å gripe	[ɔ 'gripə]
picchiettare (~ la spalla)	å klappe	[ɔ 'klapə]

Attenzione!	Pass på!	['pas 'pɔ]
Davvero?	Virkelig?	['virkəli]
Sei sicuro?	Er du sikker?	[ɛr dʉ 'sikər]
Buona fortuna!	Lykke til!	['lʏkə til]
Capito!	Jeg forstår!	['jæ fɔ'ʂtoːr]
Peccato!	Det var synd!	[de var 'sʏn]

65. Accordo. Rifiuto

accordo (m)	samtykke (n)	['samˌtʏkə]
essere d'accordo	å samtykke	[ɔ 'samˌtʏkə]
approvazione (f)	godkjennelse (m)	['gʊˌçɛnəlsə]
approvare (vt)	å godkjenne	[ɔ 'gʊˌçɛnə]
rifiuto (m)	avslag (n)	['afˌslag]

rifiutarsi (vr)	å vegre seg	[ɔ 'vɛgrə sæj]
Perfetto!	Det er fint!	['de ær 'fint]
Va bene!	Godt!	['gɔt]
D'accordo!	OK! Enig!	[ɔ'kɛj], ['ɛni]

vietato, proibito (agg)	forbudt	[fɔr'bʉt]
è proibito	det er forbudt	[de ær fɔr'bʉt]
è impossibile	det er umulig	[de ær ʉ'mʉli]
sbagliato (agg)	uriktig, ikke riktig	['ʉ‚rikti], ['ikə ‚rikti]

respingere (~ una richiesta)	å avslå	[ɔ 'ɑf‚slɔ]
sostenere (~ un'idea)	å støtte	[ɔ 'stœtə]
accettare (vt)	å akseptere	[ɔ aksɛp'terə]

confermare (vt)	å bekrefte	[ɔ be'krɛftə]
conferma (f)	bekreftelse (m)	[be'krɛftəlsə]
permesso (m)	tillatelse (m)	['ti‚latəlsə]
permettere (vt)	å tillate	[ɔ 'ti‚latə]
decisione (f)	beslutning (m)	[be'ʂlʉtniŋ]
non dire niente	å tie	[ɔ 'tie]

condizione (f)	betingelse (m)	[be'tiŋəlsə]
pretesto (m)	foregivende (n)	['fɔrə‚jivnə]
lode (f)	ros (m)	['rʊs]
lodare (vt)	å rose, å berømme	[ɔ 'rʊsə], [ɔ be'rœmə]

66. Successo. Fortuna. Fiasco

successo (m)	suksess (m)	[sʉk'sɛ]
con successo	med suksess	[me sʉk'sɛ]
ben riuscito (agg)	vellykket	['vel‚lʏkət]

fortuna (f)	hell (n), lykke (m/f)	['hɛl], ['lʏkə]
Buona fortuna!	Lykke til!	['lʏkə til]
fortunato (giorno ~)	heldig, lykkelig	['hɛldi], ['lʏkəli]
fortunato (persona ~a)	heldig	['hɛldi]

fiasco (m)	mislykkelse, fiasko (m)	['mis‚lʏkəlsə], [fi'ɑskʉ]
disdetta (f)	uhell (n), utur (m)	['ʉ‚hɛl], ['ʉ‚tʉr]
sfortuna (f)	uhell (n)	['ʉ‚hɛl]

| fallito (agg) | mislykket | ['mis‚lʏkət] |
| disastro (m) | katastrofe (m) | [kɑtɑ'ʂtrɔfə] |

orgoglio (m)	stolthet (m)	['stɔlt‚het]
orgoglioso (agg)	stolt	['stɔlt]
essere fiero di ...	å være stolt	[ɔ 'værə 'stɔlt]

vincitore (m)	seierherre (m)	['sæjər‚hɛrə]
vincere (vi)	å seire, å vinne	[ɔ 'ɔɛjrə], [ɔ 'vinə]
perdere (subire una sconfitta)	å tape	[ɔ 'tapə]
tentativo (m)	forsøk (n)	['fɔ'søk]
tentare (vi)	å prøve, å forsøke	[ɔ 'prøvə], [ɔ fɔ'søkə]
chance (f)	sjanse (m)	['ʂansə]

67. Dispute. Sentimenti negativi

grido (m)	skrik (n)	['skrik]
gridare (vi)	å skrike	[ɔ 'skrikə]
mettersi a gridare	å begynne å skrike	[ɔ be'jinə ɔ 'skrikə]

litigio (m)	krangel (m)	['kraŋəl]
litigare (vi)	å krangle	[ɔ 'kraŋlə]
lite (f)	skandale (m)	[skan'dalə]
dare scandalo (litigare)	å gjøre skandale	[ɔ 'jørə skan'dalə]
conflitto (m)	konflikt (m)	[kʊn'flikt]
fraintendimento (m)	misforståelse (m)	[misfɔ'ʂtɔəlsə]

insulto (m)	fornærmelse (m)	[fɔː'ŋærməlsə]
insultare (vt)	å fornærme	[ɔ fɔː'ŋærmə]
offeso (agg)	fornærmet	[fɔː'ŋærmət]
offesa (f)	fornærmelse (m)	[fɔː'ŋærməlsə]
offendere (qn)	å fornærme	[ɔ fɔː'ŋærmə]
offendersi (vr)	å bli fornærmet	[ɔ 'bli fɔː'ŋærmət]

indignazione (f)	forargelse (m)	[fɔ'rargəlsə]
indignarsi (vr)	å bli indignert	[ɔ 'bli indi'gnɛːt]
lamentela (f)	klage (m)	['klagə]
lamentarsi (vr)	å klage	[ɔ 'klagə]

scusa (f)	unnskyldning (m/f)	['ʉnˌʂyldniŋ]
scusarsi (vr)	å unnskylde seg	[ɔ 'ʉnˌʂylə sæj]
chiedere scusa	å be om forlatelse	[ɔ 'be ɔm fɔː'[atəlsə]

critica (f)	kritikk (m)	[kri'tik]
criticare (vt)	å kritisere	[ɔ kriti'serə]
accusa (f)	anklagelse (m)	['anˌklagəlsə]
accusare (vt)	å anklage	[ɔ 'anˌklagə]

vendetta (f)	hevn (m)	['hɛvn]
vendicare (vt)	å hevne	[ɔ 'hɛvnə]
vendicarsi (vr)	å hevne	[ɔ 'hɛvnə]

disprezzo (m)	forakt (m)	[fɔ'rakt]
disprezzare (vt)	å forakte	[ɔ fɔ'raktə]
odio (m)	hat (n)	['hat]
odiare (vt)	å hate	[ɔ 'hatə]

nervoso (agg)	nervøs	[nær'vøs]
essere nervoso	å være nervøs	[ɔ 'værə nær'vøs]
arrabbiato (agg)	vred, sint	['vred], ['sint]
fare arrabbiare	å gjøre sint	[ɔ 'jørə ˌsint]

umiliazione (f)	ydmykelse (m)	['ydˌmykəlsə]
umiliare (vt)	å ydmyke	[ɔ 'ydˌmykə]
umiliarsi (vr)	å ydmyke seg	[ɔ 'ydˌmykə sæj]

shock (m)	sjokk (n)	['ʂɔk]
scandalizzare (vt)	å sjokkere	[ɔ ʂɔ'kerə]
problema (m) (avere ~i)	knipe (m/f)	['knipə]

spiacevole (agg)	ubehagelig	[ube'hageli]
spavento (m), paura (f)	redsel, frykt (m)	['rɛtsəl], ['frʏkt]
terribile (una tempesta ~)	fryktelig	['frʏkteli]
spaventoso (un racconto ~)	uhyggelig, skremmende	['uhʏgəli], ['skrɛmənə]
orrore (m)	redsel (m)	['rɛtsəl]
orrendo (un crimine ~)	forferdelig	[fɔr'færdəli]

cominciare a tremare	å begynne å ryste	[ɔ be'jinə ɔ 'rystə]
piangere (vi)	å gråte	[ɔ 'groːtə]
mettersi a piangere	å begynne å gråte	[ɔ be'jinə ɔ 'groːtə]
lacrima (f)	tåre (m/f)	['toːrə]

colpa (f)	skyld (m/f)	['ṣyl]
senso (m) di colpa	skyldfølelse (m)	['ṣyl,føləlsə]
vergogna (f)	skam, vanære (m/f)	['skam], ['vanærə]
protesta (f)	protest (m)	[pru'tɛst]
stress (m)	stress (m/n)	['strɛs]

disturbare (vt)	å forstyrre	[ɔ fɔ'ṣtʏrə]
essere arrabbiato	å være sint	[ɔ 'værə ,sint]
arrabbiato (agg)	vred, sint	['vred], ['sint]
porre fine a ... (~ una relazione)	å avbryte	[ɔ 'av,brytə]
rimproverare (vt)	å sverge	[ɔ 'sværgə]

spaventarsi (vr)	å bli skremt	[ɔ 'bli 'skrɛmt]
colpire (vt)	å slå	[ɔ 'ṣlɔ]
picchiarsi (vr)	å slåss	[ɔ 'ṣlɔs]

regolare (~ un conflitto)	å løse	[ɔ 'løsə]
scontento (agg)	misfornøyd, utilfreds	['mis,fɔː'nøjd], ['util,frɛds]
furioso (agg)	rasende	['rasenə]

Non sta bene!	Det er ikke bra!	[de ær ikə 'bra]
Fa male!	Det er dårlig!	[de ær 'doːli]

Medicinali

68. Malattie

malattia (f)	sykdom (m)	['sʏkˌdɔm]
essere malato	å være syk	[ɔ 'væɾə 'syk]
salute (f)	helse (m/f)	['hɛlsə]
raffreddore (m)	snue (m)	['snʉə]
tonsillite (f)	angina (m)	[anˈgina]
raffreddore (m)	forkjølelse (m)	[fɔrˈçœləlsə]
raffreddarsi (vr)	å forkjøle seg	[ɔ fɔrˈçœlə sæj]
bronchite (f)	bronkitt (m)	[brɔnˈkit]
polmonite (f)	lungebetennelse (m)	['lʉŋə beˈtɛnəlsə]
influenza (f)	influensa (m)	[inflʉˈɛnsa]
miope (agg)	nærsynt	['næˌsʏnt]
presbite (agg)	langsynt	['laŋsʏnt]
strabismo (m)	skjeløydhet (m)	['ʂɛløjdˌhet]
strabico (agg)	skjeløyd	['ʂɛlˌøjd]
cateratta (f)	grå stær, katarakt (m)	['grɔ ˌstær], [kataˈrakt]
glaucoma (m)	glaukom (n)	[glaʉˈkɔm]
ictus (m) cerebrale	hjerneslag (n)	['jæːɳəˌslag]
attacco (m) di cuore	infarkt (n)	[inˈfarkt]
infarto (m) miocardico	myokardieinfarkt (n)	['miɔˈkardiə inˈfarkt]
paralisi (f)	paralyse, lammelse (m)	['paraˈlyse], ['laməlsə]
paralizzare (vt)	å lamme	[ɔ 'lamə]
allergia (f)	allergi (m)	[alæːˈgi]
asma (f)	astma (m)	['astma]
diabete (m)	diabetes (m)	[diaˈbetəs]
mal (m) di denti	tannpine (m/f)	['tanˌpinə]
carie (f)	karies (m)	['karies]
diarrea (f)	diaré (m)	[diaˈrɛ]
stitichezza (f)	forstoppelse (m)	[fɔˈʂtopəlsə]
disturbo (m) gastrico	magebesvær (m)	['magəˌbeˈsvær]
intossicazione (f) alimentare	matforgiftning (m/f)	['matˌfɔrˈjiftniŋ]
intossicarsi (vr)	å få matforgiftning	[ɔ 'fɔ matˌfɔrˈjiftniŋ]
artrite (f)	artritt (m)	[aːˈʈrit]
rachitide (f)	rakitt (m)	[raˈkit]
reumatismo (m)	revmatisme (m)	[revmaˈtismə]
aterosclerosi (f)	arteriosklerose (m)	[aːˈʈeriʊskleˌrʊsə]
gastrite (f)	magekatarr, gastritt (m)	['magəkaˌtar], [ˌgaˈstrit]
appendicite (f)	appendisitt (m)	[apɛndiˈsit]

| colecistite (f) | galleblærebetennelse (m) | ['galə,blærə be'tɛnəlse] |
| ulcera (f) | magesår (n) | ['magə,sɔr] |

morbillo (m)	meslinger (m pl)	['mɛs,liŋər]
rosolia (f)	røde hunder (m pl)	['rødə 'hʉnər]
itterizia (f)	gulsott (m/f)	['gʉl,sʉt]
epatite (f)	hepatitt (m)	[hepa'tit]

schizofrenia (f)	schizofreni (m)	[ʂisʉfre'ni]
rabbia (f)	rabies (m)	['rabiəs]
nevrosi (f)	nevrose (m)	[nev'rʉsə]
commozione (f) cerebrale	hjernerystelse (m)	['jæ:ŋə,rʏstəlsə]

cancro (m)	kreft, cancer (m)	['krɛft], ['kansər]
sclerosi (f)	sklerose (m)	[skle'rʉsə]
sclerosi (f) multipla	multippel sklerose (m)	[mʉl'tipəl skle'rʉsə]

alcolismo (m)	alkoholisme (m)	[alkʉhʉ'lismə]
alcolizzato (m)	alkoholiker (m)	[alkʉ'hʉlikər]
sifilide (f)	syfilis (m)	['syfilis]
AIDS (m)	AIDS, aids (m)	['ɛjds]

tumore (m)	svulst, tumor (m)	['svʉlst], [tʉ'mʉr]
maligno (agg)	ondartet, malign	['ʉn,a:ʈət], [ma'lign]
benigno (agg)	godartet	['gʉ,a:ʈət]

febbre (f)	feber (m)	['febər]
malaria (f)	malaria (m)	[ma'laria]
cancrena (f)	koldbrann (m)	['kɔlbran]
mal (m) di mare	sjøsyke (m)	['ʂø,sykə]
epilessia (f)	epilepsi (m)	[ɛpilep'si]

epidemia (f)	epidemi (m)	[ɛpide'mi]
tifo (m)	tyfus (m)	['tyfʉs]
tubercolosi (f)	tuberkulose (m)	[tubærkʉ'lɔsə]
colera (m)	kolera (m)	['kʉlera]
peste (f)	pest (m)	['pɛst]

69. Sintomi. Cure. Parte 1

sintomo (m)	symptom (n)	[sʏmp'tʉm]
temperatura (f)	temperatur (m)	[tɛmpəra'tʉr]
febbre (f) alta	høy temperatur (m)	['høj tɛmpəra'tʉr]
polso (m)	puls (m)	['pʉls]

capogiro (m)	svimmelhet (m)	['sviməl,het]
caldo (agg)	varm	['varm]
brivido (m)	skjelving (m/f)	['ʂɛlvin]
pallido (un viso ~)	blek	['blek]

tosse (f)	hoste (m)	['hʉstə]
tossire (vi)	å hoste	[ɔ 'hʉstə]
starnutire (vi)	å nyse	[ɔ 'nysə]
svenimento (m)	besvimelse (m)	[bɛ'sviməlsə]

svenire (vi)	å besvime	[ɔ be'svimə]
livido (m)	blåmerke (n)	['blɔˌmærkə]
bernoccolo (m)	bule (m)	['bʉlə]
farsi un livido	å slå seg	[ɔ 'ʂlɔ sæj]
contusione (f)	blåmerke (n)	['blɔˌmærkə]
farsi male	å slå seg	[ɔ 'ʂlɔ sæj]

zoppicare (vi)	å halte	[ɔ 'haltə]
slogatura (f)	forvridning (m)	[fɔr'vridniŋ]
slogarsi (vr)	å forvri	[ɔ fɔr'vri]
frattura (f)	brudd (n), fraktur (m)	['brʉd], [frak'tʉr]
fratturarsi (vr)	å få brudd	[ɔ 'fɔ 'brʉd]

taglio (m)	skjæresår (n)	['ʂæːrəˌsɔr]
tagliarsi (vr)	å skjære seg	[ɔ 'ʂæːrə sæj]
emorragia (f)	blødning (m/f)	['blødniŋ]

scottatura (f)	brannsår (n)	['branˌsɔr]
scottarsi (vr)	å brenne seg	[ɔ 'brɛnə sæj]

pungere (vt)	å stikke	[ɔ 'stikə]
pungersi (vr)	å stikke seg	[ɔ 'stikə sæj]
ferire (vt)	å skade	[ɔ 'skadə]
ferita (f)	skade (n)	['skadə]
lesione (f)	sår (n)	['sɔr]
trauma (m)	traume (m)	['traʊmə]

delirare (vi)	å snakke i villelse	[ɔ 'snakə i 'viləlsə]
tartagliare (vi)	å stamme	[ɔ 'stamə]
colpo (m) di sole	solstikk (n)	['sʉlˌstik]

70. Sintomi. Cure. Parte 2

dolore (m), male (m)	smerte (m)	['smæːʈə]
scheggia (f)	flis (m/f)	['flis]

sudore (m)	svette (m)	['svɛtə]
sudare (vi)	å svette	[ɔ 'svɛtə]
vomito (m)	oppkast (n)	['ɔpˌkast]
convulsioni (f pl)	kramper (m pl)	['krampər]

incinta (agg)	gravid	[gra'vid]
nascere (vi)	å fødes	[ɔ 'fødə]
parto (m)	fødsel (m)	['føtsəl]
essere in travaglio di parto	å føde	[ɔ 'fødə]
aborto (m)	abort (m)	[a'bɔːt]

respirazione (f)	åndedrett (n)	['ɔŋdəˌdrɛt]
inspirazione (f)	innånding (m/f)	['inˌɔniŋ]
espirazione (f)	utånding (m/f)	['ʉtˌɔndiŋ]
espirare (vi)	å puste ut	[ɔ 'pʉstə ʉt]
inspirare (vi)	å ånde inn	[ɔ 'ɔŋdə ˌin]
invalido (m)	handikappet person (m)	['handiˌkapət pæ'ʂʉn]
storpio (m)	krøpling (m)	['krøpliŋ]

drogato (m)	narkoman (m)	[narkʊ'man]
sordo (agg)	døv	['døv]
muto (agg)	stum	['stʉm]
sordomuto (agg)	døvstum	['døf,stʉm]

matto (agg)	gal	['gal]
matto (m)	gal mann (m)	['gal ,man]
matta (f)	gal kvinne (m/f)	['gal ,kvinə]
impazzire (vi)	å bli sinnssyk	[ɔ 'bli 'sin,syk]

gene (m)	gen (m)	['gen]
immunità (f)	immunitet (m)	[imʉni'tet]
ereditario (agg)	arvelig	['arvəli]
innato (agg)	medfødt	['me:,føt]

virus (m)	virus (m)	['virʉs]
microbo (m)	mikrobe (m)	[mi'krʊbə]
batterio (m)	bakterie (m)	[bak'teriə]
infezione (f)	infeksjon (m)	[infɛk'ṣʊn]

71. Sintomi. Cure. Parte 3

ospedale (m)	sykehus (n)	['sykə,hʉs]
paziente (m)	pasient (m)	[pasi'ɛnt]

diagnosi (f)	diagnose (m)	[dia'gnʊsə]
cura (f)	kur (m)	['kʉr]
trattamento (m)	behandling (m/f)	[be'handliŋ]
curarsi (vr)	å bli behandlet	[ɔ 'bli be'handlət]
curare (vt)	å behandle	[ɔ be'handlə]
accudire (un malato)	å skjøtte	[ɔ 'ṣøtə]
assistenza (f)	sykepleie (m/f)	['sykə,plæjə]

operazione (f)	operasjon (m)	[ɔpəra'ṣʊn]
bendare (vt)	å forbinde	[ɔ for'binə]
fasciatura (f)	forbinding (m)	[for'biniŋ]

vaccinazione (f)	vaksinering (m/f)	[vaksi'neriŋ]
vaccinare (vt)	å vaksinere	[ɔ vaksi'nerə]
iniezione (f)	injeksjon (m), sprøyte (m/f)	[injɛk'ṣʊn], ['sprøjtə]
fare una puntura	å gi en sprøyte	[ɔ 'ji en 'sprøjtə]

attacco (m) (~ epilettico)	anfall (n)	['an,ful]
amputazione (f)	amputasjon (m)	[ampʉta'ṣʊn]
amputare (vt)	å amputere	[ɔ ampʉ'terə]
coma (m)	koma (m)	['kʊma]
essere in coma	å ligge i koma	[ɔ 'ligə i 'kʊma]
rianimazione (f)	intensivavdeling (m/f)	['inten,siv 'av,deliŋ]

guarire (vi)	å bli frisk	[ɔ 'bli 'frisk]
stato (f) (del paziente)	tilstand (m)	['til,stan]
conoscenza (f)	bevissthet (m)	[be'vist,het]
memoria (f)	minne (n), hukommelse (m)	['minə], [hʉ'kɔməlsə]
estrarre (~ un dente)	å trekke ut	[ɔ 'trɛkə ʉt]

| otturazione (f) | fylling (m/f) | ['fʏliŋ] |
| otturare (vt) | å plombere | [ɔ plum'berə] |

| ipnosi (f) | hypnose (m) | [hʏp'nusə] |
| ipnotizzare (vt) | å hypnotisere | [ɔ hʏpnuti'serə] |

72. Medici

medico (m)	lege (m)	['legə]
infermiera (f)	sykepleierske (m/f)	['sykə‚plæjeʂkə]
medico (m) personale	personlig lege (m)	[pæ'ʂunli 'legə]

dentista (m)	tannlege (m)	['tan‚legə]
oculista (m)	øyelege (m)	['øjə‚legə]
internista (m)	terapeut (m)	[tera'pɛut]
chirurgo (m)	kirurg (m)	[çi'rʉrg]

psichiatra (m)	psykiater (m)	[syki'atər]
pediatra (m)	barnelege (m)	['baːŋə‚legə]
psicologo (m)	psykolog (m)	[sykʊ'lɔg]
ginecologo (m)	gynekolog (m)	[gynekʊ'lɔg]
cardiologo (m)	kardiolog (m)	[kaːdjʊ'lɔg]

73. Medicinali. Farmaci. Accessori

medicina (f)	medisin (m)	[medi'sin]
rimedio (m)	middel (n)	['midəl]
prescrivere (vt)	å ordinere	[ɔ ɔrdi'nerə]
prescrizione (f)	resept (m)	[re'sɛpt]

compressa (f)	tablett (m)	[tab'let]
unguento (m)	salve (m/f)	['salvə]
fiala (f)	ampulle (m)	[am'pʉlə]
pozione (f)	mikstur (m)	[miks'tʉr]
sciroppo (m)	sirup (m)	['sirʉp]
pillola (f)	pille (m/f)	['pilə]
polverina (f)	pulver (n)	['pʉlvər]

benda (f)	gasbind (n)	['gas‚bin]
ovatta (f)	vatt (m/n)	['vat]
iodio (m)	jod (m/n)	['ʉd]

cerotto (m)	plaster (n)	['plastər]
contagocce (m)	pipette (m)	[pi'pɛtə]
termometro (m)	termometer (n)	[tɛrmʊ'metər]
siringa (f)	sprøyte (m/f)	['sprøjtə]

| sedia (f) a rotelle | rullestol (m) | ['rʉlə‚stʊl] |
| stampelle (f pl) | krykker (m/f pl) | ['krʏkər] |

| analgesico (m) | smertestillende middel (n) | ['smæːʈə‚stilenə 'midəl] |
| lassativo (m) | laksativ (n) | [laksa'tiv] |

alcol (m)	sprit (m)	['sprit]
erba (f) officinale	legeurter (m/f pl)	['legə‚ʉ:tər]
d'erbe (infuso ~)	urte-	['ʉ:tə-]

74. Fumo. Prodotti di tabaccheria

tabacco (m)	tobakk (m)	[tʉ'bɑk]
sigaretta (f)	sigarett (m)	[sigɑ'rɛt]
sigaro (m)	sigar (m)	[si'gɑr]
pipa (f)	pipe (m/f)	['pipə]
pacchetto (m) (di sigarette)	pakke (m/f)	['pɑkə]

fiammiferi (m pl)	fyrstikker (m/f pl)	['fy‚stikər]
scatola (f) di fiammiferi	fyrstikkeske (m)	['fyştik‚ɛskə]
accendino (m)	tenner (m)	['tɛnər]
portacenere (m)	askebeger (n)	['ɑskə‚begər]
portasigarette (m)	sigarettetui (n)	[sigɑ'rɛt ɛtʉ'i]

| bocchino (m) | munnstykke (n) | ['mʉn‚stʏkə] |
| filtro (m) | filter (n) | ['filtər] |

fumare (vi, vt)	å røyke	[ɔ 'røjkə]
accendere una sigaretta	å tenne en sigarett	[ɔ 'tɛnə en sigɑ'rɛt]
fumo (m)	røyking, røkning (m)	['røjkiŋ], ['røkniŋ]
fumatore (m)	røyker (m)	['røjkər]

cicca (f), mozzicone (m)	stump (m)	['stʉmp]
fumo (m)	røyk (m)	['røjk]
cenere (f)	aske (m/f)	['ɑskə]

HABITAT UMANO

Città

75. Città. Vita di città

Italiano	Norvegese	Pronuncia
città (f)	by (m)	['by]
capitale (f)	hovedstad (m)	['hʊvəd‚stɑd]
villaggio (m)	landsby (m)	['lɑns‚by]
mappa (f) della città	bykart (n)	['by‚kɑːt]
centro (m) della città	sentrum (n)	['sɛntrum]
sobborgo (m)	forstad (m)	['fo‚ʂtɑd]
suburbano (agg)	forstads-	['fo‚ʂtɑds-]
periferia (f)	utkant (m)	['ʉt‚kɑnt]
dintorni (m pl)	omegner (m pl)	['ɔm‚æjnər]
isolato (m)	kvarter (n)	[kvɑːter]
quartiere residenziale	boligkvarter (n)	['bʊli‚kvɑːˈter]
traffico (m)	trafikk (m)	[trɑˈfik]
semaforo (m)	trafikklys (n)	[trɑˈfik‚lys]
trasporti (m pl) urbani	offentlig transport (m)	['ɔfentli trɑnsˈpɔːt]
incrocio (m)	veikryss (n)	['væjkrʏs]
passaggio (m) pedonale	fotgjengerovergang (m)	['fʊtjɛŋər 'ɔvər‚gɑŋ]
sottopassaggio (m)	undergang (m)	['ʉnər‚gɑŋ]
attraversare (vt)	å gå over	[ɔ 'gɔ 'ɔvər]
pedone (m)	fotgjenger (m)	['fʊtjɛŋər]
marciapiede (m)	fortau (n)	['fɔː‚tɑʉ]
ponte (m)	bro (m/f)	['brʊ]
banchina (f)	kai (m/f)	['kɑj]
fontana (f)	fontene (m)	['fʊntnə]
vialetto (m)	allé (m)	[ɑˈleː]
parco (m)	park (m)	['pɑrk]
boulevard (m)	bulevard (m)	[buleˈvɑr]
piazza (f)	torg (n)	['tɔr]
viale (m), corso (m)	aveny (m)	[aveˈny]
via (f), strada (f)	gate (m/f)	['gɑtə]
vicolo (m)	sidegate (m/f)	['sidə‚gɑtə]
vicolo (m) cieco	blindgate (m/f)	['blin‚gɑtə]
casa (f)	hus (n)	['hʉs]
edificio (m)	bygning (m/f)	['bygniŋ]
grattacielo (m)	skyskraper (m)	['ʂy‚skrɑpər]
facciata (f)	fasade (m)	[fɑˈsɑdə]
tetto (m)	tak (n)	['tɑk]

finestra (f)	vindu (n)	['vindɵ]
arco (m)	bue (m)	['bɵːə]
colonna (f)	søyle (m)	['søjlə]
angolo (m)	hjørne (n)	['jœːŋə]

vetrina (f)	utstillingsvindu (n)	['ɵt‚stiliŋs 'vindɵ]
insegna (f) (di negozi, ecc.)	skilt (n)	['ʂilt]
cartellone (m)	plakat (m)	[pla'kat]
cartellone (m) pubblicitario	reklameplakat (m)	[rɛ'klamə‚pla'kat]
tabellone (m) pubblicitario	reklametavle (m/f)	[rɛ'klamə‚tavlə]

pattume (m), spazzatura (f)	søppel (m/f/n), avfall (n)	['sœpəl], ['av‚fal]
pattumiera (f)	søppelkasse (m/f)	['sœpəl‚kasə]
sporcare (vi)	å kaste søppel	[ɔ 'kastə 'sœpəl]
discarica (f) di rifiuti	søppelfylling (m/f), deponi (n)	['sœpəl‚fʏliŋ], [‚depɔ'ni]

cabina (f) telefonica	telefonboks (m)	[tele'fʉn‚bɔks]
lampione (m)	lyktestolpe (m)	['lʏktə‚stɔlpə]
panchina (f)	benk (m)	['bɛŋk]

poliziotto (m)	politi (m)	[pʉli'ti]
polizia (f)	politi (n)	[pʉli'ti]
mendicante (m)	tigger (m)	['tigər]
barbone (m)	hjemløs	['jɛm‚løs]

76. Servizi cittadini

negozio (m)	forretning, butikk (m)	[fɔ'rɛtniŋ], [bɵ'tik]
farmacia (f)	apotek (n)	[apʉ'tek]
ottica (f)	optikk (m)	[ɔp'tik]
centro (m) commerciale	kjøpesenter (n)	['çœpə‚sɛntər]
supermercato (m)	supermarked (n)	['sɵpə‚market]

panetteria (f)	bakeri (n)	[bake'ri]
fornaio (m)	baker (m)	['bakər]
pasticceria (f)	konditori (n)	[kʉnditɔ'ri]
drogheria (f)	matbutikk (m)	['matbɵ‚tik]
macelleria (f)	slakterbutikk (m)	['ʂlaktəbɵ‚tik]

| fruttivendolo (m) | grønnsaksbutikk (m) | ['grœn‚saks bɵ'tik] |
| mercato (m) | marked (n) | ['markəd] |

caffè (m)	kafé, kaffebar (m)	[ka'fe], ['kafə‚bar]
ristorante (m)	restaurant (m)	[rɛstʉ'raŋ]
birreria (f), pub (m)	pub (m)	['pɵb]
pizzeria (f)	pizzeria (m)	[pitsə'ria]

salone (m) di parrucchiere	frisørsalong (m)	[fri'sør sa‚lɔŋ]
ufficio (m) postale	post (m)	['pɔst]
lavanderia (f) a secco	renseri (n)	[rɛnsɔ'ri]
studio (m) fotografico	fotostudio (n)	['fotɔ‚stɵdiɔ]

| negozio (m) di scarpe | skobutikk (m) | ['skʉ‚bɵ'tik] |
| libreria (f) | bokhandel (m) | ['bʉk‚handəl] |

negozio (m) sportivo	idrettsbutikk (m)	['idrɛts bʉ'tik]
riparazione (f) di abiti	reparasjon (m) av klær	[repara'ʂʉn a: ˌklær]
noleggio (m) di abiti	leie (m/f) av klær	['læjə a: ˌklær]
noleggio (m) di film	filmutleie (m/f)	['film ʉt'læje]

circo (m)	sirkus (m/n)	['sirkʉs]
zoo (m)	zoo, dyrepark (m)	['suː], [dyrə'park]
cinema (m)	kino (m)	['çinʉ]
museo (m)	museum (n)	[mʉ'seum]
biblioteca (f)	bibliotek (n)	[bibliʉ'tek]

teatro (m)	teater (n)	[te'atər]
teatro (m) dell'opera	opera (m)	['ʊpera]
locale notturno (m)	nattklubb (m)	['natˌklʉb]
casinò (m)	kasino (n)	[ka'sinʉ]

moschea (f)	moské (m)	[mʉ'ske]
sinagoga (f)	synagoge (m)	[syna'gʊgə]
cattedrale (f)	katedral (m)	[kate'dral]
tempio (m)	tempel (n)	['tɛmpəl]
chiesa (f)	kirke (m/f)	['çirkə]

istituto (m)	institutt (n)	[insti'tʉt]
università (f)	universitet (n)	[ʉnivæʂi'tet]
scuola (f)	skole (m/f)	['skʊlə]

prefettura (f)	prefektur (n)	[prɛfɛk'tʉr]
municipio (m)	rådhus (n)	['rɔdˌhʉs]
albergo, hotel (m)	hotell (n)	[hʊ'tɛl]
banca (f)	bank (m)	['bank]

ambasciata (f)	ambassade (m)	[amba'sadə]
agenzia (f) di viaggi	reisebyrå (n)	['ræjsə byˌro]
ufficio (m) informazioni	opplysningskontor (n)	[ɔp'lʏsniŋs kʉn'tʉr]
ufficio (m) dei cambi	vekslingskontor (n)	['vɛkʂliŋs kʉn'tʉr]

| metropolitana (f) | tunnelbane, T-bane (m) | ['tʉnəlˌbanə], ['tɛːˌbanə] |
| ospedale (m) | sykehus (n) | ['sykəˌhʉs] |

| distributore (m) di benzina | bensinstasjon (m) | [bɛn'sinˌsta'ʂʉn] |
| parcheggio (m) | parkeringsplass (m) | [par'keriŋsˌplas] |

77. Mezzi pubblici in città

autobus (m)	buss (m)	['bʉs]
tram (m)	trikk (m)	['trik]
filobus (m)	trolleybuss (m)	['troliˌbʉs]
itinerario (m)	rute (m/f)	['rʉtə]
numero (m)	nummer (n)	['nʉmər]

andare in ...	å kjøre med ...	[ɔ 'çœːrə me ...]
salire (~ sull'autobus)	å gå på ...	[ɔ 'gɔ pɔ ...]
scendere da ...	å gå av ...	[ɔ 'gɔ aː ...]
fermata (f) (~ dell'autobus)	holdeplass (m)	['hɔləˌplas]

prossima fermata (f)	neste holdeplass (m)	['nɛstə 'holə‚plɑs]
capolinea (m)	endestasjon (m)	['ɛnə‚stɑ'ʂʉn]
orario (m)	rutetabell (m)	['rʉtə‚tɑ'bɛl]
aspettare (vt)	å vente	[ɔ 'vɛntə]
biglietto (m)	billett (m)	[bi'let]
prezzo (m) del biglietto	billettpris (m)	[bi'let‚pris]
cassiere (m)	kasserer (m)	[kɑ'serər]
controllo (m) dei biglietti	billettkontroll (m)	[bi'let kʉn‚trɔl]
bigliettaio (m)	billett inspektør (m)	[bi'let inspɛk'tør]
essere in ritardo	å komme for sent	[ɔ 'komə fo'ʂɛnt]
perdere (~ il treno)	å komme for sent til ...	[ɔ 'komə fo'ʂɛnt til ...]
avere fretta	å skynde seg	[ɔ 'ʂynə sæj]
taxi (m)	drosje (m/f), taxi (m)	['drɔʂɛ], ['tɑksi]
taxista (m)	taxisjåfør (m)	['tɑksi ʂo'før]
in taxi	med taxi	[me 'tɑksi]
parcheggio (m) di taxi	taxiholdeplass (m)	['tɑksi 'holə‚plɑs]
chiamare un taxi	å taxi bestellen	[ɔ 'tɑksi be'stɛlən]
prendere un taxi	å ta taxi	[ɔ 'tɑ ‚tɑksi]
traffico (m)	trafikk (m)	[trɑ'fik]
ingorgo (m)	trafikkork (m)	[trɑ'fik‚kɔrk]
ore (f pl) di punta	rushtid (m/f)	['rʉʂ‚tid]
parcheggiarsi (vr)	å parkere	[ɔ pɑr'kerə]
parcheggiare (vt)	å parkere	[ɔ pɑr'kerə]
parcheggio (m)	parkeringsplass (m)	[pɑr'keriŋs‚plɑs]
metropolitana (f)	tunnelbane, T-bane (m)	['tʉnəl‚bɑnə], ['tɛ:‚bɑnə]
stazione (f)	stasjon (m)	[stɑ'ʂʉn]
prendere la metropolitana	å kjøre med T-bane	[ɔ 'çœ:rə me 'tɛ:‚bɑnə]
treno (m)	tog (n)	['tɔg]
stazione (f) ferroviaria	togstasjon (m)	['tɔg‚stɑ'ʂʉn]

78. Visita turistica

monumento (m)	monument (n)	[monʉ'mɛnt]
fortezza (f)	festning (m/f)	['fɛstniŋ]
palazzo (m)	palass (n)	[pɑ'lɑs]
castello (m)	borg (m)	['bɔrg]
torre (f)	tårn (n)	['to:ɳ]
mausoleo (m)	mausoleum (n)	[mɑʉsʉ'leum]
architettura (f)	arkitektur (m)	[ɑrkitɛk'tʉr]
medievale (agg)	middelalderlig	['midəl‚ɑldɛ:‚li]
antico (agg)	gammel	['gɑməl]
nazionale (agg)	nasjonal	[nɑʂʉ'nɑl]
famoso (agg)	kjent	['çɛnt]
turista (m)	turist (m)	[tʉ'rist]
guida (f)	guide (m)	['gɑjd]
escursione (f)	utflukt (m/f)	['ʉt‚flʉkt]

| fare vedere | å vise | [ɔ 'visə] |
| raccontare (vt) | å fortelle | [ɔ fɔ:'ʈɛlə] |

trovare (vt)	å finne	[ɔ 'finə]
perdersi (vr)	å gå seg bort	[ɔ 'gɔ sæj 'bʊ:ʈ]
mappa (f)	kart, linjekart (n)	['kɑ:ʈ], ['linjə'kɑ:ʈ]
(~ della metropolitana)		
piantina (f) (~ della città)	kart (n)	['kɑ:ʈ]

souvenir (m)	suvenir (m)	[sʉve'nir]
negozio (m) di articoli	suvenirbutikk (m)	[sʉve'nir bʉ'tik]
da regalo		
fare foto	å fotografere	[ɔ fɔtɔgrɑ'ferə]
fotografarsi	å bli fotografert	[ɔ 'bli fɔtɔgrɑ'fɛ:ʈ]

79. Acquisti

comprare (vt)	å kjøpe	[ɔ 'çœ:pə]
acquisto (m)	innkjøp (n)	['in,çœp]
fare acquisti	å gå shopping	[ɔ 'gɔ ˌʂopiŋ]
shopping (m)	shopping (m)	['ʂopiŋ]

| essere aperto (negozio) | å være åpen | [ɔ 'værə 'ɔpən] |
| essere chiuso | å være stengt | [ɔ 'værə 'stɛŋt] |

calzature (f pl)	skotøy (n)	['skʊtøj]
abbigliamento (m)	klær (n)	['klær]
cosmetica (f)	kosmetikk (m)	[kʊsme'tik]
alimentari (m pl)	matvarer (m/f pl)	['mɑt,vɑrər]
regalo (m)	gave (m/f)	['gɑvə]

| commesso (m) | forselger (m) | [fɔ'ʂɛlər] |
| commessa (f) | forselger (m) | [fɔ'ʂɛlər] |

cassa (f)	kasse (m/f)	['kɑsə]
specchio (m)	speil (n)	['spæjl]
banco (m)	disk (m)	['disk]
camerino (m)	prøverom (n)	['prøvə,rʊm]

provare (~ un vestito)	å prøve	[ɔ 'prøvə]
stare bene (vestito)	å passe	[ɔ 'pɑsə]
piacere (vi)	å like	[ɔ 'likə]

prezzo (m)	pris (m)	['pris]
etichetta (f) del prezzo	prislapp (m)	['pris,lɑp]
costare (vt)	å koste	[ɔ 'kɔstə]
Quanto?	Hvor mye?	[vʊr 'mye]
sconto (m)	rabatt (m)	[rɑ'bɑt]

no muy caro (agg)	billig	['bili]
a buon mercato	billig	['bili]
caro (agg)	dyr	['dyr]
È caro	Det er dyrt	[de ær 'dy:ʈ]
noleggio (m)	utleie (m/f)	['ʉt,læje]

noleggiare (~ un abito)	å leie	[ɔ 'læjə]
credito (m)	kreditt (m)	[krɛ'dit]
a credito	på kreditt	[pɔ krɛ'dit]

80. Denaro

soldi (m pl)	penger (m pl)	['pɛŋər]
cambio (m)	veksling (m/f)	['vɛkʂliŋ]
corso (m) di cambio	kurs (m)	['kʉʂ]
bancomat (m)	minibank (m)	['mini‚bank]
moneta (f)	mynt (m)	['mʏnt]

| dollaro (m) | dollar (m) | ['dɔlar] |
| euro (m) | euro (m) | ['ɛʉrʉ] |

lira (f)	lira (m)	['lire]
marco (m)	mark (m/f)	['mɑrk]
franco (m)	franc (m)	['frɑn]
sterlina (f)	pund sterling (m)	['pʉn stɛ:'liŋ]
yen (m)	yen (m)	['jɛn]

debito (m)	skyld (m/f), gjeld (m)	['ʂyl], ['jɛl]
debitore (m)	skyldner (m)	['ʂylnər]
prestare (~ i soldi)	å låne ut	[ɔ 'lo:nə ʉt]
prendere in prestito	å låne	[ɔ 'lo:nə]

banca (f)	bank (m)	['bɑnk]
conto (m)	konto (m)	['kɔntʉ]
versare (vt)	å sette inn	[ɔ 'sɛtə in]
versare sul conto	å sette inn på kontoen	[ɔ 'sɛtə in pɔ 'kɔntʉən]
prelevare dal conto	å ta ut fra kontoen	[ɔ 'ta ʉt fra 'kɔntʉən]

carta (f) di credito	kredittkort (n)	[krɛ'dit‚kɔ:t]
contanti (m pl)	kontanter (m pl)	[kʉn'tantər]
assegno (m)	sjekk (m)	['ʂɛk]
emettere un assegno	å skrive en sjekk	[ɔ 'skrivə en 'ʂɛk]
libretto (m) di assegni	sjekkbok (m/f)	['ʂɛk‚bʉk]

portafoglio (m)	lommebok (m)	['lʉmə‚bʉk]
borsellino (m)	pung (m)	['pʉŋ]
cassaforte (f)	safe, seif (m)	['sɛjf]

erede (m)	arving (m)	['arviŋ]
eredità (f)	arv (m)	['arv]
fortuna (f)	formue (f)	['fɔr‚mʉə]

affitto (m), locazione (f)	leie (m)	['læje]
canone (m) d'affitto	husleie (m/f)	['hʉs‚læje]
affittare (dare in affitto)	å leie	[ɔ 'læjə]

prezzo (m)	pris (m/f)	['pris]
costo (m)	kostnad (m)	['kɔstnad]
somma (f)	sum (m)	['sʉm]
spendere (vt)	å bruke	[ɔ 'brʉkə]

spese (f pl)	utgifter (m/f pl)	['ʉt‚jiftər]
economizzare (vi, vt)	å spare	[ɔ 'spɑrə]
economico (agg)	sparsom	['spɑʂɔm]

pagare (vi, vt)	å betale	[ɔ be'tɑlə]
pagamento (m)	betaling (m/f)	[be'tɑliŋ]
resto (m) (dare il ~)	vekslepenger (pl)	['vɛkʂlə‚pɛŋər]

imposta (f)	skatt (m)	['skɑt]
multa (f), ammenda (f)	bot (m/f)	['bʉt]
multare (vt)	å bøtelegge	[ɔ 'bøtə‚legə]

81. Posta. Servizio postale

ufficio (m) postale	post (m)	['pɔst]
posta (f) (lettere, ecc.)	post (m)	['pɔst]
postino (m)	postbud (n)	['pɔst‚bʉd]
orario (m) di apertura	åpningstider (m/f pl)	['ɔpniŋs‚tidər]

lettera (f)	brev (n)	['brev]
raccomandata (f)	rekommandert brev (n)	[rekʉman'dɛ:ʈ ‚brev]
cartolina (f)	postkort (n)	['pɔst‚kɔ:ʈ]
telegramma (m)	telegram (n)	[tele'grɑm]
pacco (m) postale	postpakke (m/f)	['pɔst‚pɑkə]
vaglia (m) postale	pengeoverføring (m/f)	['pɛŋə 'ɔvər‚føriŋ]

ricevere (vt)	å motta	[ɔ 'mɔtɑ]
spedire (vt)	å sende	[ɔ 'sɛnə]
invio (m)	avsending (m)	['ɑf‚sɛniŋ]

indirizzo (m)	adresse (m)	[a'drɛsə]
codice (m) postale	postnummer (n)	['pɔst‚nʉmər]
mittente (m)	avsender (m)	['ɑf‚sɛnər]
destinatario (m)	mottaker (m)	['mɔt‚takər]

| nome (m) | fornavn (n) | ['fɔr‚navn] |
| cognome (m) | etternavn (n) | ['ɛtə‚navn] |

tariffa (f)	tariff (m)	[tɑ'rif]
ordinario (agg)	vanlig	['vanli]
standard (agg)	økonomisk	[økʉ'nɔmisk]

peso (m)	vekt (m)	['vɛkt]
pesare (vt)	å veie	[ɔ 'væjə]
busta (f)	konvolutt (m)	[kʉnvʉ'lʉt]
francobollo (m)	frimerke (n)	['fri‚mærkə]
affrancare (vt)	å sette på frimerke	[ɔ 'sɛtə pɔ 'fri‚mærkə]

Abitazione. Casa

82. Casa. Abitazione

casa (f)	hus (n)	['hʉs]
a casa	hjemme	['jɛmə]
cortile (m)	gård (m)	['gɔːr]
recinto (m)	gjerde (n)	['jærə]

mattone (m)	tegl (n), murstein (m)	['tæjl], ['mʉ‚stæjn]
di mattoni	tegl-	['tæjl-]
pietra (f)	stein (m)	['stæjn]
di pietra	stein-	['stæjn-]
beton (m)	betong (m)	[be'tɔn]
di beton	betong-	[be'tɔŋ-]

nuovo (agg)	ny	['ny]
vecchio (agg)	gammel	['gaməl]
fatiscente (edificio ~)	falleferdig	['falə‚fæːɖi]
moderno (agg)	moderne	[mʊ'dɛːŋə]
a molti piani	fleretasjes-	['flerɛ‚taʂɛs-]
alto (agg)	høy	['høj]

piano (m)	etasje (m)	[ɛ'taʂə]
di un piano	enetasjes	['ɛnɛ‚taʂɛs]

pianoterra (m)	første etasje (m)	['fœʂtə ɛ'taʂə]
ultimo piano (m)	øverste etasje (m)	['øvəʂtə ɛ'taʂə]

tetto (m)	tak (n)	['tɑk]
ciminiera (f)	skorstein (m/f)	['skɔ‚ʂtæjn]

tegola (f)	takstein (m)	['tɑk‚stæjn]
di tegole	taksteins-	['tɑk‚stæjns-]
soffitta (f)	loft (n)	['lɔft]

finestra (f)	vindu (n)	['vindʉ]
vetro (m)	glass (n)	['glɑs]

davanzale (m)	vinduskarm (m)	['vindʉs‚kɑrm]
imposte (f pl)	vinduslemmer (m pl)	['vindʉs‚lemər]

muro (m)	mur, vegg (m)	['mʉr], ['vɛg]
balcone (m)	balkong (m)	[bal'kɔŋ]
tubo (m) pluviale	nedløpsrør (n)	['nedløps‚rør]

su, di sopra	oppe	['ɔpə]
andare di sopra	å gå ovenpå	[ɔ 'gɔ 'ɔvən‚pɔ]
scendere (vi)	å gå ned	[ɔ 'gɔ ne]
trasferirsi (vr)	å flytte	[ɔ 'flʏtə]

83. Casa. Ingresso. Ascensore

entrata (f)	inngang (m)	['in,gɑŋ]
scala (f)	trapp (m/f)	['trɑp]
gradini (m pl)	trinn (n pl)	['trin]
ringhiera (f)	gelender (n)	[ge'lendər]
hall (f) (atrio d'ingresso)	hall, lobby (m)	['hɑl], ['lɔbi]
cassetta (f) della posta	postkasse (m/f)	['pɔst,kɑsə]
secchio (m) della spazzatura	søppelkasse (m/f)	['sœpəl,kɑsə]
scivolo (m) per la spazzatura	søppelsjakt (m/f)	['sœpəl,ʂɑkt]
ascensore (m)	heis (m)	['hæjs]
montacarichi (m)	lasteheis (m)	['lɑstə'hæjs]
cabina (f) di ascensore	heiskorg (m/f)	['hæjs,kɔrg]
prendere l'ascensore	å ta heisen	[ɔ 'tɑ ,hæjsən]
appartamento (m)	leilighet (m/f)	['læjli,het]
inquilini (m pl)	beboere (m pl)	[be'buerə]
vicino (m)	nabo (m)	['nɑbʊ]
vicina (f)	nabo (m)	['nɑbʊ]
vicini (m pl)	naboer (m pl)	['nɑbʊər]

84. Casa. Porte. Serrature

porta (f)	dør (m/f)	['dœr]
cancello (m)	grind (m/f), port (m)	['griŋ], ['pɔ:t]
maniglia (f)	dørhåndtak (n)	['dœr,hɔntak]
togliere il catenaccio	å låse opp	[ɔ 'lo:sə ɔp]
aprire (vt)	å åpne	[ɔ 'ɔpnə]
chiudere (vt)	å lukke	[ɔ 'lʉkə]
chiave (f)	nøkkel (m)	['nøkəl]
mazzo (m)	knippe (n)	['knipə]
cigolare (vi)	å knirke	[ɔ 'knirkə]
cigolio (m)	knirk (m/n)	['knirk]
cardine (m)	hengsel (m/n)	['hɛŋsel]
zerbino (m)	dørmatte (m/f)	['dœr,matə]
serratura (f)	dørlås (m/n)	['dœr,lɔs]
buco (m) della serratura	nøkkelhull (n)	['nøkəl,hʉl]
chiavistello (m)	slå (m/f)	['ʂlɔ]
catenaccio (m)	slå (m/f)	['ʂlɔ]
lucchetto (m)	hengelås (m/n)	['hɛŋe,lɔs]
suonare (~ il campanello)	å ringe	[ɔ 'riŋə]
suono (m)	ringing (m/f)	['riŋiŋ]
campanello (m)	ringeklokke (m/f)	['riŋe,klɔkə]
pulsante (m)	ringeklokke knapp (m)	['riŋe,klɔkə 'knap]
bussata (f)	kakking (m/f)	['kakiŋ]
bussare (vi)	å kakke	[ɔ 'kakə]

codice (m)	kode (m)	['kʊdə]
serratura (f) a codice	kodelås (m/n)	['kʊdə,lɔs]
citofono (m)	dørtelefon (m)	['dœr,tele'fʊn]
numero (m) (~ civico)	nummer (n)	['nʉmər]
targhetta (f) di porta	dørskilt (n)	['dœ,ʂilt]
spioncino (m)	kikhull (n)	['çik,hʉl]

85. Casa di campagna

villaggio (m)	landsby (m)	['lans,by]
orto (m)	kjøkkenhage (m)	['çœkən,hagə]
recinto (m)	gjerde (n)	['jærə]
steccato (m)	stakitt (m/n)	[sta'kit]
cancelletto (m)	port, stakittport (m)	['pɔːt], [sta'kit,pɔːt]

granaio (m)	kornlåve (m)	['kuːn̩,loːvə]
cantina (f), scantinato (m)	jordkjeller (m)	['juːr,çɛlər]
capanno (m)	skur, skjul (n)	['skʉr], ['ʂʉl]
pozzo (m)	brønn (m)	['brœn]

stufa (f)	ovn (m)	['ɔvn]
attizzare (vt)	å fyre	[ɔ 'fyrə]
legna (f) da ardere	ved (m)	['ve]
ciocco (m)	vedstykke (n), vedskie (f)	['vɛd,stʏkə], ['vɛ,ʂiə]

veranda (f)	veranda (m)	[væ'randa]
terrazza (f)	terrasse (m)	[tɛ'rasə]
scala (f) d'ingresso	yttertrapp (m/f)	['ytə,trap]
altalena (f)	gynge (m/f)	['jiŋə]

86. Castello. Reggia

castello (m)	borg (m)	['bɔrg]
palazzo (m)	palass (n)	[pa'las]
fortezza (f)	festning (m/f)	['fɛstniŋ]

muro (m)	mur (m)	['mʉr]
torre (f)	tårn (n)	['tɔːn]
torre (f) principale	kjernetårn (n)	['çæːnə'tɔːn]

saracinesca (f)	fallgitter (n)	['fʊl,ɡltər]
tunnel (m)	underjordisk gang (m)	['ʉnərju:rdisk 'ɡaŋ]
fossato (m)	vollgrav (m/f)	['vɔl,grav]

| catena (f) | kjede (n) | ['çɛːde] |
| feritoia (f) | skyteskår (n) | ['ʂytə,skɔr] |

| magnifico (agg) | praktfull | ['prakt,fʉl] |
| maestoso (agg) | majestetisk | [maje'stɛtisk] |

| inespugnabile (agg) | uinntakelig | [ʉən'takəli] |
| medievale (agg) | middelalderlig | ['midəl,aldɛːli] |

87. Appartamento

appartamento (m)	leilighet (m/f)	['læjli,het]
camera (f), stanza (f)	rom (n)	['rʊm]
camera (f) da letto	soverom (n)	['sɔvə,rʊm]
sala (f) da pranzo	spisestue (m/f)	['spisə,stʉə]
salotto (m)	dagligstue (m/f)	['dɑgli,stʉə]
studio (m)	arbeidsrom (n)	['arbæjds,rʊm]
ingresso (m)	entré (m)	[an'trɛ:]
bagno (m)	bad, baderom (n)	['bad], ['badə,rʊm]
gabinetto (m)	toalett, WC (n)	[tʊa'let], [vɛ'sɛ]
soffitto (m)	tak (n)	['tak]
pavimento (m)	gulv (n)	['gʉlv]
angolo (m)	hjørne (n)	['jœ:ŋə]

88. Appartamento. Pulizie

pulire (vt)	å rydde	[ɔ 'rʏdə]
mettere via	å stue unna	[ɔ 'stʉə 'ʉna]
polvere (f)	støv (n)	['støv]
impolverato (agg)	støvet	['støvət]
spolverare (vt)	å tørke støv	[ɔ 'tœrkə 'støv]
aspirapolvere (m)	støvsuger (m)	['støf,sʉgər]
passare l'aspirapolvere	å støvsuge	[ɔ 'støf,sʉgə]
spazzare (vi, vt)	å sope, å feie	[ɔ 'sopə], [ɔ 'fæjə]
spazzatura (f)	søppel (m/f/n)	['sœpəl]
ordine (m)	orden (m)	['ɔrdən]
disordine (m)	uorden (m)	['ʉ:,ɔrdən]
frettazzo (m)	mopp (m)	['mɔp]
strofinaccio (m)	klut (m)	['klʉt]
scopa (f)	feiekost (m)	['fæjə,kʊst]
paletta (f)	feiebrett (n)	['fæjə,brɛt]

89. Arredamento. Interno

mobili (m pl)	møbler (n pl)	['møblər]
tavolo (m)	bord (n)	['bʊr]
sedia (f)	stol (m)	['stʊl]
letto (m)	seng (m/f)	['sɛŋ]
divano (m)	sofa (m)	['sʊfa]
poltrona (f)	lenestol (m)	['lenə,stʊl]
libreria (f)	bokskap (n)	['bʊk,skap]
ripiano (m)	hylle (m/f)	['hʏlə]
armadio (m)	klesskap (n)	['kle,skap]
attaccapanni (m) da parete	knaggbrett (n)	['knag,brɛt]

appendiabiti (m) da terra	stumtjener (m)	['stʉm‚tjenər]
comò (m)	kommode (m)	[kʊ'mʊdə]
tavolino (m) da salotto	kaffebord (n)	['kɑfə‚bʊr]
specchio (m)	speil (n)	['spæjl]
tappeto (m)	teppe (n)	['tɛpə]
tappetino (m)	lite teppe (n)	['litə 'tɛpə]
camino (m)	peis (m), ildsted (n)	['pæjs], ['ilsted]
candela (f)	lys (n)	['lys]
candeliere (m)	lysestake (m)	['lysə‚stɑkə]
tende (f pl)	gardiner (m/f pl)	[gɑ:'dinər]
carta (f) da parati	tapet (n)	[tɑ'pet]
tende (f pl) alla veneziana	persienne (m)	[pæşi'enə]
lampada (f) da tavolo	bordlampe (m/f)	['bʊr‚lampə]
lampada (f) da parete	vegglampe (m/f)	['vɛg‚lampə]
lampada (f) a stelo	gulvlampe (m/f)	['gʉlv‚lampə]
lampadario (m)	lysekrone (m/f)	['lysə‚krʊnə]
gamba (f)	bein (n)	['bæjn]
bracciolo (m)	armlene (n)	['arm‚lenə]
spalliera (f)	rygg (m)	['rʏg]
cassetto (m)	skuff (m)	['skʉf]

90. Biancheria da letto

biancheria (f) da letto	sengetøy (n)	['sɛŋə‚tøj]
cuscino (m)	pute (m/f)	['pʉtə]
federa (f)	putevar, putetrekk (n)	['pʉtə‚vɑr], ['pʉtə‚trɛk]
coperta (f)	dyne (m/f)	['dynə]
lenzuolo (m)	laken (n)	['lɑkən]
copriletto (m)	sengeteppe (n)	['sɛŋə‚tɛpə]

91. Cucina

cucina (f)	kjøkken (n)	['çœkən]
gas (m)	gass (m)	['gɑs]
fornello (m) a gas	gasskomfyr (m)	['gɑs kɔm‚fyr]
fornello (m) elettrico	elektrisk komfyr (m)	[ɛ'lektrisk kɔm‚tyr]
forno (m)	bakeovn (m)	['bɑkə‚ovn]
forno (m) a microonde	mikrobølgeovn (m)	['mikrʊ‚bølgə'ovn]
frigorifero (m)	kjøleskap (n)	['çœlə‚skɑp]
congelatore (m)	fryser (m)	['frysər]
lavastoviglie (f)	oppvaskmaskin (m)	['ɔpvask ma‚şin]
tritacarne (m)	kjøttkvern (m/f)	['çœt‚kvɛ:n]
spremifrutta (m)	juicepresse (m/f)	['dʒʉs‚prɛsə]
tostapane (m)	brødrister (m)	['brø‚ristər]
mixer (m)	mikser (m)	['miksər]

macchina (f) da caffè	kaffetrakter (m)	['kafə‚traktər]
caffettiera (f)	kaffekanne (m/f)	['kafə‚kanə]
macinacaffè (m)	kaffekvern (m/f)	['kafə‚kvɛ:n]

bollitore (m)	tekjele (m)	['te‚çelə]
teiera (f)	tekanne (m/f)	['te‚kanə]
coperchio (m)	lokk (n)	['lɔk]
colino (m) da tè	tesil (m)	['te‚sil]

cucchiaio (m)	skje (m)	['şe]
cucchiaino (m) da tè	teskje (m)	['te‚şe]
cucchiaio (m)	spiseskje (m)	['spisə‚şɛ]
forchetta (f)	gaffel (m)	['gafəl]
coltello (m)	kniv (m)	['kniv]

stoviglie (f pl)	servise (n)	[sær'visə]
piatto (m)	tallerken (m)	[ta'lærkən]
piattino (m)	tefat (n)	['te‚fat]

cicchetto (m)	shotglass (n)	['şɔt‚glas]
bicchiere (m) (~ d'acqua)	glass (n)	['glas]
tazzina (f)	kopp (m)	['kɔp]

zuccheriera (f)	sukkerskål (m/f)	['sʉkər‚skɔl]
saliera (f)	saltbøsse (m/f)	['salt‚bøsə]
pepiera (f)	pepperbøsse (m/f)	['pɛpər‚bøsə]
burriera (f)	smørkopp (m)	['smœr‚kɔp]

pentola (f)	gryte (m/f)	['grytə]
padella (f)	steikepanne (m/f)	['stæjkə‚panə]
mestolo (m)	sleiv (m/f)	['şlæjv]
colapasta (m)	dørslag (n)	['dœşlag]
vassoio (m)	brett (n)	['brɛt]

bottiglia (f)	flaske (m)	['flaskə]
barattolo (m) di vetro	glasskrukke (m/f)	['glas‚krʉkə]
latta, lattina (f)	boks (m)	['bɔks]

apribottiglie (m)	flaskeåpner (m)	['flaskə‚ɔpnər]
apriscatole (m)	konservåpner (m)	['kʉnsəv‚ɔpnər]
cavatappi (m)	korketrekker (m)	['kɔrkə‚trɛkər]
filtro (m)	filter (n)	['filtər]
filtrare (vt)	å filtrere	[ɔ fil'trerə]

| spazzatura (f) | søppel (m/f/n) | ['sœpəl] |
| pattumiera (f) | søppelbøtte (m/f) | ['sœpəl‚bœtə] |

92. Bagno

bagno (m)	bad, baderom (n)	['bad], ['badə‚rʉm]
acqua (f)	vann (n)	['van]
rubinetto (m)	kran (m/f)	['kran]
acqua (f) calda	varmt vann (n)	['varmt ‚van]
acqua (f) fredda	kaldt vann (n)	['kalt van]

dentifricio (m)	tannpasta (m)	['tan,pasta]
lavarsi i denti	å pusse tennene	[ɔ 'pʉsə 'tɛnənə]
spazzolino (m) da denti	tannbørste (m)	['tan,bœʂtə]
rasarsi (vr)	å barbere seg	[ɔ bar'berə sæj]
schiuma (f) da barba	barberskum (n)	[bar'bɛ,skʉm]
rasoio (m)	høvel (m)	['høvəl]
lavare (vt)	å vaske	[ɔ 'vaskə]
fare un bagno	å vaske seg	[ɔ 'vaskə sæj]
doccia (f)	dusj (m)	['dʉʂ]
fare una doccia	å ta en dusj	[ɔ 'ta en 'dʉʂ]
vasca (f) da bagno	badekar (n)	['badə,kar]
water (m)	toalettstol (m)	[tʊa'let,stʊl]
lavandino (m)	vaskeservant (m)	['vaskə,sɛr'vant]
sapone (m)	såpe (m/f)	['so:pə]
porta (m) sapone	såpeskål (m/f)	['so:pə,skɔl]
spugna (f)	svamp (m)	['svamp]
shampoo (m)	sjampo (m)	['ʂam,pʉ]
asciugamano (m)	håndkle (n)	['hɔn,kle]
accappatoio (m)	badekåpe (m/f)	['badə,ko:pə]
bucato (m)	vask (m)	['vask]
lavatrice (f)	vaskemaskin (m)	['vaskə ma,ʂin]
fare il bucato	å vaske tøy	[ɔ 'vaskə 'tøj]
detersivo (m) per il bucato	vaskepulver (n)	['vaskə,pʉlvər]

93. Elettrodomestici

televisore (m)	TV (m), TV-apparat (n)	['tɛvɛ], ['tɛvɛ apa'rat]
registratore (m) a nastro	båndopptaker (m)	['bɔn,ɔptakər]
videoregistratore (m)	video (m)	['videʉ]
radio (f)	radio (m)	['radiʉ]
lettore (m)	spiller (m)	['spilər]
videoproiettore (m)	videoprojektor (m)	['videʉ prɔ'jɛktɔr]
home cinema (m)	hjemmekino (m)	['jɛmə,çinʉ]
lettore (m) DVD	DVD-spiller (m)	[deve'de ,spilər]
amplificatore (m)	forsterker (m)	[fɔ'ʂtærkər]
console (f) video giochi	spillkonsoll (m)	['ɔpil kʊn'sɔl]
videocamera (f)	videokamera (n)	['videʉ ,kamera]
macchina (f) fotografica	kamera (n)	['kamera]
fotocamera (f) digitale	digitalkamera (n)	[digi'tal ,kamera]
aspirapolvere (m)	støvsuger (m)	['støf,sʉgər]
ferro (m) da stiro	strykejern (n)	['strykəjæ.ıɳ]
asse (f) da stiro	strykebrett (n)	['strykə,brɛt]
telefono (m)	telefon (m)	[tele'fʉn]
telefonino (m)	mobiltelefon (m)	[mʊ'bil tele'fʉn]

| macchina (f) da scrivere | skrivemaskin (m) | ['skrivə ma‚şin] |
| macchina (f) da cucire | symaskin (m) | ['si:ma‚şin] |

microfono (m)	mikrofon (m)	[mikru'fʊn]
cuffia (f)	hodetelefoner (n pl)	['hodətelə‚funər]
telecomando (m)	fjernkontroll (m)	['fjæ:ŋ kun'trɔl]

CD (m)	CD-rom (m)	['sɛdɛ‚rʊm]
cassetta (f)	kassett (m)	[ka'sɛt]
disco (m) (vinile)	plate, skive (m/f)	['platə], ['şivə]

94. Riparazioni. Restauro

lavori (m pl) di restauro	renovering (m/f)	[renʊ'veriŋ]
rinnovare (ridecorare)	å renovere	[ɔ renʊ'verə]
riparare (vt)	å reparere	[ɔ repa'rerə]
mettere in ordine	å bringe orden	[ɔ 'briŋə 'ɔrdən]
rifare (vt)	å gjøre om	[ɔ 'jørə ɔm]

pittura (f)	maling (m/f)	['maliŋ]
pitturare (~ un muro)	å male	[ɔ 'malə]
imbianchino (m)	maler (m)	['malər]
pennello (m)	pensel (m)	['pɛnsəl]

| imbiancatura (f) | kalkmaling (m/f) | ['kalk‚maliŋ] |
| imbiancare (vt) | å hvitmale | [ɔ 'vit‚malə] |

carta (f) da parati	tapet (n)	[ta'pet]
tappezzare (vt)	å tapetsere	[ɔ tapet'serə]
vernice (f)	ferniss (m)	['fæ:‚ŋis]
verniciare (vt)	å lakkere	[ɔ la'kerə]

95. Impianto idraulico

acqua (f)	vann (n)	['van]
acqua (f) calda	varmt vann (n)	['varmt ‚van]
acqua (f) fredda	kaldt vann (n)	['kalt van]
rubinetto (m)	kran (m/f)	['kran]

goccia (f)	dråpe (m)	['dro:pə]
gocciolare (vi)	å dryppe	[ɔ 'drʏpə]
perdere (il tubo, ecc.)	å lekke	[ɔ 'lekə]
perdita (f) (~ dai tubi)	lekk (m)	['lek]
pozza (f)	pøl, pytt (m)	['pøl], ['pʏt]

tubo (m)	rør (n)	['rør]
valvola (f)	ventil (m)	[vɛn'til]
intasarsi (vr)	å bli tilstoppet	[ɔ 'bli til'stɔpət]

strumenti (m pl)	verktøy (n pl)	['værk‚tøj]
chiave (f) inglese	skiftenøkkel (m)	['şiftə‚nøkəl]
svitare (vt)	å skru ut	[ɔ 'skrʉ ʉt]

avvitare (stringere)	å skru fast	[ɔ 'skrʉ 'fast]
stasare (vt)	å rense	[ɔ 'rɛnsə]
idraulico (m)	rørlegger (m)	['rør‚legər]
seminterrato (m)	kjeller (m)	['çɛlər]
fognatura (f)	avløp (n)	['av‚løp]

96. Incendio. Conflagrazione

fuoco (m)	ild (m)	['il]
fiamma (f)	flamme (m)	['flamə]
scintilla (f)	gnist (m)	['gnist]
fumo (m)	røyk (m)	['røjk]
fiaccola (f)	fakkel (m)	['fakəl]
falò (m)	bål (n)	['bɔl]

benzina (f)	bensin (m)	[bɛn'sin]
cherosene (m)	parafin (m)	[para'fin]
combustibile (agg)	brennbar	['brɛn‚bar]
esplosivo (agg)	eksplosiv	['ɛksplu‚siv]
VIETATO FUMARE!	RØYKING FORBUDT	['røjkiŋ for'bʉt]

sicurezza (f)	sikkerhet (m/f)	['sikər‚het]
pericolo (m)	fare (m)	['farə]
pericoloso (agg)	farlig	['fɑːli]

prendere fuoco	å ta fyr	[ɔ 'ta ‚fyr]
esplosione (f)	eksplosjon (m)	[ɛksplʉ'ʂʉn]
incendiare (vt)	å sette fyr	[ɔ 'sɛtə ‚fyr]
incendiario (m)	brannstifter (m)	['bran‚stiftər]
incendio (m) doloso	brannstiftelse (m)	['bran‚stiftəlsə]

divampare (vi)	å flamme	[ɔ 'flamə]
bruciare (vi)	å brenne	[ɔ 'brɛnə]
bruciarsi (vr)	å brenne ned	[ɔ 'brɛnə ne]

chiamare i pompieri	å ringe bransvesenet	[ɔ 'riŋə 'brans‚vesənə]
pompiere (m)	brannmann (m)	['bran‚man]
autopompa (f)	brannbil (m)	['bran‚bil]
corpo (m) dei pompieri	brannkorps (n)	['bran‚korps]
autoscala (f) da pompieri	teleskopstige (m)	['tele'skʉp‚stiːə]

manichetta (f)	slange (m)	['ʂlaŋə]
estintore (m)	brannslukker (n)	['bran‚ʂlʉkər]
casco (m)	hjelm (m)	['jɛlm]
sirena (f)	sirene (m/f)	[si'renə]

gridare (vi)	å skrike	[ɔ 'skrikə]
chiamare in aiuto	å rope på hjelp	[ɔ 'rʉpə pɔ 'jɛlp]
soccorritore (m)	redningsmann (m)	['rɛdniŋs‚man]
salvare (vt)	å redde	[ɔ 'rɛdə]

arrivare (vi)	å ankomme	[ɔ 'an‚komə]
spegnere (vt)	å slokke	[ɔ 'ʂløkə]
acqua (f)	vann (n)	['van]

sabbia (f)	sand (m)	['sɑn]
rovine (f pl)	ruiner (m pl)	[rʉ'inər]
crollare (edificio)	å falle sammen	[ɔ 'falə 'samən]
cadere (vi)	å styrte ned	[ɔ 'sty:tə ne]
collassare (vi)	å styrte inn	[ɔ 'sty:tə in]
frammento (m)	del (m)	['del]
cenere (f)	aske (m/f)	['askə]
asfissiare (vi)	å kveles	[ɔ 'kveləs]
morire, perire (vi)	å omkomme	[ɔ 'ɔmˌkɔmə]

ATTIVITÀ UMANA

Lavoro. Affari. Parte 1

97. Attività bancaria

banca (f)	bank (m)	['bank]
filiale (f)	avdeling (m)	['av͵deliŋ]
consulente (m)	konsulent (m)	[kʉnsʉ'lent]
direttore (m)	forstander (m)	[fɔ'ʂtandər]
conto (m) bancario	bankkonto (m)	['bank͵kɔntʉ]
numero (m) del conto	kontonummer (n)	['kɔntʉ͵nʉmər]
conto (m) corrente	sjekkonto (m)	['ʂɛk͵kɔntʉ]
conto (m) di risparmio	sparekonto (m)	['sparə͵kɔntʉ]
aprire un conto	å åpne en konto	[ɔ 'ɔpnə en 'kɔntʉ]
chiudere il conto	å lukke kontoen	[ɔ 'lʉkə 'kɔntʉən]
versare sul conto	å sette inn på kontoen	[ɔ 'sɛtə in pɔ 'kɔntʉən]
prelevare dal conto	å ta ut fra kontoen	[ɔ 'ta ʉt fra 'kɔntʉən]
deposito (m)	innskudd (n)	['in͵skʉd]
depositare (vt)	å sette inn	[ɔ 'sɛtə in]
trasferimento (m) telegrafico	overføring (m/f)	['ɔvər͵føriŋ]
rimettere i soldi	å overføre	[ɔ 'ɔvər͵førə]
somma (f)	sum (m)	['sʉm]
Quanto?	Hvor mye?	[vʉr 'mye]
firma (f)	underskrift (m/f)	['ʉnə͵skrift]
firmare (vt)	å underskrive	[ɔ 'ʉnə͵skrivə]
carta (f) di credito	kredittkort (n)	[krɛ'dit͵kɔːt]
codice (m)	kode (m)	['kʉdə]
numero (m) della carta di credito	kreditkortnummer (n)	[krɛ'dit͵kɔːt 'nʉmər]
bancomat (m)	minibank (m)	['mini͵bank]
assegno (m)	sjekk (m)	['ʂɛk]
emettere un assegno	å skrive en sjekk	[ɔ 'skrivə en 'ʂɛk]
libretto (m) di assegni	sjekkbok (m/f)	['ʂɛk͵bʉk]
prestito (m)	lån (n)	['lɔn]
fare domanda per un prestito	å søke om lån	[ɔ ͵søkə ɔm 'lɔn]
ottenere un prestito	å få lån	[ɔ 'fɔ 'lɔn]
concedere un prestito	å gi lån	[ɔ 'ji 'lɔn]
garanzia (f)	garanti (m)	[garan'ti]

98. Telefono. Conversazione telefonica

telefono (m)	telefon (m)	[tele'fʊn]
telefonino (m)	mobiltelefon (m)	[mʊ'bil tele'fʊn]
segreteria (f) telefonica	telefonsvarer (m)	[tele'fʊnˌsvarər]

| telefonare (vi, vt) | å ringe | [ɔ 'riŋə] |
| chiamata (f) | telefonsamtale (m) | [tele'fʊn 'samˌtalə] |

comporre un numero	å slå et nummer	[ɔ 'ṣlɔ et 'nʉmər]
Pronto!	Hallo!	[ha'lʊ]
chiedere (domandare)	å spørre	[ɔ 'spørə]
rispondere (vi, vt)	å svare	[ɔ 'svarə]

udire (vt)	å høre	[ɔ 'hørə]
bene	godt	['gɔt]
male	dårlig	['doː[i]
disturbi (m pl)	støy (m)	['støj]

cornetta (f)	telefonrør (n)	[tele'fʊnˌrør]
alzare la cornetta	å ta telefonen	[ɔ 'ta tele'fʊnən]
riattaccare la cornetta	å legge på røret	[ɔ 'legə pɔ 'rørə]

occupato (agg)	opptatt	['ɔpˌtat]
squillare (del telefono)	å ringe	[ɔ 'riŋə]
elenco (m) telefonico	telefonkatalog (m)	[tele'fʊn kata'lɔg]

locale (agg)	lokal-	[lɔ'kal-]
telefonata (f) urbana	lokalsamtale (m)	[lɔ'kal 'samˌtalə]
interurbano (agg)	riks-	['riks-]
telefonata (f) interurbana	rikssamtale (m)	['riks 'samˌtalə]
internazionale (agg)	internasjonal	['intɛːṇaṣʊˌnal]
telefonata (f) internazionale	internasjonal samtale (m)	['intɛːṇaṣʊˌnal 'samˌtalə]

99. Telefono cellulare

telefonino (m)	mobiltelefon (m)	[mʊ'bil tele'fʊn]
schermo (m)	skjerm (m)	['ṣærm]
tasto (m)	knapp (m)	['knɑp]
scheda SIM (f)	SIM-kort (n)	['simˌkɔːt]

pila (f)	batteri (n)	[batɛ'ri]
essere scarico	å bli utladet	[ɔ 'bli 'ʉtˌladət]
caricabatteria (m)	lader (m)	['ladər]

menù (m)	meny (m)	[me'ny]
impostazioni (f pl)	innstillinger (m/f pl)	['inˌstiliŋər]
melodia (f)	melodi (m)	[melɔ'di]
scegliere (vt)	å velge	[ɔ 'vɛlgə]

calcolatrice (f)	regnemaskin (m)	['rɛjnə maˌṣin]
segreteria (f) telefonica	telefonsvarer (m)	[tele'fʊnˌsvarər]
sveglia (f)	vekkerklokka (m/f)	['vɛkərˌklɔka]

contatti (m pl)	kontakter (m pl)	[kʊn'taktər]
messaggio (m) SMS	SMS-beskjed (m)	[ɛsɛm'ɛs bɛˌʂɛ]
abbonato (m)	abonnent (m)	[abɔ'nɛnt]

100. Articoli di cancelleria

penna (f) a sfera	kulepenn (m)	['kʉːləˌpɛn]
penna (f) stilografica	fyllepenn (m)	['fʏləˌpɛn]
matita (f)	blyant (m)	['blyˌant]
evidenziatore (m)	merkepenn (m)	['mærkəˌpɛn]
pennarello (m)	tusjpenn (m)	['tʉʂˌpɛn]
taccuino (m)	notatbok (m/f)	[nʊ'tatˌbʊk]
agenda (f)	dagbok (m/f)	['dagˌbʊk]
righello (m)	linjal (m)	[li'njal]
calcolatrice (f)	regnemaskin (m)	['rɛjnə maˌʂin]
gomma (f) per cancellare	viskelær (n)	['viskəˌlær]
puntina (f)	tegnestift (m)	['tæjnəˌstift]
graffetta (f)	binders (m)	['bindɛʂ]
colla (f)	lim (n)	['lim]
pinzatrice (f)	stiftemaskin (m)	['stiftə maˌʂin]
perforatrice (f)	hullemaskin (m)	['hʉlə maˌʂin]
temperamatite (m)	blyantspisser (m)	['blyantˌspisər]

Lavoro. Affari. Parte 2

101. Mezzi di comunicazione di massa

giornale (m)	avis (m/f)	[a'vis]
rivista (f)	magasin, tidsskrift (n)	[maga'sin], ['tid‚skrift]
stampa (f) (giornali, ecc.)	presse (m/f)	['prɛsə]
radio (f)	radio (m)	['radiʉ]
stazione (f) radio	radiostasjon (m)	['radiʉˌsta'ʂʊn]
televisione (f)	televisjon (m)	['televiˌʂʊn]
presentatore (m)	programleder (m)	[prʉ'gramˌledər]
annunciatore (m)	nyhetsoppleser (m)	['nyhets'ɔpˌlesər]
commentatore (m)	kommentator (m)	[kʊmən'tatʊr]
giornalista (m)	journalist (m)	[ʂu:ŋa'list]
corrispondente (m)	korrespondent (m)	[kʉrespɔn'dɛnt]
fotocronista (m)	pressefotograf (m)	['prɛsə fotɔ'graf]
cronista (m)	reporter (m)	[re'pɔːʈər]
redattore (m)	redaktør (m)	[rɛdak'tør]
redattore capo (m)	sjefredaktør (m)	['ʂɛf rɛdak'tør]
abbonarsi a ...	å abonnere	[ɔ abɔ'nerə]
abbonamento (m)	abonnement (n)	[abɔnə'maŋ]
abbonato (m)	abonnent (m)	[abɔ'nɛnt]
leggere (vi, vt)	å lese	[ɔ 'lesə]
lettore (m)	leser (m)	['lesər]
tiratura (f)	opplag (n)	['ɔpˌlag]
mensile (agg)	månedlig	['moːnədli]
settimanale (agg)	ukentlig	['ʉkəntli]
numero (m)	nummer (n)	['nʉmər]
fresco (agg)	ny, fersk	['ny], ['fæʂk]
testata (f)	overskrift (m)	['ɔvəˌʂkrift]
trafiletto (m)	notis (m)	[nʊ'tis]
rubrica (f)	rubrikk (m)	[rʉ'brik]
articolo (m)	artikkel (m)	[aː'ʈikəl]
pagina (f)	side (m/f)	['sidə]
servizio (m), reportage (m)	reportasje (m)	[repɔː'ʈaʂə]
evento (m)	hendelse (m)	['hɛndəlsə]
sensazione (f)	sensasjon (m)	[sɛnsa'ʂʊn]
scandalo (m)	skandale (m)	[skan'dalə]
scandaloso (agg)	skandaløs	[skanda'løs]
enorme (un ~ scandalo)	stor	['stʊr]
trasmissione (f)	program (n)	[prʉ'gram]
intervista (f)	intervju (n)	[intə'vjʉː]

| trasmissione (f) in diretta | direktesending (m/f) | [di'rɛktə‚sɛniŋ] |
| canale (m) | kanal (m) | [ka'nal] |

102. Agricoltura

agricoltura (f)	landbruk (n)	['lan‚brʉk]
contadino (m)	bonde (m)	['bɔnə]
contadina (f)	bondekone (m/f)	['bɔnə‚kʉnə]
fattore (m)	gårdbruker, bonde (m)	['gɔːr‚brʉkər], ['bɔnə]

| trattore (m) | traktor (m) | ['traktʉr] |
| mietitrebbia (f) | skurtresker (m) | ['skʉː‚trɛskər] |

aratro (m)	plog (m)	['plug]
arare (vt)	å pløye	[ɔ 'pløjə]
terreno (m) coltivato	pløyemark (m/f)	['pløjə‚mark]
solco (m)	fure (m)	['fʉrə]

seminare (vt)	å så	[ɔ 'sɔ]
seminatrice (f)	såmaskin (m)	['sɔːma‚ʂin]
semina (f)	såing (m/f)	['sɔːiŋ]

| falce (f) | ljå (m) | ['ljoː] |
| falciare (vt) | å meie, å slå | [ɔ 'mæjə], [ɔ 'slɔ] |

| pala (f) | spade (m) | ['spadə] |
| scavare (vt) | å grave | [ɔ 'gravə] |

zappa (f)	hakke (m/f)	['hakə]
zappare (vt)	å hakke	[ɔ 'hakə]
erbaccia (f)	ugras (n)	[ʉ'gras]

innaffiatoio (m)	vannkanne (f)	['van‚kanə]
innaffiare (vt)	å vanne	[ɔ 'vanə]
innaffiamento (m)	vanning (m/f)	['vaniŋ]

| forca (f) | greip (m) | ['græjp] |
| rastrello (m) | rive (m/f) | ['rivə] |

concime (m)	gjødsel (m/f)	['jøtsəl]
concimare (vt)	å gjødsle	['ɔ 'jøtslə]
letame (m)	møkk (m/f)	['møk]

campo (m)	åker (m)	['oːker]
prato (m)	eng (m/f)	['ɛŋ]
orto (m)	kjøkkenhage (m)	['çœkən‚hagə]
frutteto (m)	frukthage (m)	['frʉkt‚hagə]

pascolare (vt)	å beite	[ɔ 'bæjtə]
pastore (m)	gjeter, hyrde (m)	['jotər], ['lɪʏɪdə]
pascolo (m)	beite (n), beitemark (m/f)	['bæjtə], ['bæjtə‚mark]

| allevamento (m) di bestiame | husdyrhold (n) | ['hʉsdyr‚hɔl] |
| allevamento (m) di pecore | sauehold (n) | ['saʉə‚hɔl] |

95

piantagione (f)	plantasje (m)	['plan'taʂə]
filare (m) (un ~ di alberi)	rad (m/f)	['rad]
serra (f) da orto	drivhus (n)	['driv‚hʉs]

| siccità (f) | tørke (m/f) | ['tœrkə] |
| secco, arido (un'estate ~a) | tørr | ['tœr] |

grano (m)	korn (n)	['kʊːn̩]
cereali (m pl)	cerealer (n pl)	[sere'alər]
raccogliere (vt)	å høste	[ɔ 'høstə]

mugnaio (m)	møller (m)	['mølər]
mulino (m)	mølle (m/f)	['mølə]
macinare (~ il grano)	å male	[ɔ 'malə]
farina (f)	mel (n)	['mel]
paglia (f)	halm (m)	['halm]

103. Edificio. Attività di costruzione

cantiere (m) edile	byggeplass (m)	['bʏgə‚plɑs]
costruire (vt)	å bygge	[ɔ 'bʏgə]
operaio (m) edile	bygningsarbeider (m)	['bʏgniŋs 'ar‚bæjər]

progetto (m)	prosjekt (n)	[prʊ'ʂɛkt]
architetto (m)	arkitekt (m)	[arki'tɛkt]
operaio (m)	arbeider (m)	['ar‚bæjdər]

fondamenta (f pl)	fundament (n)	[fʉnda'mɛnt]
tetto (m)	tak (n)	['tak]
palo (m) di fondazione	pæl (m)	['pæl]
muro (m)	mur, vegg (m)	['mʉr], ['vɛg]

| barre (f pl) di rinforzo | armeringsjern (n) | [ar'meriŋs'jæːn̩] |
| impalcatura (f) | stillas (n) | [sti'las] |

beton (m)	betong (m)	[be'tɔŋ]
granito (m)	granitt (m)	[gra'nit]
pietra (f)	stein (m)	['stæjn]
mattone (m)	tegl (n), murstein (m)	['tæjl], ['mʉ‚stæjn]

sabbia (f)	sand (m)	['san]
cemento (m)	sement (m)	[se'mɛnt]
intonaco (m)	puss (m)	['pʉs]
intonacare (vt)	å pusse	[ɔ 'pʉsə]

pittura (f)	maling (m/f)	['maliŋ]
pitturare (vt)	å male	[ɔ 'malə]
botte (f)	tønne (m)	['tœnə]

gru (f)	heisekran (m/f)	['hæjsə‚kran]
sollevare (vt)	å løfte	[ɔ 'lœftə]
abbassare (vt)	å heise ned	[ɔ 'hæjsə ne]
bulldozer (m)	bulldoser (m)	['bʉl‚dʊsər]
scavatrice (f)	gravemaskin (m)	['gravə ma'ʂin]

cucchiaia (f)	skuffe (m/f)	['skʉfə]
scavare (vt)	å grave	[ɔ 'grɑvə]
casco (m) (~ di sicurezza)	hjelm (m)	['jɛlm]

Professioni e occupazioni

104. Ricerca di un lavoro. Licenziamento

lavoro (m)	arbeid (n), jobb (m)	['arbæj], ['job]
organico (m)	ansatte (pl)	['an‚satə]
personale (m)	personale (n)	[pæʂu'nalə]
carriera (f)	karriere (m)	[kari'ɛrə]
prospettiva (f)	utsikter (m pl)	['ʉt‚siktər]
abilità (f pl)	mesterskap (n)	['mɛstæ‚ʂkap]
selezione (f) (~ del personale)	utvelgelse (m)	['ʉt‚vɛlgəlsə]
agenzia (f) di collocamento	rekrutteringsbyrå (n)	['rekrʉ‚teriŋs by‚ro]
curriculum vitae (f)	CV (m/n)	['sɛvɛ]
colloquio (m)	jobbintervju (n)	['job ‚intər'vjʉ]
posto (m) vacante	vakanse (m)	['vakansə]
salario (m)	lønn (m/f)	['lœn]
stipendio (m) fisso	fastlønn (m/f)	['fast‚lœn]
compenso (m)	betaling (m/f)	[be'taliŋ]
carica (f), funzione (f)	stilling (m/f)	['stiliŋ]
mansione (f)	plikt (m/f)	['plikt]
mansioni (f pl) di lavoro	arbeidsplikter (m/f pl)	['arbæjds‚pliktər]
occupato (agg)	opptatt	['ɔp‚tat]
licenziare (vt)	å avskjedige	[ɔ 'af‚ʂedigə]
licenziamento (m)	avskjedigelse (m)	['afʂe‚digəlsə]
disoccupazione (f)	arbeidsløshet (m)	['arbæjdsløs‚het]
disoccupato (m)	arbeidsløs (m)	['arbæjds‚løs]
pensionamento (m)	pensjon (m)	[pan'ʂʊn]
andare in pensione	å gå av med pensjon	[ɔ 'gɔ a: me pan'ʂʊn]

105. Gente d'affari

direttore (m)	direktør (m)	[dirɛk'tør]
dirigente (m)	forstander (m)	[fo'ʂtandər]
capo (m)	boss (m)	['bɔs]
superiore (m)	overordnet (m)	['ɔvər‚ɔrdnet]
capi (m pl)	overordnede (pl)	['ɔvər‚ɔrdnedə]
presidente (m)	president (m)	[prɛsi'dɛnt]
presidente (m) (impresa)	styreformann (m)	['styrə‚forman]
vice (m)	stedfortreder (m)	['stedfɔ: ‚tredər]
assistente (m)	assistent (m)	[asi'stɛnt]

| segretario (m) | sekretær (m) | [sɛkrə'tær] |
| assistente (m) personale | privatsekretær (m) | [pri'vɑt sɛkrə'tær] |

uomo (m) d'affari	forretningsmann (m)	[fɔ'rɛtniŋs,mɑn]
imprenditore (m)	entreprenør (m)	[ɛntreprə'nør]
fondatore (m)	grunnlegger (m)	['grʉn,legər]
fondare (vt)	å grunnlegge, å stifte	[ɔ 'grʉn,legə], [ɔ 'stiftə]

socio (m)	stifter (m)	['stiftər]
partner (m)	partner (m)	['pɑːtnər]
azionista (m)	aksjonær (m)	[ɑkʂʉ'nær]

milionario (m)	millionær (m)	[milju'nær]
miliardario (m)	milliardær (m)	[milja:'dær]
proprietario (m)	eier (m)	['æjər]
latifondista (m)	jordeier (m)	['juːr,æjər]

cliente (m) (di professionista)	kunde (m)	['kʉndə]
cliente (m) abituale	fast kunde (m)	[,fɑst 'kʉndə]
compratore (m)	kjøper (m)	['çœːpər]
visitatore (m)	besøkende (m)	[be'søkenə]

professionista (m)	yrkesmann (m)	['yrkəs,mɑn]
esperto (m)	ekspert (m)	[ɛks'pæːt]
specialista (m)	spesialist (m)	[spesiɑ'list]

| banchiere (m) | bankier (m) | [bɑnki'e] |
| broker (m) | mekler, megler (m) | ['mɛklər] |

cassiere (m)	kasserer (m)	[kɑ'serər]
contabile (m)	regnskapsfører (m)	['rɛjnskɑps,førər]
guardia (f) giurata	sikkerhetsvakt (m/f)	['sikərhɛts,vɑkt]

investitore (m)	investor (m)	[in'vɛstʉr]
debitore (m)	skyldner (m)	['ʂylnər]
creditore (m)	kreditor (m)	['krɛditʉr]
mutuatario (m)	låntaker (m)	['lɔn,tɑkər]

| importatore (m) | importør (m) | [impɔːˈtør] |
| esportatore (m) | eksportør (m) | [ɛkspɔːˈtør] |

produttore (m)	produsent (m)	[prʉdʉ'sɛnt]
distributore (m)	distributør (m)	[distribʉ'tør]
intermediario (m)	mellommann (m)	['mɛlɔ,mɑn]

consulente (m)	konsulent (m)	[kʉnsʉ'lent]
rappresentante (m)	representant (m)	[represɛn'tɑnt]
agente (m)	agent (m)	[ɑ'gɛnt]
assicuratore (m)	forsikringsagent (m)	[fɔ'ʂikriŋs ɑ'gɛnt]

106. Professioni amministrative

| cuoco (m) | kokk (m) | ['kʊk] |
| capocuoco (m) | sjefkokk (m) | ['ʂɛf,kʊk] |

fornaio (m)	baker (m)	['bakər]
barista (m)	bartender (m)	['bɑːˌtɛndər]
cameriere (m)	servitør (m)	['særvi'tør]
cameriera (f)	servitrise (m/f)	[særvi'trisə]

avvocato (m)	advokat (m)	[advʊ'kat]
esperto (m) legale	jurist (m)	[jʉ'rist]
notaio (m)	notar (m)	[nʊ'tar]

elettricista (m)	elektriker (m)	[ɛ'lektrikər]
idraulico (m)	rørlegger (m)	['rørˌlegər]
falegname (m)	tømmermann (m)	['tœmərˌman]

massaggiatore (m)	massør (m)	[ma'sør]
massaggiatrice (f)	massøse (m)	[ma'søsə]
medico (m)	lege (m)	['legə]

taxista (m)	taxisjåfør (m)	['taksi ʂo'før]
autista (m)	sjåfør (m)	[ʂo'før]
fattorino (m)	bud (n)	['bʉd]

cameriera (f)	stuepike (m/f)	['stʉəˌpikə]
guardia (f) giurata	sikkerhetsvakt (m/f)	['sikərhɛtsˌvakt]
hostess (f)	flyvertinne (m/f)	[flyvɛ:'tinə]

insegnante (m, f)	lærer (m)	['lærər]
bibliotecario (m)	bibliotekar (m)	[bibliʊ'tekar]
traduttore (m)	oversetter (m)	['ɔvəˌsɛtər]
interprete (m)	tolk (m)	['tɔlk]
guida (f)	guide (m)	['gajd]

parrucchiere (m)	frisør (m)	[fri'sør]
postino (m)	postbud (n)	['pɔstˌbʉd]
commesso (m)	forselger (m)	[fɔ'ʂɛlər]

giardiniere (m)	gartner (m)	['gɑːˌtnər]
domestico (m)	tjener (m)	['tjenər]
domestica (f)	tjenestepike (m/f)	['tjenɛstəˌpikə]
donna (f) delle pulizie	vaskedame (m/f)	['vaskəˌdamə]

107. Professioni militari e gradi

soldato (m) semplice	menig (m)	['meni]
sergente (m)	sersjant (m)	[sær'ʂant]
tenente (m)	løytnant (m)	['løjtˌnant]
capitano (m)	kaptein (m)	[kap'tæjn]

maggiore (m)	major (m)	[ma'jɔr]
colonnello (m)	oberst (m)	['ʊbɛʂt]
generale (m)	general (m)	[gene'ral]
maresciallo (m)	marskalk (m)	['marʂal]
ammiraglio (m)	admiral (m)	[admi'ral]
militare (m)	militær (m)	[mili'tær]
soldato (m)	soldat (m)	[sʊl'dat]

| ufficiale (m) | offiser (m) | [ɔfi'sɛr] |
| comandante (m) | befalshaver (m) | [be'fals,havər] |

guardia (f) di frontiera	grensevakt (m/f)	['grɛnsə,vakt]
marconista (m)	radiooperatør (m)	['radiʊ ʊpəra'tør]
esploratore (m)	oppklaringssoldat (m)	['ɔp,klariŋ sʊl'dat]
geniere (m)	pioner (m)	[piʊ'ner]
tiratore (m)	skytter (m)	['ʂytər]
navigatore (m)	styrmann (m)	['styr,man]

108. Funzionari. Sacerdoti

| re (m) | konge (m) | ['kʊŋə] |
| regina (f) | dronning (m/f) | ['drɔniŋ] |

| principe (m) | prins (m) | ['prins] |
| principessa (f) | prinsesse (m/f) | [prin'sɛsə] |

| zar (m) | tsar (m) | ['tsar] |
| zarina (f) | tsarina (m) | [tsa'rina] |

presidente (m)	president (m)	[prɛsi'dɛnt]
ministro (m)	minister (m)	[mi'nistər]
primo ministro (m)	statsminister (m)	['stats mi'nistər]
senatore (m)	senator (m)	[se'natʊr]

diplomatico (m)	diplomat (m)	[diplʊ'mat]
console (m)	konsul (m)	['kʊn,sʉl]
ambasciatore (m)	ambassadør (m)	[ambasa'dør]
consigliere (m)	rådgiver (m)	['rɔd,jivər]

funzionario (m)	embetsmann (m)	['ɛmbets,man]
prefetto (m)	prefekt (m)	[prɛ'fɛkt]
sindaco (m)	borgermester (m)	[bɔrgər'mɛstər]

| giudice (m) | dommer (m) | ['dɔmər] |
| procuratore (m) | anklager (m) | ['an,klagər] |

missionario (m)	misjonær (m)	[miʂʊ'nær]
monaco (m)	munk (m)	['mʉnk]
abate (m)	abbed (m)	['abed]
rabbino (m)	rabbiner (m)	[ra'binər]

visir (m)	vesir (m)	[vɛ'sir]
scià (m)	sjah (m)	['ʂa]
sceicco (m)	sjeik (m)	['ʂæjk]

109. Professioni agricole

apicoltore (m)	birøkter (m)	['bi,røktər]
pastore (m)	gjeter, hyrde (m)	['jetər], ['hʏrdə]
agronomo (m)	agronom (m)	[agrʊ'nʊm]

| allevatore (m) di bestiame | husdyrholder (m) | ['hʉsdyrˌhɔldər] |
| veterinario (m) | dyrlege, veterinær (m) | ['dyrˌlegə], [vetəri'nær] |

fattore (m)	gårdbruker, bonde (m)	['gɔːrˌbrʉkər], ['bɔnə]
vinificatore (m)	vinmaker (m)	['vinˌmakər]
zoologo (m)	zoolog (m)	[sʉː'lɔg]
cowboy (m)	cowboy (m)	['kawˌbɔj]

110. Professioni artistiche

| attore (m) | skuespiller (m) | ['skʉəˌspilər] |
| attrice (f) | skuespillerinne (m/f) | ['skʉəˌspilə'rinə] |

| cantante (m) | sanger (m) | ['saŋər] |
| cantante (f) | sangerinne (m/f) | [saŋə'rinə] |

| danzatore (m) | danser (m) | ['dansər] |
| ballerina (f) | danserinne (m/f) | [danse'rinə] |

| artista (m) | skuespiller (m) | ['skʉəˌspilər] |
| artista (f) | skuespillerinne (m/f) | ['skʉəˌspilə'rinə] |

musicista (m)	musiker (m)	['mʉsikər]
pianista (m)	pianist (m)	[pia'nist]
chitarrista (m)	gitarspiller (m)	[gi'tarˌspilər]

direttore (m) d'orchestra	dirigent (m)	[diri'gɛnt]
compositore (m)	komponist (m)	[kʊmpʊ'nist]
impresario (m)	impresario (m)	[impre'sariʉ]

regista (m)	regissør (m)	[rɛşi'sør]
produttore (m)	produsent (m)	[prʊdʉ'sɛnt]
sceneggiatore (m)	manusforfatter (m)	['manʉs for'fatər]
critico (m)	kritiker (m)	['kritikər]

scrittore (m)	forfatter (m)	[for'fatər]
poeta (m)	poet, dikter (m)	['pɔɛt], ['diktər]
scultore (m)	skulptør (m)	[skʉlp'tør]
pittore (m)	kunstner (m)	['kʉnstnər]

giocoliere (m)	sjonglør (m)	[şɔŋ'lør]
pagliaccio (m)	klovn (m)	['klɔvn]
acrobata (m)	akrobat (m)	[akrʊ'bat]
prestigiatore (m)	tryllekunstner (m)	['trʏləˌkʉnstnər]

111. Professioni varie

medico (m)	lege (m)	['legə]
infermiera (f)	sykepleierske (m/f)	['sykəˌplæjeşkə]
psichiatra (m)	psykiater (m)	[syki'atər]
dentista (m)	tannlege (m)	['tanˌlegə]
chirurgo (m)	kirurg (m)	[çi'rʉrg]

| astronauta (m) | astronaut (m) | [astrʉ'naʉt] |
| astronomo (m) | astronom (m) | [astrʉ'nʉm] |

autista (m)	fører (m)	['førər]
macchinista (m)	lokfører (m)	['lʉk,førər]
meccanico (m)	mekaniker (m)	[me'kanikər]

minatore (m)	gruvearbeider (m)	['grʉvə'ar,bæjdər]
operaio (m)	arbeider (m)	['ar,bæjdər]
operaio (m) metallurgico	låsesmed (m)	['lo:sə,sme]
falegname (m)	snekker (m)	['snɛkər]
tornitore (m)	dreier (m)	['dræjər]
operaio (m) edile	bygningsarbeider (m)	['bygniŋs 'ar,bæjər]
saldatore (m)	sveiser (m)	['svæjsər]

professore (m)	professor (m)	[prʉ'fɛsʉr]
architetto (m)	arkitekt (m)	[arki'tɛkt]
storico (m)	historiker (m)	[hi'stʉrikər]
scienziato (m)	vitenskapsmann (m)	['vitən,skaps man]
fisico (m)	fysiker (m)	['fysikər]
chimico (m)	kjemiker (m)	['çemikər]

archeologo (m)	arkeolog (m)	[,arkeʉ'lɔg]
geologo (m)	geolog (m)	[geʉ'lɔg]
ricercatore (m)	forsker (m)	['fɔʂkər]

| baby-sitter (m, f) | babysitter (m) | ['bɛby,sitər] |
| insegnante (m, f) | lærer, pedagog (m) | [lærər], [peda'gɔg] |

redattore (m)	redaktør (m)	[rɛdak'tør]
redattore capo (m)	sjefredaktør (m)	['ʂɛf rɛdak'tør]
corrispondente (m)	korrespondent (m)	[kʉrespɔn'dɛnt]
dattilografa (f)	maskinskriverske (m)	[ma'ʂin ,skrivɛʂkə]

designer (m)	designer (m)	[de'sajnər]
esperto (m) informatico	dataekspert (m)	['data ɛks'pɛ:t]
programmatore (m)	programmerer (m)	[prʉgra'merər]
ingegnere (m)	ingeniør (m)	[inʂə'njør]

marittimo (m)	sjømann (m)	['ʂø,man]
marinaio (m)	matros (m)	[ma'trʉs]
soccorritore (m)	redningsmann (m)	['rɛdniŋs,man]

pompiere (m)	brannmann (m)	['bran,man]
poliziotto (m)	politi (m)	[pʉli'ti]
guardiano (m)	nattvakt (m)	['nat,vakt]
detective (m)	detektiv (m)	[detɛk'tiv]

doganiere (m)	tollbetjent (m)	['tɔlbe,tjɛnt]
guardia (f) del corpo	livvakt (m/f)	['liv,vakt]
guardia (f) carceraria	fangevokter (m)	['faŋə,vɔktər]
ispettore (m)	inspektør (m)	[inspɛk'tør]

sportivo (m)	idrettsmann (m)	['idrɛts,man]
allenatore (m)	trener (m)	['trenər]
macellaio (m)	slakter (m)	['ʂlaktər]

calzolaio (m)	skomaker (m)	['skʊˌmakər]
uomo (m) d'affari	handelsmann (m)	['handəlsˌman]
caricatore (m)	lastearbeider (m)	['lastə'arˌbæjdər]

| stilista (m) | moteskaper (m) | ['mʊtəˌskapər] |
| modella (f) | modell (m) | [mʊ'dɛl] |

112. Attività lavorative. Condizione sociale

| scolaro (m) | skolegutt (m) | ['skʊləˌgʉt] |
| studente (m) | student (m) | [stʉ'dɛnt] |

filosofo (m)	filosof (m)	[filu'sʊf]
economista (m)	økonom (m)	[økʊ'nʊm]
inventore (m)	oppfinner (m)	['ɔpˌfinər]

disoccupato (m)	arbeidsløs (m)	['arbæjdsˌløs]
pensionato (m)	pensjonist (m)	[panʂʊ'nist]
spia (f)	spion (m)	[spi'un]

detenuto (m)	fange (m)	['faŋə]
scioperante (m)	streiker (m)	['stræjkər]
burocrate (m)	byråkrat (m)	[byrɔ'krat]
viaggiatore (m)	reisende (m)	['ræjsenə]

omosessuale (m)	homofil (m)	['hʊmʊˌfil]
hacker (m)	hacker (m)	['hakər]
hippy (m, f)	hippie (m)	['hipi]

bandito (m)	banditt (m)	[ban'dit]
sicario (m)	leiemorder (m)	['læjəˌmʊrdər]
drogato (m)	narkoman (m)	[narkʉ'man]
trafficante (m) di droga	narkolanger (m)	['narkɔˌlaŋər]
prostituta (f)	prostituert (m)	[prʊstitʉ'e:t]
magnaccia (m)	hallik (m)	['halik]

stregone (m)	trollmann (m)	['trɔlˌman]
strega (f)	trollkjerring (m/f)	['trɔlˌçæriŋ]
pirata (m)	pirat, sjørøver (m)	['pi'rat], ['ʂøˌrøvər]
schiavo (m)	slave (m)	['slavə]
samurai (m)	samurai (m)	[samʉ'raj]
selvaggio (m)	villmann (m)	['vilˌman]

Sport

113. Tipi di sport. Sportivi

sportivo (m)	idrettsmann (m)	['idrɛts̩man]
sport (m)	idrettsgren (m/f)	['idrɛts̩gren]
pallacanestro (m)	basketball (m)	['basketbal]
cestista (m)	basketballspiller (m)	['basketbal̩spilər]
baseball (m)	baseball (m)	['bɛjsbɔl]
giocatore (m) di baseball	baseballspiller (m)	['bɛjsbɔl̩spilər]
calcio (m)	fotball (m)	['futbal]
calciatore (m)	fotballspiller (m)	['futbal̩spilər]
portiere (m)	målmann (m)	['mo:l̩man]
hockey (m)	ishockey (m)	['is̩hɔki]
hockeista (m)	ishockeyspiller (m)	['is̩hɔki 'spilər]
pallavolo (m)	volleyball (m)	['vɔlibal]
pallavolista (m)	volleyballspiller (m)	['vɔlibal̩spilər]
pugilato (m)	boksing (m)	['boksiŋ]
pugile (m)	bokser (m)	['boksər]
lotta (f)	bryting (m/f)	['brytiŋ]
lottatore (m)	bryter (m)	['brytər]
karate (m)	karate (m)	[ka'rate]
karateka (m)	karateutøver (m)	[ka'ratə 'ʉ̩tøvər]
judo (m)	judo (m)	['jʉdɔ]
judoista (m)	judobryter (m)	['jʉdɔ̩brytər]
tennis (m)	tennis (m)	['tɛnis]
tennista (m)	tennisspiller (m)	['tɛnis̩spilər]
nuoto (m)	svømming (m/f)	[ˈsvœmiŋ]
nuotatore (m)	svømmer (m)	['svœmər]
scherma (f)	fekting (m)	['fɛktiŋ]
schermitore (m)	fekter (m)	['fɛktər]
scacchi (m pl)	sjakk (m)	['ʂak]
scacchista (m)	sjakkspiller (m)	['ʂak̩spɪlər]
alpinismo (m)	alpinisme (m)	[alpi'nismə]
alpinista (m)	alpinist (m)	[alpi'nist]
corsa (f)	løp (n)	['løp]

corridore (m)	løper (m)	['løpər]
atletica (f) leggera	friidrett (m)	['fri: 'i‚drɛt]
atleta (m)	atlet (m)	[at'let]

| ippica (f) | ridesport (m) | ['ridə‚spɔ:t] |
| fantino (m) | rytter (m) | ['rʏtər] |

pattinaggio (m) artistico	kunstløp (n)	['kʉnst‚løp]
pattinatore (m)	kunstløper (m)	['kʉnst‚løpər]
pattinatrice (f)	kunstløperske (m/f)	['kʉnst‚løpəʂkə]

| pesistica (f) | vektløfting (m/f) | ['vɛkt‚lœftiŋ] |
| pesista (m) | vektløfter (m) | ['vɛkt‚lœftər] |

| automobilismo (m) | billøp (m), bilrace (n) | ['bil‚løp], ['bil‚rɑs] |
| pilota (m) | racerfører (m) | ['resə‚førər] |

| ciclismo (m) | sykkelsport (m) | ['sʏkəl‚spɔ:t] |
| ciclista (m) | syklist (m) | [sʏk'list] |

salto (m) in lungo	lengdehopp (n pl)	['leŋdə‚hɔp]
salto (m) con l'asta	stavhopp (n)	['stɑv‚hɔp]
saltatore (m)	hopper (m)	['hɔpər]

114. Tipi di sport. Varie

football (m) americano	amerikansk fotball (m)	[ameri'kansk 'fʊtbɑl]
badminton (m)	badminton (m)	['bɛdmintɔn]
biathlon (m)	skiskyting (m/f)	['ʂi‚ʂytiŋ]
biliardo (m)	biljard (m)	[bil'ja:d]

bob (m)	bobsleigh (m)	['bɔbslej]
culturismo (m)	kroppsbygging (m/f)	['krɔps‚bʏgiŋ]
pallanuoto (m)	vannpolo (m)	['vɑn‚pʊlʊ]
pallamano (m)	håndball (m)	['hɔn‚bɑl]
golf (m)	golf (m)	['gɔlf]

canottaggio (m)	roing (m/f)	['rʊiŋ]
immersione (f) subacquea	dykking (m/f)	['dʏkiŋ]
sci (m) di fondo	langrenn (n), skirenn (n)	['lɑŋ‚rɛn], ['ʂi‚rɛn]
tennis (m) da tavolo	bordtennis (m)	['bʊr‚tɛnis]

vela (f)	seiling (m/f)	['sæjliŋ]
rally (m)	rally (n)	['rɛli]
rugby (m)	rugby (m)	['rygbi]
snowboard (m)	snøbrett (n)	['snø‚brɛt]
tiro (m) con l'arco	bueskyting (m/f)	['bʉ:ə‚ʂytiŋ]

115. Palestra

| bilanciere (m) | vektstang (m/f) | ['vɛkt‚stɑŋ] |
| manubri (m pl) | manualer (m pl) | ['mɑnʉ‚alər] |

Italiano	Norvegese	Pronuncia
attrezzo (m) sportivo	treningsapparat (n)	['treniŋs apa'rat]
cyclette (f)	trimsykkel (m)	['trim,sykəl]
tapis roulant (m)	løpebånd (n)	['løpə,bɔ:n]
sbarra (f)	svingstang (m/f)	['sviŋstaŋ]
parallele (f pl)	barre (m)	['barə]
cavallo (m)	hest (m)	['hɛst]
materassino (m)	matte (m/f)	['matə]
corda (f) per saltare	hoppetau (n)	['hɔpə,tau]
aerobica (f)	aerobic (m)	[aɛ'rɔbik]
yoga (m)	yoga (m)	['joga]

116. Sport. Varie

Italiano	Norvegese	Pronuncia
Giochi (m pl) Olimpici	de olympiske leker	[de u'lympiskə 'lekər]
vincitore (m)	seierherre (m)	['sæjər,hɛrə]
ottenere la vittoria	å vinne, å seire	[ɔ 'vinə], [ɔ 'sæjrə]
vincere (vi)	å vinne	[ɔ 'vinə]
leader (m), capo (m)	leder (m)	['ledər]
essere alla guida	å lede	[ɔ 'ledə]
primo posto (m)	førsteplass (m)	['fœʂtə,plas]
secondo posto (m)	annenplass (m)	['anən,plas]
terzo posto (m)	tredjeplass (m)	['trɛdjə,plas]
medaglia (f)	medalje (m)	[me'daljə]
trofeo (m)	trofé (m/n)	[trɔ'fe]
coppa (f) (trofeo)	pokal (m)	[po'kal]
premio (m)	pris (m)	['pris]
primo premio (m)	hovedpris (m)	['huvəd,pris]
record (m)	rekord (m)	[re'kord]
stabilire un record	å sette rekord	[ɔ 'sɛtə re'kord]
finale (m)	finale (m)	[fi'nalə]
finale (agg)	finale-	[fi'nalə-]
campione (m)	mester (m)	['mɛstər]
campionato (m)	mesterskap (n)	['mɛstæ,skap]
stadio (m)	stadion (m/n)	['stadion]
tribuna (f)	tribune (m)	[tri'bʉnə]
tifoso, fan (m)	fan (m)	['fæn]
avversario (m)	motstander (m)	['mʉt,stanər]
partenza (f)	start (m)	['sta:t]
traguardo (m)	mål (n), målstrek (m)	['mo:l], ['mo:l,strek]
sconfitta (f)	nederlag (n)	['nedə,lag]
perdere (vt)	å tape	[ɔ 'tapə]
arbitro (m)	dommer (m)	['dɔmər]
giuria (f)	jury (m)	['jʉry]

punteggio (m)	resultat (n)	[resʉl'tɑt]
pareggio (m)	uavgjort (m)	[ʉ:av'jɔ:t]
pareggiare (vi)	å spille uavgjort	[ɔ 'spilə ʉ:av'jɔ:t]
punto (m)	poeng (n)	[pɔ'ɛŋ]
risultato (m)	resultat (n)	[resʉl'tɑt]

| tempo (primo ~) | periode (m) | [pæri'ʊdə] |
| intervallo (m) | halvtid (m) | ['hɑl,tid] |

doping (m)	doping (m)	['dʊpiŋ]
penalizzare (vt)	å straffe	[ɔ 'strɑfə]
squalificare (vt)	å diskvalifisere	[ɔ 'diskvɑlifi,serə]

attrezzatura (f)	redskap (m/n)	['rɛd,skɑp]
giavellotto (m)	spyd (n)	['spyd]
peso (m) (sfera metallica)	kule (m/f)	['kʉ:lə]
biglia (f) (palla)	kule (m/f), ball (m)	['kʉ:lə], ['bɑl]

obiettivo (m)	mål (n)	['mol]
bersaglio (m)	målskive (m/f)	['mo:l,ʂivə]
sparare (vi)	å skyte	[ɔ 'ʂytə]
preciso (agg)	fulltreffer	['fʉl,trɛfər]

allenatore (m)	trener (m)	['trenər]
allenare (vt)	å trene	[ɔ 'trenə]
allenarsi (vr)	å trene	[ɔ 'trenə]
allenamento (m)	trening (m/f)	['treniŋ]

palestra (f)	idrettssal (m)	['idrɛts,sɑl]
esercizio (m)	øvelse (m)	['øvəlsə]
riscaldamento (m)	oppvarming (m/f)	['ɔp,vɑrmiŋ]

Istruzione

117. Scuola

| scuola (f) | skole (m/f) | ['skʉlə] |
| direttore (m) di scuola | rektor (m) | ['rektʉr] |

allievo (m)	elev (m)	[e'lev]
allieva (f)	elev (m)	[e'lev]
scolaro (m)	skolegutt (m)	['skʉlə,gʉt]
scolara (f)	skolepike (m)	['skʉlə,pikə]

insegnare (qn)	å undervise	[ɔ 'ʉnər,visə]
imparare (una lingua)	å lære	[ɔ 'lærə]
imparare a memoria	å lære utenat	[ɔ 'lærə 'ʉtənat]

studiare (vi)	å lære	[ɔ 'lærə]
frequentare la scuola	å gå på skolen	[ɔ 'gɔ pɔ 'skʉlən]
andare a scuola	å gå på skolen	[ɔ 'gɔ pɔ 'skʉlən]

| alfabeto (m) | alfabet (n) | [alfa'bet] |
| materia (f) | fag (n) | ['fag] |

classe (f)	klasserom (m/f)	['klasə,rʉm]
lezione (f)	time (m)	['timə]
ricreazione (f)	frikvarter (n)	['frikva:,ţər]
campanella (f)	skoleklokke (m/f)	['skʉlə,klɔkə]
banco (m)	skolepult (m)	['skʉlə,pʉlt]
lavagna (f)	tavle (m/f)	['tavlə]

voto (m)	karakter (m)	[karak'ter]
voto (m) alto	god karakter (m)	['gʉ karak'ter]
voto (m) basso	dårlig karakter (m)	['do:ļi karak'ter]
dare un voto	å gi en karakter	[ɔ 'ji en karak'ter]

errore (m)	feil (m)	['fæjl]
fare errori	å gjøre feil	[ɔ 'jørə ,fæjl]
correggere (vt)	å rette	[ɔ 'rɛtə]
higliettino (m)	fuskelapp (m)	['fʉskə,lap]

| compiti (m pl) | lekser (m/f pl) | ['leksər] |
| esercizio (m) | øvelse (m) | ['øvəlsə] |

essere presente	å være til stede	[ɔ 'værə til 'stedə]
essere assente	å være fraværende	[ɔ 'værə 'fra,værənə]
mancare le lezioni	å skulke skolen	[ɔ 'skʉlkə 'skʉlən]

punire (vt)	å straffe	[ɔ 'strafə]
punizione (f)	straff, avstraffelse (m)	['straf], ['af,strafəlsə]
comportamento (m)	oppførsel (m)	['ɔp,fœşəl]

pagella (f)	karakterbok (m/f)	[karak'ter,bʉk]
matita (f)	blyant (m)	['bly,ant]
gomma (f) per cancellare	viskelær (n)	['viskə,lær]
gesso (m)	kritt (n)	['krit]
astuccio (m) portamatite	pennal (n)	[pɛ'nal]

cartella (f)	skoleveske (m/f)	['skʉlə,vɛskə]
penna (f)	penn (m)	['pɛn]
quaderno (m)	skrivebok (m/f)	['skrivə,bʉk]
manuale (m)	lærebok (m/f)	['lærə,bʉk]
compasso (m)	passer (m)	['pasər]

disegnare (tracciare)	å tegne	[ɔ 'tæjnə]
disegno (m) tecnico	teknisk tegning (m/f)	['tɛknisk ,tæjniŋ]

poesia (f)	dikt (n)	['dikt]
a memoria	utenat	['ʉtən,at]
imparare a memoria	å lære utenat	[ɔ 'lærə 'ʉtənat]

vacanze (f pl) scolastiche	skoleferie (m)	['skʉlə,fɛriə]
essere in vacanza	å være på ferie	[ɔ 'værə pɔ 'fɛriə]
passare le vacanze	å tilbringe ferien	[ɔ 'til,briŋə 'fɛriən]

prova (f) scritta	prøve (m/f)	['prøvə]
composizione (f)	essay (n)	[ɛ'sɛj]
dettato (m)	diktat (m)	[dik'tat]
esame (m)	eksamen (m)	[ɛk'samən]
sostenere un esame	å ta eksamen	[ɔ 'ta ɛk'samən]
esperimento (m)	forsøk (n)	['fɔ'søk]

118. Istituto superiore. Università

accademia (f)	akademi (n)	[akade'mi]
università (f)	universitet (n)	[ʉnivæşi'tet]
facoltà (f)	fakultet (n)	[fakʉl'tet]

studente (m)	student (m)	[stʉ'dɛnt]
studentessa (f)	kvinnelig student (m)	['kvinəli stʉ'dɛnt]
docente (m, f)	lærer, foreleser (m)	['lærər], ['fʉrə,lesər]

aula (f)	auditorium (n)	[,aʉdi'tʉrium]
diplomato (m)	alumn (m)	[a'lʉmn]

diploma (m)	diplom (n)	[di'plʉm]
tesi (f)	avhandling (m/f)	['av,handliŋ]

ricerca (f)	studie (m)	['stʉdiə]
laboratorio (m)	laboratorium (n)	[labʉra'tɔrium]

lezione (f)	forelesning (m)	['fɔrə,lesniŋ]
compagno (m) di corso	studiekamerat (m)	['stʉdiə kame,rat]

borsa (f) di studio	stipendium (n)	[sti'pɛndium]
titolo (m) accademico	akademisk grad (m)	[aka'demisk ,grad]

119. Scienze. Discipline

matematica (f)	matematikk (m)	[matəma'tik]
algebra (f)	algebra (m)	['algə,bra]
geometria (f)	geometri (m)	[geʊme'tri]
astronomia (f)	astronomi (m)	[astrʊnʊ'mi]
biologia (f)	biologi (m)	[biʊlʊ'gi]
geografia (f)	geografi (m)	[geʊgra'fi]
geologia (f)	geologi (m)	[geʊlʊ'gi]
storia (f)	historie (m/f)	[hi'stʊriə]
medicina (f)	medisin (m)	[medi'sin]
pedagogia (f)	pedagogikk (m)	[pedagʊ'gik]
diritto (m)	rett (m)	['rɛt]
fisica (f)	fysikk (m)	[fy'sik]
chimica (f)	kjemi (m)	[çe'mi]
filosofia (f)	filosofi (m)	[filʊsʊ'fi]
psicologia (f)	psykologi (m)	[sikʊlʊ'gi]

120. Sistema di scrittura. Ortografia

grammatica (f)	grammatikk (m)	[grama'tik]
lessico (m)	ordforråd (n)	['u:rfʊ,rɔd]
fonetica (f)	fonetikk (m)	[fʊne'tik]
sostantivo (m)	substantiv (n)	['sʉbstan,tiv]
aggettivo (m)	adjektiv (n)	['adjɛk,tiv]
verbo (m)	verb (n)	['værb]
avverbio (m)	adverb (n)	[ad'væ:b]
pronome (m)	pronomen (n)	[prʊ'nʊmən]
interiezione (f)	interjeksjon (m)	[interjɛk'ʂʊn]
preposizione (f)	preposisjon (m)	[prɛpʊsi'ʂʊn]
radice (f)	rot (m/f)	['rʊt]
desinenza (f)	endelse (m)	['ɛnəlsə]
prefisso (m)	prefiks (n)	[prɛ'fiks]
sillaba (f)	stavelse (m)	['stavəlsə]
suffisso (m)	suffiks (n)	[sʉ'fiks]
accento (m)	betoning (m), trykk (n)	['be'tɔniŋ], ['trʏk]
apostrofo (m)	apostrof (m)	[apʊ'strɔf]
punto (m)	punktum (n)	['pʉnktum]
virgola (f)	komma (n)	['kɔma]
punto (m) e virgola	semikolon (n)	[,semikʊ'lɔn]
due punti	kolon (n)	['kʉlɔnj]
puntini di sospensione	tre prikker (m pl)	['tre 'prikər]
punto (m) interrogativo	spørsmålstegn (n)	['spœʂmols,tæjn]
punto (m) esclamativo	utropstegn (n)	['ʉtrʊps,tæjn]

111

virgolette (f pl)	anførselstegn (n pl)	[an'fœʂɛlsˌtejn]
tra virgolette	i anførselstegn	[i an'fœʂɛlsˌtejn]
parentesi (f pl)	parentes (m)	[parɛn'tes]
tra parentesi	i parentes	[i parɛn'tes]

trattino (m)	bindestrek (m)	['binəˌstrek]
lineetta (f)	tankestrek (m)	['tankəˌstrek]
spazio (m) (tra due parole)	mellomrom (n)	['mɛlɔmˌrʊm]

lettera (f)	bokstav (m)	['bʊkstav]
lettera (f) maiuscola	stor bokstav (m)	['stʉr 'bʊkstav]

vocale (f)	vokal (m)	[vʊ'kal]
consonante (f)	konsonant (m)	[kʊnsʊ'nant]

proposizione (f)	setning (m)	['sɛtniŋ]
soggetto (m)	subjekt (n)	[sʉb'jɛkt]
predicato (m)	predikat (n)	[prɛdi'kat]

riga (f)	linje (m)	['linjə]
a capo	på ny linje	[pɔ ny 'linjə]
capoverso (m)	avsnitt (n)	['afˌsnit]

parola (f)	ord (n)	['uːr]
gruppo (m) di parole	ordgruppe (m/f)	['uːrˌgrʉpə]
espressione (f)	uttrykk (n)	['ʉtˌtrʏk]
sinonimo (m)	synonym (n)	[synʊ'nym]
antonimo (m)	antonym (n)	[antʊ'nym]

regola (f)	regel (m)	['rɛgəl]
eccezione (f)	unntak (n)	['ʉnˌtak]
giusto (corretto)	riktig	['rikti]

coniugazione (f)	bøyning (m/f)	['bøjniŋ]
declinazione (f)	bøyning (m/f)	['bøjniŋ]
caso (m) nominativo	kasus (m)	['kasʉs]
domanda (f)	spørsmål (n)	['spœsˌmol]
sottolineare (vt)	å understreke	[ɔ 'ʉnəˌstrekə]
linea (f) tratteggiata	prikket linje (m)	['prikət 'linjə]

121. Lingue straniere

lingua (f)	språk (n)	['sprɔk]
straniero (agg)	fremmed-	['fremə-]
lingua (f) straniera	fremmedspråk (n)	['fremedˌsprɔk]
studiare (vt)	å studere	[ɔ stʉ'derə]
imparare (una lingua)	å lære	[ɔ 'lærə]

leggere (vi, vt)	å lese	[ɔ 'lesə]
parlare (vi, vt)	å tale	[ɔ 'talə]
capire (vt)	å forstå	[ɔ fɔ'stɔ]
scrivere (vi, vt)	å skrive	[ɔ 'skrivə]
rapidamente	fort	['fuːt]
lentamente	langsomt	['laŋsɔmt]

correntemente	flytende	['flytnə]
regole (f pl)	regler (m pl)	['rɛglər]
grammatica (f)	grammatikk (m)	[grɑmɑ'tik]
lessico (m)	ordforråd (n)	['uːrfʊˌrɔd]
fonetica (f)	fonetikk (m)	[fʊne'tik]

manuale (m)	lærebok (m/f)	['læːrəˌbʊk]
dizionario (m)	ordbok (m/f)	['uːrˌbʊk]
manuale (m) autodidattico	lærebok (m/f) for selvstudium	['læːrəˌbʊk fɔ 'selˌstʉdium]
frasario (m)	parlør (m)	[pɑː'lør]

cassetta (f)	kassett (m)	[kɑ'sɛt]
videocassetta (f)	videokassett (m)	['videʉ kɑ'sɛt]
CD (m)	CD-rom (m)	['sɛdɛˌrʊm]
DVD (m)	DVD (m)	[deve'de]

alfabeto (m)	alfabet (n)	[ɑlfɑ'bet]
compitare (vt)	å stave	[ɔ 'stɑvə]
pronuncia (f)	uttale (m)	['ʉtˌtɑlə]

accento (m)	aksent (m)	[ɑk'sɑŋ]
con un accento	med aksent	[me ɑk'sɑŋ]
senza accento	uten aksent	['ʉtən ɑk'sɑŋ]

vocabolo (m)	ord (n)	['uːr]
significato (m)	betydning (m)	[be'tʏdniŋ]

corso (m) (~ di francese)	kurs (n)	['kʉʂ]
iscriversi (vr)	å anmelde seg	[ɔ 'ɑnˌmɛlə sæj]
insegnante (m, f)	lærer (m)	['læːrər]

traduzione (f) (fare una ~)	oversettelse (m)	['ɔvəˌsɛtəlsə]
traduzione (f) (un testo)	oversettelse (m)	['ɔvəˌsɛtəlsə]
traduttore (m)	oversetter (m)	['ɔvəˌsɛtər]
interprete (m)	tolk (m)	['tɔlk]

poliglotta (m)	polyglott (m)	[pʊlʏ'glɔt]
memoria (f)	minne (n), hukommelse (m)	['minə], [hʉ'kɔməlsə]

122. Personaggi delle fiabe

Babbo Natale (m)	Julenissen	['jʉləˌnisən]
Cenerentola (f)	Askepott	['ɑskəˌpɔt]
sirena (f)	havfrue (m/f)	['hɑvˌfrʉə]
Nettuno (m)	Neptun	[nɛp'tʉn]

mago (m)	trollmann (m)	['trɔlˌmɑn]
fata (f)	fe (m)	['fe]
magico (agg)	trylle	['trʏlə-]
bacchetta (f) magica	tryllestav (m)	['trʏləˌstɑv]

fiaba (f), favola (f)	eventyr (n)	['ɛvənˌtyr]
miracolo (m)	mirakel (n)	[mi'rɑkəl]

| nano (m) | gnom, dverg (m) | ['gnʊm], ['dvɛrg] |
| trasformarsi in ... | å forvandle seg til ... | [ɔ fɔr'vandlə sæj til ...] |

fantasma (m)	fantom (m)	[fɑn'tɔm]
spettro (m)	spøkelse (n)	['spøkəlsə]
mostro (m)	monster (n)	['mɔnstər]
drago (m)	drage (m)	['drɑgə]
gigante (m)	gigant (m)	[gi'gɑnt]

123. Segni zodiacali

Ariete (m)	Væren (m)	['væərən]
Toro (m)	Tyren (m)	['tyrən]
Gemelli (m pl)	Tvillingene (m pl)	['tviliŋənə]
Cancro (m)	Krepsen (m)	['krɛpsən]
Leone (m)	Løven (m)	['løvən]
Vergine (f)	Jomfruen (m)	['ʉmfrʉən]

Bilancia (f)	Vekten (m)	['vɛktən]
Scorpione (m)	Skorpionen	[skɔrpi'ʊnən]
Sagittario (m)	Skytten (m)	['ʂytən]
Capricorno (m)	Steinbukken (m)	['stæjn‚bʉkən]
Acquario (m)	Vannmannen (m)	['vɑn‚mɑnən]
Pesci (m pl)	Fiskene (pl)	['fiskenə]

carattere (m)	karakter (m)	[kɑrɑk'ter]
tratti (m pl) del carattere	karaktertrekk (n pl)	[kɑrɑk'ter‚trɛk]
comportamento (m)	oppførsel (m)	['ɔp‚fœʂəl]
predire il futuro	å spå	[ɔ 'spɔ]
cartomante (f)	spåkone (m/f)	['spo:‚kɔnə]
oroscopo (m)	horoskop (n)	[hʊrʊ'skɔp]

Arte

124. Teatro

teatro (m)	teater (n)	[te'atər]
opera (f)	opera (m)	['ʊpera]
operetta (f)	operette (m)	[ʊpe'rɛtə]
balletto (m)	ballett (m)	[ba'let]

cartellone (m)	plakat (m)	[pla'kat]
compagnia (f) teatrale	teatertrupp (m)	[te'atər,trʉp]
tournée (f)	turné (m)	[tʉr'ne:]
andare in tourn?e	å være på turné	[ɔ 'værə pɔ tʉr'ne:]
fare le prove	å repetere	[ɔ repe'terə]
prova (f)	repetisjon (m)	[repeti'ʂʊn]
repertorio (m)	repertoar (n)	[repæ:tu'ar]

rappresentazione (f)	forestilling (m/f)	['fɔrə,stiliŋ]
spettacolo (m)	teaterstykke (n)	[te'atər,stʏkə]
opera (f) teatrale	skuespill (n)	['skʉə,spil]

biglietto (m)	billett (m)	[bi'let]
botteghino (m)	billettluke (m/f)	[bi'let,lʉkə]
hall (f)	lobby, foajé (m)	['lɔbi], [fʊa'je]
guardaroba (f)	garderobe (m)	[ga:də'rʉbə]
cartellino (m) del guardaroba	garderobemerke (n)	[ga:də'rʉbə 'mærkə]
binocolo (m)	kikkert (m)	['çikɛ:t]
maschera (f)	plassanviser (m)	['plas an,visər]

platea (f)	parkett (m)	[par'kɛt]
balconata (f)	balkong (m)	[bal'kɔŋ]
prima galleria (f)	første losjerad (m)	['fœʂtə ,luʂɛrad]
palco (m)	losje (m)	['luʂə]
fila (f)	rad (m/f)	['rad]
posto (m)	plass (m)	['plas]

pubblico (m)	publikum (n)	['pʉblikum]
spettatore (m)	tilskuer (m)	['til,skʉər]
battere le mani	å klappe	[ɔ 'klapə]
applauso (m)	applaus (m)	[a'plaus]
ovazione (f)	bifall (n)	['bi,fal]

palcoscenico (m)	scene (m)	['se:nə]
sipario (m)	teppe (n)	['tɛpə]
scenografia (f)	dekorasjon (m)	[dekʊra'ʂʊn]
quinte (f pl)	kulisser (m pl)	[kʉ'lisər]

scena (f) (l'ultima ~)	scene (m)	['se:nə]
atto (m)	akt (m)	['akt]
intervallo (m)	mellomakt (m)	['mɛlɔm,akt]

125. Cinema

attore (m)	skuespiller (m)	['skʉə̩spilər]
attrice (f)	skuespillerinne (m/f)	['skʉə̩spilə'rinə]

cinema (m) (industria)	filmindustri (m)	['film indʉ'stri]
film (m)	film (m)	['film]
puntata (f)	del (m)	['del]

film (m) giallo	kriminalfilm (m)	[krimi'nɑl̩film]
film (m) d'azione	actionfilm (m)	['ɛkʂən̩film]
film (m) d'avventure	eventyrfilm (m)	['ɛvəntyr̩film]
film (m) di fantascienza	Sci-Fi film (m)	['sɑj̩fɑj film]
film (m) d'orrore	skrekkfilm (m)	['skrɛk̩film]

film (m) comico	komedie (m)	['kʊ'mediə]
melodramma (m)	melodrama (n)	[melɔ'drɑmɑ]
dramma (m)	drama (n)	['drɑmɑ]

film (m) a soggetto	spillefilm (m)	['spilə̩film]
documentario (m)	dokumentarfilm (m)	[dɔkʉmɛn'tɑr ̩film]
cartoni (m pl) animati	tegnefilm (m)	['tæjnə̩film]
cinema (m) muto	stumfilm (m)	['stʉm̩film]

parte (f)	rolle (m/f)	['rɔlə]
parte (f) principale	hovedrolle (m)	['hʊvəd̩rɔle]
recitare (vi, vt)	å spille	[ɔ 'spilə]

star (f), stella (f)	filmstjerne (m)	['film̩stjæ:ŋə]
noto (agg)	kjent	['çɛnt]
famoso (agg)	berømt	[be'rømt]
popolare (agg)	populær	[pʊpʉ'lær]

sceneggiatura (m)	manus (n)	['mɑnʉs]
sceneggiatore (m)	manusforfatter (m)	['mɑnʉs fɔr'fɑtər]
regista (m)	regissør (m)	[rɛʂi'sør]
produttore (m)	produsent (m)	[prʊdʉ'sɛnt]
assistente (m)	assistent (m)	[ɑsi'stɛnt]
cameraman (m)	kameramann (m)	['kɑmerɑ̩mɑn]
cascatore (m)	stuntmann (m)	['stɑnt̩mɑn]
controfigura (f)	stand-in (m)	[̩stɑnd'in]

girare un film	å spille inn en film	[ɔ 'spilə in en 'film]
provino (m)	prøve (m/f)	['prøvə]
ripresa (f)	opptak (n)	['ɔp̩tɑk]
troupe (f) cinematografica	filmteam (n)	['film̩tim]
set (m)	opptaksplass (m)	['ɔptɑks̩plɑs]
cinepresa (f)	filmkamera (n)	['film̩kɑmerɑ]

cinema (m) (~ all'aperto)	kino (m)	['çinʊ]
schermo (m)	filmduk (m)	['film̩dʉk]
proiettare un film	å vise en film	[ɔ 'visə en 'film]

colonna (f) sonora	lydspor (n)	['lyd̩spʊr]
effetti (m pl) speciali	spesialeffekter (m pl)	['spesi'ɑl e'fɛktər]

sottotitoli (m pl)	undertekster (m/f)	['ʉnəˌtɛkstər]
titoli (m pl) di coda	rulletekst (m)	['rʉləˌtɛkst]
traduzione (f)	oversettelse (m)	['ɔvəˌsɛtəlsə]

126. Pittura

arte (f)	kunst (m)	['kʉnst]
belle arti (f pl)	de skjønne kunster	[de 'ʂønə 'kʉnstər]
galleria (f) d'arte	kunstgalleri (n)	['kʉnst galeˈri]
mostra (f)	maleriutstilling (m/f)	[ˌmaleˈri ʉtˌstiliŋ]

pittura (f)	malerkunst (m)	['malərˌkʉnst]
grafica (f)	grafikk (m)	[graˈfik]
astrattismo (m)	abstrakt kunst (m)	[abˈstrakt 'kʉnst]
impressionismo (m)	impresjonisme (m)	[imprɛʂʉˈnismə]

quadro (m)	maleri (m/f)	[ˌmaleˈri]
disegno (m)	tegning (m/f)	['tæjniŋ]
cartellone, poster (m)	plakat, poster (m)	['plaˌkat], ['pɔstər]

illustrazione (f)	illustrasjon (m)	[ilʉstraˈʂʉn]
miniatura (f)	miniatyr (m)	[miniaˈtyr]
copia (f)	kopi (m)	[kʉˈpi]
riproduzione (f)	reproduksjon (m)	[reprʉdʉkˈʂʉn]

mosaico (m)	mosaikk (m)	[mʉsaˈik]
vetrata (f)	glassmaleri (n)	['glasˌmaleˈri]
affresco (m)	freske (m)	['frɛskə]
incisione (f)	gravyr (m)	[graˈvyr]

busto (m)	byste (m)	['bʏstə]
scultura (f)	skulptur (m)	[skʉlpˈtʉr]
statua (f)	statue (m)	['statʉə]
gesso (m)	gips (m)	['jips]
in gesso	gips-	['jips-]

ritratto (m)	portrett (n)	[pɔːˈtrɛt]
autoritratto (m)	selvportrett (n)	['sɛlˌpɔːˈtrɛt]
paesaggio (m)	landskapsmaleri (n)	['lanskapsˌmaleˈri]
natura (f) morta	stilleben (n)	['stilˌlebən]
caricatura (f)	karikatur (m)	[karikaˈtʉr]
abbozzo (m)	skisse (m/f)	['ʂisə]

colore (m)	maling (m/f)	['maliŋ]
acquerello (m)	akvarell (m)	[akvaˈrɛl]
olio (m)	olje (m)	['ɔljə]
matita (f)	blyant (m)	['blyˌant]
inchiostro (m) di china	tusj (m/n)	['tʉʂ]
carbone (m)	kull (n)	['kʉl]

disegnare (a matita)	å tegne	[ɔ 'tæjnə]
dipingere (un quadro)	å male	[ɔ 'malə]
posare (vi)	å posere	[ɔ pɔˈserə]
modello (m)	modell (m)	[mʉˈdɛl]

117

modella (f)	modell (m)	[muˈdɛl]
pittore (m)	kunstner (m)	[ˈkʉnstnər]
opera (f) d'arte	kunstverk (n)	[ˈkʉnstˌværk]
capolavoro (m)	mesterverk (n)	[ˈmɛstɛrˌværk]
laboratorio (m) (di artigiano)	atelier (n)	[ateˈlje]

tela (f)	kanvas (m/n), lerret (n)	[ˈkɑnvɑs], [ˈleret]
cavalletto (m)	staffeli (n)	[stɑfeˈli]
tavolozza (f)	palett (m)	[pɑˈlet]

cornice (f) (~ di un quadro)	ramme (m/f)	[ˈrɑmə]
restauro (m)	restaurering (m)	[rɛstauˈreriŋ]
restaurare (vt)	å restaurere	[ɔ rɛstauˈrerə]

127. Letteratura e poesia

letteratura (f)	litteratur (m)	[litərɑˈtʉr]
autore (m)	forfatter (m)	[forˈfɑtər]
pseudonimo (m)	pseudonym (n)	[sewdʉˈnym]

libro (m)	bok (m/f)	[ˈbʉk]
volume (m)	bind (n)	[ˈbin]
sommario (m), indice (m)	innholdsfortegnelse (m)	[ˈinhɔls fɔːˈtæjnəlsə]
pagina (f)	side (m/f)	[ˈsidə]
protagonista (m)	hovedperson (m)	[ˈhʉvəd pæˈʂun]
autografo (m)	autograf (m)	[autʉˈgrɑf]

racconto (m)	novelle (m/f)	[nʉˈvɛlə]
romanzo (m) breve	kortroman (m)	[ˈkuːʈ rʉˌmɑn]
romanzo (m)	roman (m)	[rʉˈmɑn]
opera (f) (~ letteraria)	verk (n)	[ˈværk]
favola (f)	fabel (m)	[ˈfɑbəl]
giallo (m)	kriminalroman (m)	[krimiˈnɑl rʉˌmɑn]

verso (m)	dikt (n)	[ˈdikt]
poesia (f) (~ lirica)	poesi (m)	[pɔɛˈsi]
poema (m)	epos (n)	[ˈɛpɔs]
poeta (m)	poet, dikter (m)	[ˈpɔɛt], [ˈdiktər]

narrativa (f)	skjønnlitteratur (m)	[ˈʂøn litərɑˈtʉr]
fantascienza (f)	science fiction (m)	[ˈsajəns ˌfikʂn]
avventure (f pl)	eventyr (n pl)	[ˈɛvənˌtyr]
letteratura (f) formativa	undervisningslitteratur (m)	[ˈʉnərˌvisniŋs litərɑˈtʉr]
libri (m pl) per l'infanzia	barnelitteratur (m)	[ˈbɑːnə litərɑˈtʉr]

128. Circo

circo (m)	sirkus (m/n)	[ˈsirkʉs]
tendone (m) del circo	ambulerende sirkus (n)	[ˈambʉˌlerɛnə ˈsirkʉs]
programma (m)	program (n)	[prʉˈgram]
spettacolo (m)	forestilling (m/f)	[ˈfɔrəˌstiliŋ]
numero (m)	nummer (n)	[ˈnʉmər]

arena (f)	manesje, arena (m)	[ma'neşə], [a'rena]
pantomima (m)	pantomime (m)	[pantu'mimə]
pagliaccio (m)	klovn (m)	['klɔvn]

acrobata (m)	akrobat (m)	[akrʊ'bat]
acrobatica (f)	akrobatikk (m)	[akrʊba'tik]
ginnasta (m)	gymnast (m)	[gym'nast]
ginnastica (m)	gymnastikk (m)	[gymna'stik]
salto (m) mortale	salto (m)	['saltʊ]

forzuto (m)	atlet (m)	[at'let]
domatore (m)	dyretemmer (m)	['dyrə,tɛmər]
cavallerizzo (m)	rytter (m)	['rʏtər]
assistente (m)	assistent (m)	[asi'stɛnt]

acrobazia (f)	trikk, triks (n)	['trik], ['triks]
gioco (m) di prestigio	trylletriks (n)	['trʏlə,triks]
prestigiatore (m)	tryllekunstner (m)	['trʏlə,kʉnstnər]

giocoliere (m)	sjonglør (m)	[şɔŋ'lør]
giocolare (vi)	å sjonglere	[ɔ 'şɔŋ,lerə]
ammaestratore (m)	dressør (m)	[drɛ'sør]
ammaestramento (m)	dressur (m)	[drɛ'sʉr]
ammaestrare (vt)	å dressere	[ɔ drɛ'serə]

129. Musica. Musica pop

musica (f)	musikk (m)	[mʉ'sik]
musicista (m)	musiker (m)	['mʉsikər]
strumento (m) musicale	musikkinstrument (n)	[mʉ'sik instrʉ'mɛnt]
suonare ...	å spille ...	[ɔ 'spilə ...]

chitarra (f)	gitar (m)	['gi,tar]
violino (m)	fiolin (m)	[fiʊ'lin]
violoncello (m)	cello (m)	['sɛlʊ]
contrabbasso (m)	kontrabass (m)	['kʊntra,bas]
arpa (f)	harpe (m)	['harpə]

pianoforte (m)	piano (n)	[pi'anʊ]
pianoforte (m) a coda	flygel (n)	['flygəl]
organo (m)	orgel (n)	['ɔrgəl]

strumenti (m pl) a fiato	blåseinstrumenter (n pl)	['blo:sə instrʉ'mɛntər]
oboe (m)	obo (m)	[ʊ'bʊ]
sassofono (m)	saksofon (m)	[saksʊ'fʊn]
clarinetto (m)	klarinett (m)	[klari'nɛt]
flauto (m)	fløyte (m)	['fløjtə]
tromba (f)	trompet (m)	[trʊm'pet]

| fisarmonica (f) | trekkspill (n) | ['trɛk,spil] |
| tamburo (m) | tromme (m) | ['trʊmə] |

| duetto (m) | duett (m) | [dʉ'ɛt] |
| trio (m) | trio (m) | ['triʊ] |

quartetto (m)	kvartett (m)	[kvɑːˈʈɛt]
coro (m)	kor (n)	[ˈkʊr]
orchestra (f)	orkester (n)	[ɔrˈkɛstər]

musica (f) pop	popmusikk (m)	[ˈpɔp mʉˈsik]
musica (f) rock	rockmusikk (m)	[ˈrɔk mʉˈsik]
gruppo (m) rock	rockeband (n)	[ˈrɔkəˌbɛnd]
jazz (m)	jazz (m)	[ˈjas]

| idolo (m) | idol (n) | [iˈdʊl] |
| ammiratore (m) | beundrer (m) | [beˈʉndrər] |

concerto (m)	konsert (m)	[kʊnˈsæːʈ]
sinfonia (f)	symfoni (m)	[sʏmfʉˈni]
composizione (f)	komposisjon (m)	[kʊmpʉziˈʂʊn]
comporre (vt), scrivere (vt)	å komponere	[ɔ kʊmpʉˈnerə]

canto (m)	synging (m/f)	[ˈsʏŋiŋ]
canzone (f)	sang (m)	[ˈsɑŋ]
melodia (f)	melodi (m)	[melɔˈdi]
ritmo (m)	rytme (m)	[ˈrʏtmə]
blues (m)	blues (m)	[ˈblʉs]

note (f pl)	noter (m pl)	[ˈnʊtər]
bacchetta (f)	taktstokk (m)	[ˈtaktˌstɔk]
arco (m)	bue, boge (m)	[ˈbʉːə], [ˈbɔgə]
corda (f)	streng (m)	[ˈstrɛŋ]
custodia (f) (~ della chitarra)	futteral (n), kasse (m/f)	[ˈfʉteˈrɑl], [ˈkɑsə]

Ristorante. Intrattenimento. Viaggi

130. Escursione. Viaggio

turismo (m)	turisme (m)	[tʉ'rismə]
turista (m)	turist (m)	[tʉ'rist]
viaggio (m) (all'estero)	reise (m/f)	['ræjsə]
avventura (f)	eventyr (n)	['ɛvən͵tyr]
viaggio (m) (corto)	tripp (m)	['trip]

vacanza (f)	ferie (m)	['fɛriə]
essere in vacanza	å være på ferie	[ɔ 'værə pɔ 'fɛriə]
riposo (m)	hvile (m/f)	['vilə]

treno (m)	tog (n)	['tɔg]
in treno	med tog	[me 'tɔg]
aereo (m)	fly (n)	['fly]
in aereo	med fly	[me 'fly]
in macchina	med bil	[me 'bil]
in nave	med skip	[me 'ʂip]

bagaglio (m)	bagasje (m)	[bɑ'gɑʂə]
valigia (f)	koffert (m)	['kʊfɛ:t]
carrello (m)	bagasjetralle (m/f)	[bɑ'gɑʂə͵trɑlə]

passaporto (m)	pass (n)	['pɑs]
visto (m)	visum (n)	['visʉm]
biglietto (m)	billett (m)	[bi'let]
biglietto (m) aereo	flybillett (m)	['fly bi'let]

guida (f)	reisehåndbok (m/f)	['ræjsə͵hɔnbʊk]
carta (f) geografica	kart (n)	['kɑ:t]
località (f)	område (n)	['ɔm͵ro:də]
luogo (m)	sted (n)	['sted]

esotico (agg)	eksotisk	[ɛk'sʊtisk]
sorprendente (agg)	forunderlig	[fo'rʉnde:[i]

gruppo (m)	gruppe (m)	['grʉpə]
escursione (f)	utflukt (m/f)	['ʉt͵flʉkt]
guida (f) (cicerone)	guide (m)	['gɑjd]

131. Hotel

albergo (m)	hotell (n)	[hʊ'tɛl]
motel (m)	motell (n)	[mʊ'tɛl]
tre stelle	trestjernet	['tre͵stjæ:ŋə]
cinque stelle	femstjernet	['fɛm͵stjæ:ŋə]

alloggiare (vi)	å bo	[ɔ 'buː]
camera (f)	rom (n)	['rʊm]
camera (f) singola	enkeltrom (n)	['ɛnkelt,rʊm]
camera (f) doppia	dobbeltrom (n)	['dɔbəlt,rʊm]
prenotare una camera	å reservere rom	[ɔ resɛr'verə 'rʊm]

mezza pensione (f)	halvpensjon (m)	['hal pan,sʊn]
pensione (f) completa	fullpensjon (m)	['fʉl pan,sʊn]

con bagno	med badekar	[me 'badə,kar]
con doccia	med dusj	[me 'dʉʂ]
televisione (f) satellitare	satellitt-TV (m)	[satɛ'lit 'tɛvɛ]
condizionatore (m)	klimaanlegg (n)	['klima'an,leg]
asciugamano (m)	håndkle (n)	['hɔn,kle]
chiave (f)	nøkkel (m)	['nøkəl]

amministratore (m)	administrator (m)	[admini'straːtʊr]
cameriera (f)	stuepike (m/f)	['stʉə,pikə]
portabagagli (m)	pikkolo (m)	['pikɔlɔ]
portiere (m)	portier (m)	[pɔːˈtje]

ristorante (m)	restaurant (m)	[rɛstʊ'ran]
bar (m)	bar (m)	['bar]
colazione (f)	frokost (m)	['frʊkɔst]
cena (f)	middag (m)	['mi,da]
buffet (m)	buffet (m)	[bʉ'fɛ]

hall (f) (atrio d'ingresso)	hall, lobby (m)	['hal], ['lɔbi]
ascensore (m)	heis (m)	['hæjs]

NON DISTURBARE	VENNLIGST IKKE FORSTYRR!	['vɛnligt ikə fɔ'ʂtyr]
VIETATO FUMARE!	RØYKING FORBUDT	['røjkiŋ fɔr'bʉt]

132. Libri. Lettura

libro (m)	bok (m/f)	['bʊk]
autore (m)	forfatter (m)	[fɔr'fatər]
scrittore (m)	forfatter (m)	[fɔr'fatər]
scrivere (vi, vt)	å skrive	[ɔ 'skrivə]

lettore (m)	leser (m)	['lesər]
leggere (vi, vt)	å lese	[ɔ 'lesə]
lettura (f) (sala di ~)	lesning (m/f)	['lesniŋ]

in silenzio (leggere ~)	for seg selv	[fɔr sæj 'sɛl]
ad alta voce	høyt	['højt]

pubblicare (vt)	å publisere	[ɔ pʉbli'serə]
pubblicazione (f)	publisering (m/f)	[pʉbli'serin]
editore (m)	forlegger (m)	['fɔː,ļegər]
casa (f) editrice	forlag (n)	['fɔː,ļag]
uscire (vi)	å komme ut	[ɔ 'kɔmə ʉt]
uscita (f)	utgivelse (m)	['ʉt,jivəlsə]

tiratura (f)	opplag (n)	['ɔp̩lɑg]
libreria (f)	bokhandel (m)	['buk̩hɑndəl]
biblioteca (f)	bibliotek (n)	[bibliu'tek]

romanzo (m) breve	kortroman (m)	['kuːʈ ru̩mɑn]
racconto (m)	novelle (m/f)	[nu'vɛlə]
romanzo (m)	roman (m)	[ru'mɑn]
giallo (m)	kriminalroman (m)	[krimi'nɑl ru̩mɑn]

memorie (f pl)	memoarer (pl)	[memu'arər]
leggenda (f)	legende (m)	['le'gɛndə]
mito (m)	myte (m)	['myːtə]

poesia (f), versi (m pl)	dikt (n pl)	['dikt]
autobiografia (f)	selvbiografi (m)	['sɛl̩biugrɑ'fi]
opere (f pl) scelte	utvalgte verker (n pl)	['ʉt̩vɑlgtə 'værkər]
fantascienza (f)	science fiction (m)	['sajəns ̩fikʂn]
titolo (m)	tittel (m)	['titəl]
introduzione (f)	innledning (m)	['in̩ledniŋ]
frontespizio (m)	tittelblad (n)	['titəl̩blɑ]

capitolo (m)	kapitel (n)	[kɑ'pitəl]
frammento (m)	utdrag (n)	['ʉt̩drɑg]
episodio (m)	episode (m)	[ɛpi'sudə]

soggetto (m)	handling (m/f)	['hɑndliŋ]
contenuto (m)	innhold (n)	['in̩hɔl]
sommario (m)	innholdsfortegnelse (m)	['inhɔls fɔ:'ʈæjnəlsə]
protagonista (m)	hovedperson (m)	['huvəd pæ'ʂun]

volume (m)	bind (n)	['bin]
copertina (f)	omslag (n)	['ɔm̩slɑg]
rilegatura (f)	bokbind (n)	['buk̩bin]
segnalibro (m)	bokmerke (n)	['buk̩mærkə]

pagina (f)	side (m/f)	['sidə]
sfogliare (~ le pagine)	å bla	[ɔ 'blɑ]
margini (m pl)	marger (m pl)	['mɑrgər]
annotazione (f)	annotering (n)	[anu'tɛriŋ]
nota (f) (a fondo pagina)	anmerkning (m)	['an̩mærkniŋ]

testo (m)	tekst (m/f)	['tɛkst]
carattere (m)	skrift, font (m)	['skrift], ['fɔnt]
refuso (m)	trykkfeil (m)	['trʏk̩fæjl]

traduzione (f)	oversettelse (m)	['ɔvə̩sɛtəlsə]
tradurre (vt)	å oversette	[ɔ 'ɔvə̩sɛtə]
originale (m) (leggere l'~)	original (m)	[origi'nɑl]

famoso (agg)	berømt	[be'rømt]
sconosciuto (agg)	ukjent	['ʉ̩çɛnt]
interessante (agg)	interessant	[ɪntere'sɑn]
best seller (m)	bestselger (m)	['bɛst̩sɛlər]
dizionario (m)	ordbok (m/f)	['uːr̩buk]
manuale (m)	lærebok (m/f)	['lærə̩buk]
enciclopedia (f)	encyklopedi (m)	[ɛnsʏklɔpe'di]

133. Caccia. Pesca

caccia (f)	jakt (m/f)	['jakt]
cacciare (vt)	å jage	[ɔ 'jagə]
cacciatore (m)	jeger (m)	['jɛ:gər]
sparare (vi)	å skyte	[ɔ 'ʂytə]
fucile (m)	gevær (n)	[ge'vær]
cartuccia (f)	patron (m)	[pɑ'trʊn]
pallini (m pl) da caccia	hagl (n)	['hagl]
tagliola (f) (~ per orsi)	saks (m/f)	['saks]
trappola (f) (~ per uccelli)	felle (m/f)	['fɛlə]
cadere in trappola	å fanges i felle	[ɔ 'faŋəs i 'fɛlə]
tendere una trappola	å sette opp felle	[ɔ 'sɛtə ɔp 'fɛlə]
bracconiere (m)	tyvskytter (m)	['tyf‚ʂytər]
cacciagione (m)	vilt (n)	['vilt]
cane (m) da caccia	jakthund (m)	['jakt‚hʉn]
safari (m)	safari (m)	[sɑ'fari]
animale (m) impagliato	utstoppet dyr (n)	['ʉt‚stɔpet ‚dyr]
pescatore (m)	fisker (m)	['fiskər]
pesca (f)	fiske (n)	['fiskə]
pescare (vi)	å fiske	[ɔ 'fiskə]
canna (f) da pesca	fiskestang (m/f)	['fiskə‚staŋ]
lenza (f)	fiskesnøre (n)	['fiskə‚snørə]
amo (m)	krok (m)	['krʊk]
galleggiante (m)	dupp (m)	['dʉp]
esca (f)	agn (m)	['aŋn]
lanciare la canna	å kaste ut	[ɔ 'kastə ʉt]
abboccare (pesce)	å bite	[ɔ 'bitə]
pescato (m)	fangst (m)	['faŋst]
buco (m) nel ghiaccio	hull (n) i isen	['hʉl i ‚isən]
rete (f)	nett (n)	['nɛt]
barca (f)	båt (m)	['bɔt]
prendere con la rete	å fiske med nett	[ɔ 'fiskə me 'nɛt]
gettare la rete	å kaste nettet	[ɔ 'kastə 'nɛtə]
tirare le reti	å hale opp nettet	[ɔ 'halə ɔp 'nɛtə]
cadere nella rete	å bli fanget i nett	[ɔ 'bli 'faŋət i 'nɛt]
baleniere (m)	hvalfanger (m)	['val‚faŋər]
baleniera (f) (nave)	hvalbåt (m)	['val‚bɔt]
rampone (m)	harpun (m)	[har'pʉn]

134. Ciochi. Biliardo

biliardo (m)	biljard (m)	[bil'ja:ɖ]
sala (f) da biliardo	biljardsalong (m)	[bil'ja:ɖsɑ‚lɔŋ]
bilia (f)	biljardkule (m/f)	[bil'ja:ɖˌkʉ:lə]

imbucare (vt)	å støte en kule	[ɔ 'støtə en 'kʉ:lə]
stecca (f) da biliardo	kø (m)	['kø]
buca (f)	hull (n)	['hʉl]

135. Giochi. Carte da gioco

quadri (m pl)	ruter (m pl)	['rʉtər]
picche (f pl)	spar (m pl)	['spar]
cuori (m pl)	hjerter (m)	['jæ:tər]
fiori (m pl)	kløver (m)	['kløvər]

asso (m)	ess (n)	['ɛs]
re (m)	konge (m)	['kʊŋə]
donna (f)	dame (m/f)	['damə]
fante (m)	knekt (m)	['knɛkt]

carta (f) da gioco	kort (n)	['kɔ:t]
carte (f pl)	kort (n pl)	['kɔ:t]
briscola (f)	trumf (m)	['trʉmf]
mazzo (m) di carte	kortstokk (m)	['kɔ:t,stɔk]

punto (m)	poeng (n)	[pɔ'ɛŋ]
dare le carte	å gi, å dele ut	[ɔ 'ji], [ɔ 'delə ʉt]
mescolare (~ le carte)	å blande	[ɔ 'blanə]
turno (m)	trekk (n)	['trɛk]
baro (m)	falskspiller (m)	['falsk,spilər]

136. Riposo. Giochi. Varie

passeggiare (vi)	å spasere	[ɔ spa'serə]
passeggiata (f)	spasertur (m)	[spa'sɛ:,tʉr]
gita (f)	kjøretur (m)	['çœ:rə,tʉr]
avventura (f)	eventyr (n)	['ɛvən,tyr]
picnic (m)	piknik (m)	['piknik]

gioco (m)	spill (n)	['spil]
giocatore (m)	spiller (m)	['spilər]
partita (f) (~ a scacchi)	parti (n)	[pa:'ţi]

collezionista (m)	samler (m)	['samlər]
collezionare (vt)	å samle	[ɔ 'samlə]
collezione (f)	samling (m/f)	['samliŋ]

cruciverba (m)	kryssord (n)	['krʏs,ʊ:r]
ippodromo (m)	travbane (m)	['trav,banə]
discoteca (f)	diskotek (n)	[diskʊ'tek]

| sauna (f) | sauna (m) | ['saʊna] |
| lotteria (f) | lotteri (n) | [lɔte'ri] |

| campeggio (m) | campingtur (m) | ['kampiŋ,tʉr] |
| campo (m) | leir (m) | ['læjr] |

tenda (f) da campeggio	telt (n)	['tɛlt]
bussola (f)	kompass (m/n)	[kʊm'pɑs]
campeggiatore (m)	camper (m)	['kampər]

guardare (~ un film)	å se på	[ɔ 'se pɔ]
telespettatore (m)	TV-seer (m)	['tɛvɛ ˌse:ər]
trasmissione (f)	TV-show (n)	['tɛvɛ ˌɕɔ:w]

137. Fotografia

macchina (f) fotografica	kamera (n)	['kamera]
fotografia (f)	foto, fotografi (n)	['fotɔ], ['fotɔgra'fi]

fotografo (m)	fotograf (m)	[fotɔ'graf]
studio (m) fotografico	fotostudio (n)	['fotɔˌstʉdiɔ]
album (m) di fotografie	fotoalbum (n)	['fotɔˌalbʉm]

obiettivo (m)	objektiv (n)	[ɔbjɛk'tiv]
teleobiettivo (m)	teleobjektiv (n)	['teleɔbjek'tiv]
filtro (m)	filter (n)	['filtər]
lente (f)	linse (m/f)	['linsə]

ottica (f)	optikk (m)	[ɔp'tik]
diaframma (m)	blender (m)	['blenər]
tempo (m) di esposizione	eksponeringstid (m/f)	[ɛkspʊ'neriŋsˌtid]
mirino (m)	søker (m)	['søkər]

fotocamera (f) digitale	digitalkamera (n)	[digi'tal ˌkamera]
cavalletto (m)	stativ (m)	[sta'tiv]
flash (m)	blits (m)	['blits]
fotografare (vt)	å fotografere	[ɔ fotɔgra'ferə]
fare foto	å ta bilder	[ɔ 'ta 'bildər]
fotografarsi	å bli fotografert	[ɔ 'bli fotɔgra'fɛ:t]

fuoco (m)	fokus (n)	['fokʉs]
mettere a fuoco	å stille skarphet	[ɔ 'stilə 'skarpˌhet]
nitido (agg)	skarp	['skarp]
nitidezza (f)	skarphet (m)	['skarpˌhet]

contrasto (m)	kontrast (m)	[kʊn'trast]
contrastato (agg)	kontrast-	[kʊn'trast-]

foto (f)	bilde (n)	['bildə]
negativa (f)	negativ (m/n)	['negaˌtiv]
pellicola (f) fotografica	film (m)	['film]
fotogramma (m)	bilde (n)	['bildə]
stampare (~ le foto)	å skrive ut	[ɔ skrivə ʉt]

138. Spiaggia. Nuoto

spiaggia (f)	badestrand (m/f)	['badəˌstran]
sabbia (f)	sand (m)	['san]

deserto (agg)	øde	['ødə]
abbronzatura (f)	solbrenthet (m)	['sulbrɛnt‚het]
abbronzarsi (vr)	å sole seg	[ɔ 'sulə sæj]
abbronzato (agg)	solbrent	['sul‚brɛnt]
crema (f) solare	solkrem (m)	['sul‚krɛm]

bikini (m)	bikini (m)	[bi'kini]
costume (m) da bagno	badedrakt (m/f)	['badə‚drakt]
slip (m) da bagno	badebukser (m/f)	['badə‚buksər]

piscina (f)	svømmebasseng (n)	['svœmə‚ba'sɛŋ]
nuotare (vi)	å svømme	[ɔ 'svœmə]
doccia (f)	dusj (m)	['duʂ]
cambiarsi (~ i vestiti)	å kle seg om	[ɔ 'kle sæj ‚ɔm]
asciugamano (m)	håndkle (n)	['hɔn‚kle]

barca (f)	båt (m)	['bɔt]
motoscafo (m)	motorbåt (m)	['motur‚bot]

sci (m) nautico	vannski (m pl)	['van‚ʂi]
pedalò (m)	pedalbåt (m)	['pe'dal‚bot]
surf (m)	surfing (m/f)	['sørfiŋ]
surfista (m)	surfer (m)	['sørfər]

autorespiratore (m)	scuba (n)	['skuba]
pinne (f pl)	svømmeføtter (m pl)	['svœmə‚fœtər]
maschera (f)	maske (m/f)	['maskə]
subacqueo (m)	dykker (m)	['dʏkər]
tuffarsi (vr)	å dykke	[ɔ 'dʏkə]
sott'acqua	under vannet	['unər 'vanə]

ombrellone (m)	parasoll (m)	[para'sɔl]
sdraio (f)	liggestol (m)	['ligə‚stul]
occhiali (m pl) da sole	solbriller (m pl)	['sul‚brilər]
materasso (m) ad aria	luftmadrass (m)	['luftma‚dras]

giocare (vi)	å leke	[ɔ 'lekə]
fare il bagno	å bade	[ɔ 'badə]

pallone (m)	ball (m)	['bal]
gonfiare (vt)	å blåse opp	[ɔ 'blɔːsə ɔp]
gonfiabile (agg)	luft-, oppblåsbar	['luft-], [ɔp'blɔːsbar]

onda (f)	bølge (m)	['bølgə]
hoa (f)	bøye (m)	['bøjə]
annegare (vi)	å drukne	[ɔ 'druknə]

salvare (vt)	å redde	[ɔ 'rɛdə]
giubbotto (m) di salvataggio	redningsvest (m)	['rɛdniŋs‚vɛst]
osservare (vt)	å observere	[ɔ ɔbsɛr'verə]
bagnino (m)	badevakt (m/f)	['badə‚vakt]

ATTREZZATURA TECNICA. MEZZI DI TRASPORTO

Attrezzatura tecnica

139. Computer

computer (m)	datamaskin (m)	['data ma‚şin]
computer (m) portatile	bærbar, laptop (m)	['bær‚bar], ['laptɔp]
accendere (vt)	å slå på	[ɔ 'şlɔ pɔ]
spegnere (vt)	å slå av	[ɔ 'şlɔ aː]
tastiera (f)	tastatur (n)	[tasta'tʉr]
tasto (m)	tast (m)	['tast]
mouse (m)	mus (m/f)	['mʉs]
tappetino (m) del mouse	musematte (m/f)	['mʉsə‚matə]
tasto (m)	knapp (m)	['knap]
cursore (m)	markør (m)	[mar'kør]
monitor (m)	monitor (m)	['mɔnitɔr]
schermo (m)	skjerm (m)	['şærm]
disco (m) rigido	harddisk (m)	['har‚disk]
spazio (m) sul disco rigido	harddiskkapasitet (m)	['har‚disk kapasi'tet]
memoria (f)	minne (n)	['minə]
memoria (f) operativa	hovedminne (n)	['hɔvəd‚minə]
file (m)	fil (m)	['fil]
cartella (f)	mappe (m/f)	['mapə]
aprire (vt)	å åpne	[ɔ 'ɔpnə]
chiudere (vt)	å lukke	[ɔ 'lʉkə]
salvare (vt)	å lagre	[ɔ 'lagrə]
eliminare (vt)	å slette, å fjerne	[ɔ 'şletə], [ɔ 'fjæːŋə]
copiare (vt)	å kopiere	[ɔ kʉ'pjerə]
ordinare (vt)	å sortere	[ɔ sɔː'ʈerə]
trasferire (vt)	å overføre	[ɔ 'ɔvər‚førə]
programma (m)	program (n)	[prʉ'gram]
software (m)	programvare (m/f)	[prʉ'gram‚varə]
programmatore (m)	programmerer (m)	[prʉgra'merər]
programmare (vt)	å programmere	[ɔ prʉgra'merə]
hacker (m)	hacker (m)	['hakər]
password (f)	passord (n)	['pas‚uːr]
virus (m)	virus (m)	['virʉs]
trovare (un virus, ecc.)	å oppdage	[ɔ 'ɔp‚dagə]
byte (m)	byte (m)	['bajt]

megabyte (m)	megabyte (m)	['mega,bajt]
dati (m pl)	data (m pl)	['data]
database (m)	database (m)	['data,basə]

cavo (m)	kabel (m)	['kabəl]
sconnettere (vt)	å koble fra	[ɔ 'koblə fra]
collegare (vt)	å koble	[ɔ 'koblə]

140. Internet. Posta elettronica

internet (f)	Internett	['intə,ŋɛt]
navigatore (m)	nettleser (m)	['nɛt,lesər]
motore (m) di ricerca	søkemotor (m)	['søkə,motur]
provider (m)	leverandør (m)	[levəran'dør]

webmaster (m)	webmaster (m)	['vɛb,mastər]
sito web (m)	webside, hjemmeside (m/f)	['vɛb,sidə], ['jɛmə,sidə]
pagina web (f)	nettside (m)	['nɛt,sidə]

| indirizzo (m) | adresse (m) | [a'drɛsə] |
| rubrica (f) indirizzi | adressebok (f) | [a'drɛsə,buk] |

casella (f) di posta	postkasse (m/f)	['post,kasə]
posta (f)	post (m)	['post]
troppo piena (agg)	full	['ful]

messaggio (m)	melding (m/f)	['mɛliŋ]
messaggi (m pl) in arrivo	innkommende meldinger	['in,komənə 'mɛliŋər]
messaggi (m pl) in uscita	utgående meldinger	['ut,gɔənə 'mɛliŋər]
mittente (m)	avsender (m)	['af,sɛnər]
inviare (vt)	å sende	[ɔ 'sɛnə]
invio (m)	avsending (m)	['af,sɛniŋ]
destinatario (m)	mottaker (m)	['mot,takər]
ricevere (vt)	å motta	[ɔ 'mota]

| corrispondenza (f) | korrespondanse (m) | [kurespon'dansə] |
| essere in corrispondenza | å brevveksle | [ɔ 'bʁɛv,vɛkslə] |

file (m)	fil (m)	['fil]
scaricare (vt)	å laste ned	[ɔ 'lastə 'ne]
creare (vt)	å opprette	[ɔ 'op,rɛtə]
eliminare (vt)	å slette, å fjerne	[ɔ 'ʂletə], [ɔ 'fjæ:ŋə]
eliminato (agg)	slettet	['ʂletət]

connessione (f)	forbindelse (m)	[for'binəlsə]
velocità (f)	hastighet (m/f)	['hasti,het]
modem (m)	modem (n)	['mu'dɛm]
accesso (m)	tilgang (m)	['til,gaŋ]
porta (f)	port (m)	['po:t]

collegamento (m)	tilkobling (m/f)	['til,kobliŋ]
collegarsi a ...	å koble	[ɔ 'koblə]
scegliere (vt)	å velge	[ɔ 'vɛlgə]
cercare (vt)	å søke etter ...	[ɔ 'søkə ,ɛtər ...]

Mezzi di trasporto

141. Aeroplano

aereo (m)	fly (n)	['fly]
biglietto (m) aereo	flybillett (m)	['fly bi'let]
compagnia (f) aerea	flyselskap (n)	['flysəl‚skap]
aeroporto (m)	flyplass (m)	['fly‚plas]
supersonico (agg)	overlyds-	['ɔvə‚lyds-]
comandante (m)	kaptein (m)	[kap'tæjn]
equipaggio (m)	besetning (m/f)	[be'sɛtniŋ]
pilota (m)	pilot (m)	[pi'lɔt]
hostess (f)	flyvertinne (m/f)	[flyvɛ:'tͅinə]
navigatore (m)	styrmann (m)	['styr‚man]
ali (f pl)	vinger (m pl)	['viŋər]
coda (f)	hale (m)	['halə]
cabina (f)	cockpit, førerkabin (m)	['kɔkpit], ['førərka‚bin]
motore (m)	motor (m)	['mɔtʊr]
carrello (m) d'atterraggio	landingshjul (n)	['laniŋsˌjʉl]
turbina (f)	turbin (m)	[tʉr'bin]
elica (f)	propell (m)	[prʊ'pɛl]
scatola (f) nera	svart boks (m)	['svaːʈ bɔks]
barra (f) di comando	ratt (n)	['rat]
combustibile (m)	brensel (n)	['brɛnsəl]
safety card (f)	sikkerhetsbrosjyre (m)	['sikərhɛtsˌbrɔ'syrə]
maschera (f) ad ossigeno	oksygenmaske (m/f)	['ɔksygənˌmaskə]
uniforme (f)	uniform (m)	[ʉni'fɔrm]
giubbotto (m) di salvataggio	redningsvest (m)	['rɛdniŋsˌvɛst]
paracadute (m)	fallskjerm (m)	['falˌsærm]
decollo (m)	start (m)	['staːʈ]
decollare (vi)	å løfte	[ɔ 'lœftə]
pista (f) di decollo	startbane (m)	['staːʈˌbanə]
visibilità (f)	siktbarhet (m)	['siktbarˌhet]
volo (m)	flyging (m/f)	['flygiŋ]
altitudine (f)	høyde (m)	['højdə]
vuoto (m) d'aria	lufthull (n)	['lʉftˌhʉl]
posto (m)	plass (m)	['plas]
cuffia (f)	hodetelefoner (n pl)	['hodeteləˌfʊnər]
tavolinetto (m) pieghevole	klappbord (n)	['klapˌbʊr]
oblò (m), finestrino (m)	vindu (n)	['vindʉ]
corridoio (m)	midtgang (m)	['mitˌgaŋ]

142. Treno

treno (m)	tog (n)	['tɔg]
elettrotreno (m)	lokaltog (n)	[lɔ'kal‚tɔg]
treno (m) rapido	ekspresstog (n)	[ɛks'prɛs‚tɔg]
locomotiva (f) diesel	diesellokomotiv (n)	['disəl lʊkɔmɔ'tiv]
locomotiva (f) a vapore	damplokomotiv (n)	['damp lʊkɔmɔ'tiv]
carrozza (f)	vogn (m)	['vɔŋn]
vagone (m) ristorante	restaurantvogn (m/f)	[rɛstʊ'raŋ‚vɔŋn]
rotaie (f pl)	skinner (m/f pl)	['şinər]
ferrovia (f)	jernbane (m)	['jæːn‚banə]
traversa (f)	sville (m/f)	['svilə]
banchina (f) (~ ferroviaria)	perrong, plattform (m/f)	[pɛ'rɔn], ['platfɔrm]
binario (m) (~ 1, 2)	spor (n)	['spʊr]
semaforo (m)	semafor (m)	[sema'fʊr]
stazione (f)	stasjon (m)	[sta'şʊn]
macchinista (m)	lokfører (m)	['lʊk‚førər]
portabagagli (m)	bærer (m)	['bærər]
cuccettista (m, f)	betjent (m)	['be'tjɛnt]
passeggero (m)	passasjer (m)	[pasa'şɛr]
controllore (m)	billett inspektør (m)	[bi'let inspɛk'tør]
corridoio (m)	korridor (m)	[kʊri'dɔr]
freno (m) di emergenza	nødbrems (m)	['nød‚brɛms]
scompartimento (m)	kupé (m)	[ku'pe]
cuccetta (f)	køye (m/f)	['køjə]
cuccetta (f) superiore	overkøye (m/f)	['ɔvər‚køjə]
cuccetta (f) inferiore	underkøye (m/f)	['ʉnər‚køjə]
biancheria (f) da letto	sengetøy (n)	['sɛŋə‚tøj]
biglietto (m)	billett (m)	[bi'let]
orario (m)	rutetabell (m)	['rʉtə‚ta'bɛl]
tabellone (m) orari	informasjonstavle (m/f)	[infɔrma'şʉns ‚tavlə]
partire (vi)	å avgå	[ɔ 'avgɔ]
partenza (f)	avgang (m)	['av‚gaŋ]
arrivare (di un treno)	å ankomme	[ɔ 'an‚kɔmə]
arrivo (m)	ankomst (m)	['an‚kɔmst]
arrivare con il treno	å ankomme med toget	[ɔ 'an‚kɔmə me 'tɔge]
salire sul treno	å gå på toget	[ɔ 'gɔ pɔ 'tɔge]
scendere dal treno	å gå av toget	[ɔ 'gɔ a: 'tɔge]
deragliamento (m)	togulykke (m/n)	['tɔg ʉ'lykə]
deragliare (vi)	å spore av	[ɔ 'spʉrə a:]
locomotiva (f) a vapore	damplokomotiv (n)	['damp lʊkɔmɔ'tiv]
fuochista (m)	fyrbøter (m)	['fyr‚bøtər]
forno (m)	fyrrom (n)	['fyr‚rʊm]
carbone (m)	kull (n)	['kʉl]

143. Nave

nave (f)	skip (n)	['ṣip]
imbarcazione (f)	fartøy (n)	['fɑːˌtøj]
piroscafo (m)	dampskip (n)	['dɑmpˌṣip]
barca (f) fluviale	elvebåt (m)	['ɛlvəˌbɔt]
transatlantico (m)	cruiseskip (n)	['krʉsˌṣip]
incrociatore (m)	krysser (m)	['krʏsər]
yacht (m)	jakt (m/f)	['jakt]
rimorchiatore (m)	bukserbåt (m)	[bʉk'serˌbɔt]
chiatta (f)	lastepram (m)	['lɑstəˌprɑm]
traghetto (m)	ferje, ferge (m/f)	['færjə], ['færgə]
veliero (m)	seilbåt (n)	['sæjlˌbɔt]
brigantino (m)	brigantin (m)	[brigɑn'tin]
rompighiaccio (m)	isbryter (m)	['isˌbrytər]
sottomarino (m)	ubåt (m)	['ʉːˌbɔt]
barca (f)	båt (m)	['bɔt]
scialuppa (f)	jolle (m/f)	['jɔlə]
scialuppa (f) di salvataggio	livbåt (m)	['livˌbɔt]
motoscafo (m)	motorbåt (m)	['mɔtʉrˌbɔt]
capitano (m)	kaptein (m)	[kɑp'tæjn]
marittimo (m)	matros (m)	[mɑ'trʊs]
marinaio (m)	sjømann (m)	['ṣøˌmɑn]
equipaggio (m)	besetning (m/f)	[be'sɛtniŋ]
nostromo (m)	båtsmann (m)	['bɔsˌmɑn]
mozzo (m) di nave	skipsgutt, jungmann (m)	['ṣipsˌgʉt], ['jʉŋˌmɑn]
cuoco (m)	kokk (m)	['kʊk]
medico (m) di bordo	skipslege (m)	['ṣipsˌlegə]
ponte (m)	dekk (n)	['dɛk]
albero (m)	mast (m/f)	['mɑst]
vela (f)	seil (n)	['sæjl]
stiva (f)	lasterom (n)	['lɑstəˌrʊm]
prua (f)	baug (m)	['bæu]
poppa (f)	akterende (m)	['ɑktəˌrɛnə]
remo (m)	åre (m)	['oːrə]
elica (f)	propell (m)	[prʊ'pɛl]
cabina (f)	hytte (m)	['hʏte]
quadrato (m) degli ufficiali	offisersmesse (m/f)	[ɔfi'sɛrsˌmɛsə]
sala (f) macchine	maskinrom (n)	[mɑ'ṣinˌrʊm]
ponte (m) di comando	kommandobro (m/f)	[kɔ'mɑndʉˌbrʉ]
cabina (f) radiotelegrafica	radiorom (m)	['rɑdiʉˌrʊm]
onda (f)	bølge (m)	['bølgə]
giornale (m) di bordo	loggbok (m/f)	['lɔgˌbʊk]
cannocchiale (m)	langkikkert (m)	['lɑŋˌkikeːt]
campana (f)	klokke (m/f)	['klɔkə]

bandiera (f)	flagg (n)	['flɑg]
cavo (m) (~ d'ormeggio)	trosse (m/f)	['trʊsə]
nodo (m)	knute (m)	['knʉtə]
ringhiera (f)	rekkverk (n)	['rɛkˌværk]
passerella (f)	landgang (m)	['lɑnˌgɑŋ]
ancora (f)	anker (n)	['ɑnkər]
levare l'ancora	å lette anker	[ɔ 'letə 'ɑnkər]
gettare l'ancora	å kaste anker	[ɔ 'kɑstə 'ɑnkər]
catena (f) dell'ancora	ankerkjetting (m)	['ɑnkərˌçɛtiŋ]
porto (m)	havn (m/f)	['hɑvn]
banchina (f)	kai (m/f)	['kɑj]
ormeggiarsi (vr)	å fortøye	[ɔ fɔːˈtøjə]
salpare (vi)	å kaste loss	[ɔ 'kɑstə lɔs]
viaggio (m)	reise (m/f)	['ræjsə]
crociera (f)	cruise (n)	['krʉs]
rotta (f)	kurs (m)	['kʉʂ]
itinerario (m)	rute (m/f)	['rʉtə]
tratto (m) navigabile	seilrende (m)	['sæjlˌrɛnə]
secca (f)	grunne (m/f)	['grʉnə]
arenarsi (vr)	å gå på grunn	[ɔ 'gɔ pɔ 'grʉn]
tempesta (f)	storm (m)	['stɔrm]
segnale (m)	signal (n)	[siŋ'nɑl]
affondare (andare a fondo)	å synke	[ɔ 'sʏnkə]
Uomo in mare!	Mann over bord!	['mɑn ˌɔvər 'bʊr]
SOS	SOS (n)	[ɛsʊ'ɛs]
salvagente (m) anulare	livbøye (m/f)	['livˌbøjə]

144. Aeroporto

aeroporto (m)	flyplass (m)	['flyˌplɑs]
aereo (m)	fly (n)	['fly]
compagnia (f) aerea	flyselskap (n)	['flysəlˌskɑp]
controllore (m) di volo	flygeleder (m)	['flygəˌledər]
partenza (f)	avgang (m)	['ɑvˌgɑŋ]
arrivo (m)	ankomst (m)	['ɑnˌkɔmst]
arrivare (vi)	å ankomme	[ɔ 'ɑnˌkɔmə]
ora (f) di partenza	avgangstid (m/f)	['ɑvgɑŋsˌtid]
ora (f) di arrivo	ankomsttid (m/f)	[ɑn'kɔmsˌtid]
essere ritardato	å bli forsinket	[ɔ 'bli fɔ'ʂinkət]
volo (m) ritardato	avgangsforsinkelse (m)	['ɑvgɑŋs fɔ'ʂinkəlsə]
tabellone (m) orari	informasjonstavle (m/f)	[infɔrmɑ'ʂʊns ˌtɑvlə]
informazione (f)	informasjon (m)	[infɔrmɑ'ʂʊn]
annunciare (vt)	å meddele	[ɔ 'mɛdˌdelə]
volo (m)	fly (n)	['fly]

dogana (f)	toll (m)	['tɔl]
doganiere (m)	tollbetjent (m)	['tɔlbe̩tjɛnt]

dichiarazione (f)	tolldeklarasjon (m)	['tɔldɛklara'ʂʊn]
riempire	å utfylle	[ɔ 'ʉt̩fʏlə]
(~ una dichiarazione)		
riempire una dichiarazione	å utfylle en tolldeklarasjon	[ɔ 'ʉt̩fʏlə en 'tɔldɛklara̩ʂʊn]
controllo (m) passaporti	passkontroll (m)	['pɑskʊn̩trɔl]

bagaglio (m)	bagasje (m)	[bɑ'gaʂə]
bagaglio (m) a mano	håndbagasje (m)	['hɔn̩bɑ'gaʂə]
carrello (m)	bagasjetralle (m/f)	[bɑ'gaʂə̩tralə]

atterraggio (m)	landing (m)	['lɑniŋ]
pista (f) di atterraggio	landingsbane (m)	['lɑniŋs̩banə]
atterrare (vi)	å lande	[ɔ 'lanə]
scaletta (f) dell'aereo	trapp (m/f)	['trap]

check-in (m)	innsjekking (m/f)	['in̩ʂɛkiŋ]
banco (m) del check-in	innsjekkingsskranke (m)	['in̩ʂɛkiŋs ̩skrankə]
fare il check-in	å sjekke inn	[ɔ 'ʂɛkə in]
carta (f) d'imbarco	boardingkort (n)	['bɔːdiŋ̩kɔːt]
porta (f) d'imbarco	gate (m/f)	['gejt]

transito (m)	transitt (m)	[trɑn'sit]
aspettare (vt)	å vente	[ɔ 'vɛntə]
sala (f) d'attesa	ventehall (m)	['vɛntə̩hal]
accompagnare (vt)	å ta avskjed	[ɔ 'ta 'af̩ʂɛd]
congedarsi (vr)	å si farvel	[ɔ 'si far'vɛl]

145. Bicicletta. Motocicletta

bicicletta (f)	sykkel (m)	['sʏkəl]
motorino (m)	skooter (m)	['skutər]
motocicletta (f)	motorsykkel (m)	['motʊr̩sʏkəl]

andare in bicicletta	å sykle	[ɔ 'sʏklə]
manubrio (m)	styre (n)	['styrə]
pedale (m)	pedal (m)	[pe'dɑl]
freni (m pl)	bremser (m pl)	['brɛmsər]
sellino (m)	sete (n)	['setə]

pompa (f)	pumpe (m/f)	['pʉmpə]
portabagagli (m)	bagasjebrett (n)	[bɑ'gaʂə̩brɛt]
fanale (m) anteriore	lykt (m/f)	['lʏkt]
casco (m)	hjelm (m)	['jɛlm]

ruota (f)	hjul (n)	['jʉl]
parafango (m)	skjerm (m)	['ʂærm]
cerchione (m)	felg (m)	['fɛlg]
raggio (m)	eik (m/f)	['æjk]

Automobili

146. Tipi di automobile

| automobile (f) | bil (m) | ['bil] |
| auto (f) sportiva | sportsbil (m) | ['spɔːʦˌbil] |

limousine (f)	limousin (m)	[limʉ'sin]
fuoristrada (m)	terrengbil (m)	[tɛ'rɛŋˌbil]
cabriolet (m)	kabriolet (m)	[kabriʊ'le]
pulmino (m)	minibuss (m)	['miniˌbʉs]

| ambulanza (f) | ambulanse (m) | [ambʉ'lansə] |
| spazzaneve (m) | snøplog (m) | ['snøˌplɔg] |

camion (m)	lastebil (m)	['lastəˌbil]
autocisterna (f)	tankbil (m)	['tankˌbil]
furgone (m)	skapbil (m)	['skapˌbil]
motrice (f)	trekkvogn (m/f)	['trɛkˌvɔŋn]
rimorchio (m)	tilhenger (m)	['tilˌhɛŋər]

| confortevole (agg) | komfortabel | [kʊmfɔːˈtabəl] |
| di seconda mano | brukt | ['brʉkt] |

147. Automobili. Carrozzeria

cofano (m)	panser (n)	['pansər]
parafango (m)	skjerm (m)	['ʂærm]
tetto (m)	tak (n)	['tak]

parabrezza (m)	frontrute (m/f)	['frɔntˌrʉtə]
retrovisore (m)	bakspeil (n)	['bakˌspæjl]
lavacristallo (m)	vindusspyler (m)	['vindʉsˌspylər]
tergicristallo (m)	viskerblader (n pl)	['viskəblaər]

finestrino (m) laterale	siderute (m/f)	['sidəˌrʉtə]
alzacristalli (m)	vindusheis (m)	['vindʉsˌhæjs]
antenna (f)	antenne (m)	[an'tɛnə]
tettuccio (m) apribile	takluke (m/f), soltak (n)	['takˌlʉkə], ['sʊlˌtak]

paraurti (m)	støtfanger (m)	['støtˌfaŋər]
bagagliaio (m)	bagasjerom (n)	[ba'gaʂəˌrʊm]
portapacchi (m)	takgrind (m/f)	['takˌgrin]
portiera (f)	dør (n/f)	['dœr]
maniglia (f)	dørhåndtak (n)	['dœrˌhɔntak]
serratura (f)	dørlås (m/n)	['dœrˌlɔs]
targa (f)	nummerskilt (n)	['nʉmərˌʂilt]
marmitta (f)	lyddemper (m)	['lydˌdɛmpər]

serbatoio (m) della benzina	bensintank (m)	[bɛn'sin,tank]
tubo (m) di scarico	eksosrør (n)	['ɛksʊs,rør]
acceleratore (m)	gass (m)	['gɑs]
pedale (m)	pedal (m)	[pe'dal]
pedale (m) dell'acceleratore	gasspedal (m)	['gɑs pe'dal]
freno (m)	brems (m)	['brɛms]
pedale (m) del freno	bremsepedal (m)	['brɛmsə pe'dal]
frenare (vi)	å bremse	[ɔ 'brɛmsə]
freno (m) a mano	håndbrekk (n)	['hɔn,brɛk]
frizione (f)	koppling (m)	['kɔpliŋ]
pedale (m) della frizione	kopplingspedal (m)	['kɔpliŋs pe'dal]
disco (m) della frizione	koplingsskive (m/f)	['kɔpliŋs,ʂivə]
ammortizzatore (m)	støtdemper (m)	['støt,dɛmpər]
ruota (f)	hjul (n)	['jʉl]
ruota (f) di scorta	reservehjul (n)	[re'sɛrvə jʉl]
pneumatico (m)	dekk (n)	['dɛk]
copriruota (m)	hjulkapsel (m)	['jʉl,kapsəl]
ruote (f pl) motrici	drivhjul (n pl)	['driv,jʉl]
a trazione anteriore	forhjulsdrevet	['fɔrjʉls,drevət]
a trazione posteriore	bakhjulsdrevet	['bakjʉls,drevət]
a trazione integrale	firehjulsdrevet	['firəjʉls,drevət]
scatola (f) del cambio	girkasse (m/f)	['gir,kasə]
automatico (agg)	automatisk	[aʊtʊ'matisk]
meccanico (agg)	mekanisk	[me'kanisk]
leva (f) del cambio	girspak (m)	['gi,spak]
faro (m)	lyskaster (m)	['lys,kastər]
luci (f pl), fari (m pl)	lyskastere (m pl)	['lys,kastərə]
luci (f pl) anabbaglianti	nærlys (n)	['nær,lys]
luci (f pl) abbaglianti	fjernlys (n)	['fjæːŋ,lys]
luci (f pl) di arresto	stopplys, bremselys (n)	['stɔp,lys], ['brɛmsə,lys]
luci (f pl) di posizione	parkeringslys (n)	[par'keriŋs,lys]
luci (f pl) di emergenza	varselblinklys (n)	['vaʂəl,blink lys]
fari (m pl) antinebbia	tåkelys (n)	['toːkə,lys]
freccia (f)	blinklys (n)	['blink,lys]
luci (f pl) di retromarcia	baklys (n)	['bak,lys]

148. Automobili. Vano passeggeri

abitacolo (m)	interiør (n), innredning (m/f)	[inter'jør], ['in,rɛdniŋ]
di pelle	lær-	['lær-]
in velluto	velur	[ve'lʉr]
rivestimento (m)	trekk (n)	['trɛk]
strumento (m) di bordo	instrument (n)	[instrʉ'mɛnt]
cruscotto (m)	dashbord (n)	['daʂbɔːd]

tachimetro (m)	speedometer (n)	[spidʊ'metər]
lancetta (f)	viser (m)	['visər]

contachilometri (m)	kilometerteller (m)	[çilu'metər,tɛlər]
indicatore (m)	indikator (m)	[indi'katʊr]
livello (m)	nivå (n)	[ni'vo]
spia (f) luminosa	varsellampe (m/f)	['vaşəl,lampə]

volante (m)	ratt (n)	['rat]
clacson (m)	horn (n)	['hʊːŋ]
pulsante (m)	knapp (m)	['knap]
interruttore (m)	bryter (m)	['brytər]

sedile (m)	sete (n)	['setə]
spalliera (f)	seterygg (m)	['setə,rʏg]
appoggiatesta (m)	nakkestøtte (m/f)	['nakə,stœtə]
cintura (f) di sicurezza	sikkerhetsbelte (m)	['sikərhɛts,bɛltə]
allacciare la cintura	å spenne fast sikkerhetsbeltet	[ɔ 'spɛnə fast 'sikərhets,bɛltə]
regolazione (f)	justering (m/f)	[jʉ'steriŋ]

airbag (m)	kollisjonspute (m/f)	['kʊlişʊns,pʉtə]
condizionatore (m)	klimaanlegg (n)	['klima'an,leg]

radio (f)	radio (m)	['radiʊ]
lettore (m) CD	CD-spiller (m)	['sɛdɛ ,spilər]
accendere (vt)	å slå på	[ɔ 'slɔ pɔ]
antenna (f)	antenne (m)	[an'tɛnə]
vano (m) portaoggetti	hanskerom (n)	['hanskə,rʊm]
portacenere (m)	askebeger (n)	['askə,begər]

149. Automobili. Motore

motore (m)	motor (m)	['mɔtʊr]
a diesel	diesel-	['disəl-]
a benzina	bensin-	[bɛn'sin-]

cilindrata (f)	motorvolum (n)	['mɔtʊr vɔ'lʉm]
potenza (f)	styrke (m)	['styrkə]
cavallo vapore (m)	hestekraft (m/f)	['hɛstə,kraft]
pistone (m)	stempel (n)	['stɛmpəl]
cilindro (m)	sylinder (m)	[sy'lindər]
valvola (f)	ventil (m)	[vɛn'til]

iniettore (m)	injektor (m)	[i'njɛktʊr]
generatore (m)	generator (m)	[gene'ratʊr]
carburatore (m)	forgasser (m)	[fɔr'gasər]
olio (m) motore	motorolje (m)	['mɔtʊr,ɔljə]

radiatore (m)	radiator (m)	[radi'atʊr]
liquido (m) di raffreddamento	kjølevæske (m/f)	['çœlə,væskə]
ventilatore (m)	vifte (m/f)	['viftə]
batteria (m)	batteri (n)	[batɛ'ri]
motorino (m) d'avviamento	starter (m)	['staː[tər]

| accensione (f) | tenning (m/f) | ['tɛniŋ] |
| candela (f) d'accensione | tennplugg (m) | ['tɛn‚plʉg] |

morsetto (m)	klemme (m/f)	['klemə]
più (m)	plussklemme (m/f)	['plʉs‚klemə]
meno (m)	minusklemme (m/f)	['minʉs‚klemə]
fusibile (m)	sikring (m)	['sikriŋ]

filtro (m) dell'aria	luftfilter (n)	['lʉft‚filtər]
filtro (m) dell'olio	oljefilter (n)	['ɔljə‚filtər]
filtro (m) del carburante	brenselsfilter (n)	['brɛnsəls‚filtər]

150. Automobili. Incidente. Riparazione

incidente (m)	bilulykke (m/f)	['bil ʉ'lʏkə]
incidente (m) stradale	trafikkulykke (m/f)	[tra'fik ʉ'lʏkə]
sbattere contro ...	å kjøre inn i ...	[ɔ 'çœːrə in i ...]
avere un incidente	å havarere	[ɔ hava'rerə]
danno (m)	skade (m)	['skadə]
illeso (agg)	uskadd	['ʉ‚skad]

guasto (m), avaria (f)	havari (n)	[hava'ri]
essere rotto	å bryte sammen	[ɔ 'brytə 'samən]
cavo (m) di rimorchio	slepetau (n)	['ṣlepə‚taʉ]

foratura (f)	punktering (m)	[pʉn'teriŋ]
essere a terra	å være punktert	[ɔ 'værə pʉnk'tɛːt]
gonfiare (vt)	å pumpe opp	[ɔ 'pʉmpə ɔp]
pressione (f)	trykk (n)	['trʏk]
controllare (verificare)	å sjekke	[ɔ 'ṣɛkə]

riparazione (f)	reparasjon (m)	[repara'ṣʉn]
officina (f) meccanica	bilverksted (n)	['bil 'værk‚sted]
pezzo (m) di ricambio	reservedel (m)	[re'sɛrvə‚del]
pezzo (m)	del (m)	['del]

bullone (m)	bolt (m)	['bɔlt]
bullone (m) a vite	skrue (m)	['skrʉə]
dado (m)	mutter (m)	['mʉtər]
rondella (f)	skive (m/f)	['ṣivə]
cuscinetto (m)	lager (n)	['lagər]

tubo (m)	rør (m)	['rør]
guarnizione (f)	pakning (m/f)	['pakniŋ]
filo (m), cavo (m)	ledning (m)	['ledniŋ]

cric (m)	jekk (m), donkraft (m/f)	['jɛk], ['dɔn‚kraft]
chiave (f)	skrunøkkel (m)	['skrʉ‚nøkəl]
martello (m)	hammer (m)	['hamər]
pompa (f)	pumpe (m/f)	['pʉmpə]
giravite (m)	skrutrekker (m)	['skrʉ‚trɛkər]

| estintore (m) | brannslukker (n) | ['bran‚slʉkər] |
| triangolo (m) di emergenza | varseltrekant (m) | ['vaṣəl 'trɛ‚kant] |

spegnersi (vr)	å skjære	[ɔ 'ʂæːrə]
spegnimento (m) motore	stans (m), stopp (m/n)	['stɑns], ['stɔp]
essere rotto	å være ødelagt	[ɔ 'væːrə 'ødə,lɑkt]

surriscaldarsi (vr)	å bli oropphetet	[ɔ 'bli 'ɔvərɔp,hetət]
intasarsi (vr)	å bli tilstoppet	[ɔ 'bli til'stɔpət]
ghiacciarsi (di tubi, ecc.)	å fryse	[ɔ 'frysə]
spaccarsi (vr)	å sprekke, å briste	[ɔ 'sprɛkə], [ɔ 'bristə]

pressione (f)	trykk (n)	['trʏk]
livello (m)	nivå (n)	[ni'vo]
lento (cinghia ~a)	slakk	['ʂlɑk]

ammaccatura (f)	bulk (m)	['bʉlk]
battito (m) (nel motore)	bankelyd (m), dunk (m/n)	['bɑnkə,lyd], ['dʉnk]
fessura (f)	sprekk (m)	['sprɛk]
graffiatura (f)	ripe (m/f)	['ripə]

151. Automobili. Strada

strada (f)	vei (m)	['væj]
autostrada (f)	hovedvei (m)	['hʊvəd,væj]
superstrada (f)	motorvei (m)	['mɔtʊr,væj]
direzione (f)	retning (m/f)	['rɛtniŋ]
distanza (f)	avstand (m)	['ɑf,stɑn]

ponte (m)	bro (m/f)	['brʊ]
parcheggio (m)	parkeringsplass (m)	[par'keriŋs,plɑs]
piazza (f)	torg (n)	['tɔr]
svincolo (m)	trafikkmaskin (m)	[trɑ'fik mɑ,ʂin]
galleria (f), tunnel (m)	tunnel (m)	['tʉnəl]

distributore (m) di benzina	bensinstasjon (m)	[bɛn'sin,stɑ'ʂʊn]
parcheggio (m)	parkeringsplass (m)	[par'keriŋs,plɑs]
pompa (f) di benzina	bensinpumpe (m/f)	[bɛn'sin,pʉmpə]
officina (f) meccanica	bilverksted (n)	['bil 'værk,sted]
fare benzina	å tanke opp	[ɔ 'tɑnkə ɔp]
carburante (m)	brensel (n)	['brɛnsəl]
tanica (f)	bensinkanne (m/f)	[bɛn'sin,kɑnə]

asfalto (m)	asfalt (m)	['ɑs,fɑlt]
segnaletica (f) stradale	vegoppmerking (m/f)	['veg 'ɔp,mærkiŋ]
cordolo (m)	fortauskant (m)	['fɔːʈɑʉs,kɑnt]
barriera (f) di sicurezza	autovern, veirekkverk (n)	['ɑʉtɔ,væːɳ], ['væj,rekværk]
fosso (m)	veigrøft (m/f)	['væj,grœft]
ciglio (m) della strada	veikant (m)	['væj,kɑnt]
lampione (m)	lyktestolpe (m)	['lʏktə,stɔlpə]

guidare (~ un veicolo)	å kjøre	[ɔ 'çœːrə]
girare (~ a destra)	å svinge	[ʊ 'sviŋə]
fare un'inversione a U	å ta en U-sving	[ɔ 'tɑ en 'ʉː,sviŋ]
retromarcia (m)	revers (m)	[re'væʂ]
suonare il clacson	å tute	[ɔ 'tʉtə]
colpo (m) di clacson	tut (n)	['tʉt]

incastrarsi (vr)	å kjøre seg fast	[ɔ 'çœːrə sæj 'fɑst]
impantanarsi (vr)	å spinne	[ɔ 'spinə]
spegnere (~ il motore)	å stanse	[ɔ 'stɑnsə]

velocità (f)	hastighet (m/f)	['hɑsti‚het]
superare i limiti di velocità	å overskride fartsgrensen	[ɔ 'ɔvə‚skridə 'fɑːʦ‚grɛnsən]
multare (vt)	å gi bot	[ɔ 'ji 'bʊt]
semaforo (m)	trafikklys (n)	[trɑ'fik‚lys]
patente (f) di guida	førerkort (n)	['førər‚kɔːt]

passaggio (m) a livello	planovergang (m)	['plɑn 'ɔvər‚gɑŋ]
incrocio (m)	veikryss (n)	['væjkrʏs]
passaggio (m) pedonale	fotgjengerovergang (m)	['fʊtjɛŋər 'ɔvər‚gɑŋ]
curva (f)	kurve (m)	['kʉrvə]
zona (f) pedonale	gågate (m/f)	['goː‚gɑtə]

GENTE. SITUAZIONI QUOTIDIANE

Situazioni quotidiane

152. Vacanze. Evento

festa (f)	fest (m)	['fɛst]
festa (f) nazionale	nasjonaldag (m)	[naʂʊ'nal‚da]
festività (f) civile	festdag (m)	['fɛst‚da]
festeggiare (vt)	å feire	[ɔ 'fæjrə]
avvenimento (m)	begivenhet (m/f)	[be'jiven‚het]
evento (m) (organizzare un ~)	evenement (n)	[ɛvenə'maŋ]
banchetto (m)	bankett (m)	[ban'kɛt]
ricevimento (m)	resepsjon (m)	[resɛp'ʂʊn]
festino (m)	fest (n)	['fɛst]
anniversario (m)	årsdag (m)	['oːʂ‚da]
giubileo (m)	jubileum (n)	[jʉbi'leʉm]
festeggiare (vt)	å feire	[ɔ 'fæjrə]
Capodanno (m)	nytt år (n)	['nʏt ‚oːr]
Buon Anno!	Godt nytt år!	['gɔt nʏt ‚oːr]
Babbo Natale (m)	Julenissen	['jʉlə‚nisən]
Natale (m)	Jul (m/f)	['jʉl]
Buon Natale!	Gledelig jul!	['gledəli 'jʉl]
Albero (m) di Natale	juletre (n)	['jʉlə‚trɛ]
fuochi (m pl) artificiali	fyrverkeri (n)	[‚fyrværkə'ri]
nozze (f pl)	bryllup (n)	['brʏlʉp]
sposo (m)	brudgom (m)	['brʉd‚gɔm]
sposa (f)	brud (m/f)	['brʉd]
invitare (vt)	å innby, å invitere	[ɔ 'inby], [ɔ invi'terə]
invito (m)	innbydelse (m)	[in'bydəlse]
ospite (m)	gjest (m)	['jɛst]
andare a trovare	å besøke	[ɔ be'søkə]
accogliere gli invitati	å hilse på gjestene	[ɔ 'hilsə pɔ 'jɛstenə]
regalo (m)	gave (m/f)	['gavə]
offrire (~ un regalo)	å gi	[ɔ 'ji]
ricevere i regali	å få gaver	[ɔ 'fɔ 'gavər]
mazzo (m) di fiori	bukett (m)	[bʉ'kɛt]
auguri (m pl)	lykkønskning (m/f)	['lʏk‚ønskniŋ]
augurare (vt)	å gratulere	[ɔ gratʉ'lerə]
cartolina (f)	gratulasjonskort (n)	[gratʉla'ʂʉns‚koːt]

| mandare una cartolina | å sende postkort | [ɔ 'sɛnə 'pɔstˌkɔːt] |
| ricevere una cartolina | å få postkort | [ɔ 'fɔ 'pɔstˌkɔːt] |

brindisi (m)	skål (m/f)	['skɔl]
offrire (~ qualcosa da bere)	å tilby	[ɔ 'tilby]
champagne (m)	champagne (m)	[ṣam'panjə]

divertirsi (vr)	å more seg	[ɔ 'mʊrə sæj]
allegria (f)	munterhet (m)	['mʉntərˌhet]
gioia (f)	glede (m/f)	['gledə]

| danza (f), ballo (m) | dans (m) | ['dɑns] |
| ballare (vi, vt) | å danse | [ɔ 'dɑnsə] |

| valzer (m) | vals (m) | ['vɑls] |
| tango (m) | tango (m) | ['taŋgʊ] |

153. Funerali. Sepoltura

cimitero (m)	gravplass, kirkegård (m)	['grɑvˌplɑs], ['çirkəˌgɔːr]
tomba (f)	grav (m)	['grɑv]
croce (f)	kors (n)	['kɔːṣ]
pietra (f) tombale	gravstein (m)	['grɑfˌstæjn]
recinto (m)	gjerde (n)	['jærə]
cappella (f)	kapell (n)	[kɑ'pɛl]

morte (f)	død (m)	['dø]
morire (vi)	å dø	[ɔ 'dø]
defunto (m)	den avdøde	[den 'ɑvˌdødə]
lutto (m)	sorg (m/f)	['sɔr]

seppellire (vt)	å begrave	[ɔ be'grɑvə]
sede (f) di pompe funebri	begravelsesbyrå (n)	[be'grɑvəlsəs byˌro]
funerale (m)	begravelse (m)	[be'grɑvəlsə]

corona (f) di fiori	krans (m)	['krɑns]
bara (f)	likkiste (m/f)	['likˌçistə]
carro (m) funebre	likbil (m)	['likˌbil]
lenzuolo (m) funebre	likklede (n)	['likˌkledə]

corteo (m) funebre	gravfølge (n)	['grɑvˌfølgə]
urna (f) funeraria	askeurne (m/f)	['askəˌʉːnə]
crematorio (m)	krematorium (n)	[krɛmɑ'tʊrium]

necrologio (m)	nekrolog (m)	[nekrʊ'lɔg]
piangere (vi)	å gråte	[ɔ 'groːtə]
singhiozzare (vi)	å hulke	[ɔ 'hʉlkə]

154. Guerra. Soldati

| plotone (m) | tropp (m) | ['trɔp] |
| compagnia (f) | kompani (n) | [kʊmpɑ'ni] |

reggimento (m)	regiment (n)	[rɛgi'mɛnt]
esercito (m)	hær (m)	['hær]
divisione (f)	divisjon (m)	[divi'ʂʊn]
distaccamento (m)	tropp (m)	['trɔp]
armata (f)	hær (m)	['hær]
soldato (m)	soldat (m)	[sʊl'dat]
ufficiale (m)	offiser (m)	[ɔfi'sɛr]
soldato (m) semplice	menig (m)	['meni]
sergente (m)	sersjant (m)	[sær'ʂant]
tenente (m)	løytnant (m)	['løjt‚nant]
capitano (m)	kaptein (m)	[kap'tæjn]
maggiore (m)	major (m)	[ma'jɔr]
colonnello (m)	oberst (m)	['ʊbɛʂt]
generale (m)	general (m)	[gene'ral]
marinaio (m)	sjømann (m)	['ʂø‚man]
capitano (m)	kaptein (m)	[kap'tæjn]
nostromo (m)	båtsmann (m)	['bɔs‚man]
artigliere (m)	artillerist (m)	[‚aːtile'rist]
paracadutista (m)	fallskjermjeger (m)	['fal‚særm 'jɛːgər]
pilota (m)	flyger, flyver (m)	['flygər], ['flyvər]
navigatore (m)	styrmann (m)	['styr‚man]
meccanico (m)	mekaniker (m)	[me'kanikər]
geniere (m)	pioner (m)	[piʊ'ner]
paracadutista (m)	fallskjermhopper (m)	['fal‚særm 'hɔpər]
esploratore (m)	oppklaringssoldat (m)	['ɔp‚klariŋ sʊl'dat]
cecchino (m)	skarpskytte (m)	['skarp‚sʏtə]
pattuglia (f)	patrulje (m)	[pa'trʉlje]
pattugliare (vt)	å patruljere	[ɔ patrʉ'ljerə]
sentinella (f)	vakt (m)	['vakt]
guerriero (m)	kriger (m)	['krigər]
patriota (m)	patriot (m)	[patri'ɔt]
eroe (m)	helt (m)	['hɛlt]
eroina (f)	heltinne (m)	['hɛlt‚inə]
traditore (m)	forræder (m)	[fɔ'rædər]
tradire (vt)	å forråde	[ɔ fɔ'rɔːdə]
disertore (m)	desertør (m)	[desæː'tør]
disertare (vi)	å desertere	[ɔ desæː'terə]
mercenario (m)	leiesoldat (m)	['læjəsʊl‚dat]
recluta (f)	rekrutt (m)	[re'krʉt]
volontario (m)	frivillig (m)	['friˌvɪlɪ]
ucciso (m)	drept (m)	['drɛpt]
ferito (m)	såret (m)	['soːrə]
prigioniero (m) di guerra	fange (m)	['faŋə]

143

155. Guerra. Azioni militari. Parte 1

guerra (f)	krig (m)	['krig]
essere in guerra	å være i krig	[ɔ 'værə i ˌkrig]
guerra (f) civile	borgerkrig (m)	['bɔrgərˌkrig]
perfidamente	lumsk, forræderisk	['lumsk], [fɔ'ræderisk]
dichiarazione (f) di guerra	krigserklæring (m)	['krigs ærˌklæriŋ]
dichiarare (~ guerra)	å erklære	[ɔ ær'klærə]
aggressione (f)	aggresjon (m)	[agre'ʂun]
attaccare (vt)	å angripe	[ɔ 'anˌgripə]
invadere (vt)	å invadere	[ɔ inva'derə]
invasore (m)	angriper (m)	['anˌgripər]
conquistatore (m)	erobrer (m)	[ɛ'rubrər]
difesa (f)	forsvar (n)	['fuˌʂvar]
difendere (~ un paese)	å forsvare	[ɔ fɔ'ʂvarə]
difendersi (vr)	å forsvare seg	[ɔ fɔ'ʂvarə sæj]
nemico (m)	fiende (m)	['fiɛndə]
avversario (m)	motstander (m)	['mutˌstanər]
ostile (agg)	fiendtlig	['fjɛntli]
strategia (f)	strategi (m)	[strate'gi]
tattica (f)	taktikk (m)	[tak'tik]
ordine (m)	ordre (m)	['ɔrdrə]
comando (m)	ordre, kommando (m/f)	['ɔrdrə], ['ku'mandu]
ordinare (vt)	å beordre	[ɔ be'ɔrdrə]
missione (f)	oppdrag (m)	['ɔpdrag]
segreto (agg)	hemmelig	['hɛməli]
battaglia (f)	batalje (m)	[ba'taljə]
battaglia (f)	slag (n)	['ʂlag]
combattimento (m)	kamp (m)	['kamp]
attacco (m)	angrep (n)	['anˌgrɛp]
assalto (m)	storm (m)	['stɔrm]
assalire (vt)	å storme	[ɔ 'stɔrmə]
assedio (m)	beleiring (m/f)	[be'læjriŋ]
offensiva (f)	offensiv (m), angrep (n)	['ɔfenˌsif], ['anˌgrɛp]
passare all'offensiva	å angripe	[ɔ 'anˌgripə]
ritirata (f)	retrett (m)	[rɛ'trɛt]
ritirarsi (vr)	å retirere	[ɔ reti'rerə]
accerchiamento (m)	omringing (m/f)	['ɔmˌriŋiŋ]
accerchiare (vt)	å omringe	[ɔ 'ɔmˌriŋə]
bombardamento (m)	bombing (m/f)	['bumbiŋ]
lanciare una bomba	å slippe bombe	[ɔ 'ʂlipə 'bumbə]
bombardare (vt)	å bombardere	[ɔ bumba:'derə]
esplosione (f)	eksplosjon (m)	[ɛksplu'ʂun]

sparo (m)	**skudd** (n)	['skʉd]
sparare un colpo	**å skyte av**	[ɔ 'ʂytə ɑ:]
sparatoria (f)	**skytning** (m/f)	['ʂytniŋ]

puntare su ...	**å sikte på ...**	[ɔ 'siktə pɔ ...]
puntare (~ una pistola)	**å rette**	[ɔ 'rɛtə]
colpire (~ il bersaglio)	**å treffe**	[ɔ 'trɛfə]

affondare (mandare a fondo)	**å senke**	[ɔ 'sɛnkə]
falla (f)	**hull** (n)	['hʉl]
affondare (andare a fondo)	**å synke**	[ɔ 'sʏnkə]

fronte (m) (~ di guerra)	**front** (m)	['frɔnt]
evacuazione (f)	**evakuering** (m/f)	[ɛvakʉ'eriŋ]
evacuare (vt)	**å evakuere**	[ɔ ɛvakʉ'erə]

trincea (f)	**skyttergrav** (m)	['ʂytə,grɑv]
filo (m) spinato	**piggtråd** (m)	['pig,trɔd]
sbarramento (m)	**hinder** (n), **sperring** (m/f)	['hindər], ['spɛriŋ]
torretta (f) di osservazione	**vakttårn** (n)	['vakt,tɔ:ŋ]

ospedale (m) militare	**militærsykehus** (n)	[mili'tær,sykə'hʉs]
ferire (vt)	**å såre**	[ɔ 'so:rə]
ferita (f)	**sår** (n)	['sɔr]
ferito (m)	**såret** (n)	['so:rə]
rimanere ferito	**å bli såret**	[ɔ 'bli 'so:rət]
grave (ferita ~)	**alvorlig**	[al'vɔ:[i]

156. Armi

armi (f pl)	**våpen** (n)	['vɔpən]
arma (f) da fuoco	**skytevåpen** (n)	['ʂytə,vɔpən]
arma (f) bianca	**blankvåpen** (n)	['blank,vɔpən]

armi (f pl) chimiche	**kjemisk våpen** (n)	['çemisk ,vɔpən]
nucleare (agg)	**kjerne-**	['çæ:ŋə-]
armi (f pl) nucleari	**kjernevåpen** (n)	['çæ:ŋə,vɔpən]

bomba (f)	**bombe** (m)	['bʊmbə]
bomba (f) atomica	**atombombe** (m)	[a'tʊm,bʊmbə]

pistola (f)	**pistol** (m)	[pi'stʊl]
fucile (m)	**gevær** (n)	[ɡe'vær]
mitra (m)	**maskinpistol** (m)	[ma'ʂin pi,stʊl]
mitragliatrice (f)	**maskingevær** (n)	[ma'ʂin ɡe,vær]

bocca (f)	**munning** (m)	['mʉniŋ]
canna (f)	**løp** (n)	['løp]
calibro (m)	**kaliber** (m/n)	[ka'libər]

grillctto (m)	**avtrekker** (m)	['av,trɛkər]
mirino (m)	**sikte** (n)	['siktə]
caricatore (m)	**magasin** (n)	[maga'sin]
calcio (m)	**kolbe** (m)	['kɔlbə]

bomba (f) a mano	håndgranat (m)	['hɔn,gra'nat]
esplosivo (m)	sprengstoff (n)	['sprɛŋ,stɔf]
pallottola (f)	kule (m/f)	['kʉ:lə]
cartuccia (f)	patron (m)	[pa'trʊn]
carica (f)	ladning (m)	['ladniŋ]
munizioni (f pl)	ammunisjon (m)	[amʉni'şʊn]
bombardiere (m)	bombefly (n)	['bʊmbə,fly]
aereo (m) da caccia	jagerfly (n)	['jagər,fly]
elicottero (m)	helikopter (n)	[heli'kɔptər]
cannone (m) antiaereo	luftvernkanon (m)	['lʉftvɛ:ɳ ka'nʊn]
carro (m) armato	stridsvogn (m/f)	['strids,vɔŋn]
cannone (m)	kanon (m)	[ka'nʊn]
artiglieria (f)	artilleri (n)	[,a:ţile'ri]
cannone (m)	kanon (m)	[ka'nʊn]
mirare a ...	å rette	[ɔ 'rɛtə]
proiettile (m)	projektil (m)	[prʊek'til]
granata (f) da mortaio	granat (m/f)	[gra'nat]
mortaio (m)	granatkaster (m)	[gra'nat,kastər]
scheggia (f)	splint (m)	['splint]
sottomarino (m)	ubåt (m)	['ʉ:,bɔt]
siluro (m)	torpedo (m)	[tʊr'pedʉ]
missile (m)	rakett (m)	[ra'kɛt]
caricare (~ una pistola)	å lade	[ɔ 'ladə]
sparare (vi)	å skyte	[ɔ 'şytə]
puntare su ...	å sikte på ...	[ɔ 'siktə pɔ ...]
baionetta (f)	bajonett (m)	[bajo'nɛt]
spada (f)	kårde (m)	['ko:rdə]
sciabola (f)	sabel (m)	['sabəl]
lancia (f)	spyd (n)	['spyd]
arco (m)	bue (m)	['bʉ:ə]
freccia (f)	pil (m/f)	['pil]
moschetto (m)	muskett (m)	[mʉ'skɛt]
balestra (f)	armbrøst (m)	['arm,brøst]

157. Gli antichi

primitivo (agg)	ur-	['ʉr-]
preistorico (agg)	forhistorisk	['fɔrhi,stʉrisk]
antico (agg)	oldtidens, antikkens	['ɔl,tidəns], [an'tikəns]
Età (f) della pietra	Steinalderen	['stæjn,alderən]
Età (f) del bronzo	bronsealder (m)	['brɔnsə,aldər]
epoca (f) glaciale	istid (m/f)	['is,tid]
tribù (f)	stamme (m)	['stamə]
cannibale (m)	kannibal (m)	[kani'bal]

cacciatore (m)	jeger (m)	['jɛːgər]
cacciare (vt)	å jage	[ɔ 'jagə]
mammut (m)	mammut (m)	['mɑmʉt]

caverna (f), grotta (f)	grotte (m/f)	['grɔtə]
fuoco (m)	ild (m)	['il]
falò (m)	bål (n)	['bɔl]
pittura (f) rupestre	helleristning (m/f)	['hɛlə̩ristniŋ]

strumento (m) di lavoro	redskap (m/n)	['rɛd̩skɑp]
lancia (f)	spyd (n)	['spyd]
ascia (f) di pietra	steinøks (m/f)	['stæjn̩øks]
essere in guerra	å være i krig	[ɔ 'værə i ̩krig]
addomesticare (vt)	å temme	[ɔ 'tɛmə]

idolo (m)	idol (n)	[i'dʉl]
idolatrare (vt)	å dyrke	[ɔ 'dyrkə]
superstizione (f)	overtro (m)	['ɔvə̩trʉ]
rito (m)	ritual (n)	[ritʉ'ɑl]

evoluzione (f)	evolusjon (m)	[ɛvɔlʉ'ʂʉn]
sviluppo (m)	utvikling (m/f)	['ʉt̩vikliŋ]
estinzione (f)	forsvinning (m/f)	[fɔ'ʂviniŋ]
adattarsi (vr)	å tilpasse seg	[ɔ 'til̩pasə sæj]

archeologia (f)	arkeologi (m)	[̩arkeʉlʉ'gi]
archeologo (m)	arkeolog (m)	[̩arkeʉ'lɔg]
archeologico (agg)	arkeologisk	[̩arkeʉ'lɔgisk]

sito (m) archeologico	utgravingssted (n)	['ʉt̩graviŋs ̩sted]
scavi (m pl)	utgravinger (m/f pl)	['ʉt̩graviŋər]
reperto (m)	funn (n)	['fʉn]
frammento (m)	fragment (n)	[frag'mɛnt]

158. Il Medio Evo

popolo (m)	folk (n)	['fɔlk]
popoli (m pl)	folk (n pl)	['fɔlk]
tribù (f)	stamme (m)	['stamə]
tribù (f pl)	stammer (m pl)	['stamər]

barbari (m pl)	barbarer (m pl)	[bar'barər]
galli (m pl)	gallere (m pl)	['galerej]
goti (m pl)	gotere (m pl)	['gɔterə]
slavi (m pl)	slavere (m pl)	['slavɛrə]
vichinghi (m pl)	vikinger (m pl)	['vikiŋər]

| romani (m pl) | romere (m pl) | ['rʉmerə] |
| romano (agg) | romersk | ['rʉmæʂk] |

bizantini (m pl)	bysantiner (m pl)	[bysan'tinər]
Bisanzio (m)	Bysants	[by'sants]
bizantino (agg)	bysantinsk	[bysan'tinsk]
imperatore (m)	keiser (m)	['kæjsər]

capo (m)	høvding (m)	['høvdiŋ]
potente (un re ~)	mektig	['mɛkti]
re (m)	konge (m)	['kuŋə]
governante (m) (sovrano)	hersker (m)	['hæʂkər]

cavaliere (m)	ridder (m)	['ridər]
feudatario (m)	føydalherre (m)	['føjdɑl͵hɛrə]
feudale (agg)	føydal	['føjdɑl]
vassallo (m)	vasall (m)	[vɑ'sɑl]

duca (m)	hertug (m)	['hæːʈʉg]
conte (m)	greve (m)	['grevə]
barone (m)	baron (m)	[bɑ'rʉn]
vescovo (m)	biskop (m)	['biskɔp]

armatura (f)	rustning (m/f)	['rʉstniŋ]
scudo (m)	skjold (n)	['ʂɔl]
spada (f)	sverd (n)	['sværd]
visiera (f)	visir (n)	[vi'sir]
cotta (f) di maglia	ringbrynje (m/f)	['riŋ͵brynjə]

crociata (f)	korstog (n)	['kɔːʂ͵tɔg]
crociato (m)	korsfarer (m)	['kɔːʂ͵fɑrər]

territorio (m)	territorium (n)	[tɛri'tʉrium]
attaccare (vt)	å angripe	[ɔ 'an͵gripə]
conquistare (vt)	å erobre	[ɔ ɛ'rʉbrə]
occupare (invadere)	å okkupere	[ɔ ɔkʉ'perə]

assedio (m)	beleiring (m/f)	[be'læjriŋ]
assediato (agg)	beleiret	[be'læjrət]
assediare (vt)	å beleire	[ɔ be'læjre]

inquisizione (f)	inkvisisjon (m)	[inkvisi'ʂʉn]
inquisitore (m)	inkvisitor (m)	[inkvi'sitʉr]
tortura (f)	tortur (m)	[tɔː'ʈʉr]
crudele (agg)	brutal	[brʉ'tɑl]
eretico (m)	kjetter (m)	['çɛtər]
eresia (f)	kjetteri (n)	[çɛtə'ri]

navigazione (f)	sjøfart (m)	['ʂø͵fɑːʈ]
pirata (m)	pirat, sjørøver (m)	['pi'rɑt], ['ʂø͵røvər]
pirateria (f)	sjørøveri (n)	['ʂø røvɛ'ri]
arrembaggio (m)	entring (m/f)	['ɛntriŋ]

bottino (m)	bytte (n)	['bʏtə]
tesori (m)	skatter (m pl)	['skɑtər]

scoperta (f)	oppdagelse (m)	['ɔp͵dɑgəlsə]
scoprire (~ nuove terre)	å oppdage	[ɔ 'ɔp͵dɑgə]
spedizione (f)	ekspedisjon (m)	[ɛkspedi'ʂʉn]

moschettiere (m)	musketer (m)	[mʉskə'ter]
cardinale (m)	kardinal (m)	[kɑːɖi'nɑl]
araldica (f)	heraldikk (m)	[herɑl'dik]
araldico (agg)	heraldisk	[he'rɑldisk]

159. Leader. Capo. Le autorità

re (m)	konge (m)	['kʊŋə]
regina (f)	dronning (m/f)	['drɔniŋ]
reale (agg)	kongelig	['kʊŋəli]
regno (m)	kongerike (n)	['kʊŋə,rikə]

principe (m)	prins (m)	['prins]
principessa (f)	prinsesse (m/f)	[prin'sɛsə]

presidente (m)	president (m)	[prɛsi'dɛnt]
vicepresidente (m)	visepresident (m)	['visə prɛsi'dɛnt]
senatore (m)	senator (m)	[se'natʊr]

monarca (m)	monark (m)	[mʊ'nark]
governante (m) (sovrano)	hersker (m)	['hæʂkər]
dittatore (m)	diktator (m)	[dik'tatʊr]
tiranno (m)	tyrann (m)	[ty'ran]
magnate (m)	magnat (m)	[maŋ'nat]

direttore (m)	direktør (m)	[dirɛk'tør]
capo (m)	sjef (m)	['ʂɛf]
dirigente (m)	forstander (m)	[fo'ʂtandər]
capo (m)	boss (m)	['bɔs]
proprietario (m)	eier (m)	['æjər]

leader (m)	leder (m)	['ledər]
capo (m) (~ delegazione)	leder (m)	['ledər]
autorità (f pl)	myndigheter (m pl)	['mʏndi,hetər]
superiori (m pl)	overordnede (pl)	['ɔvər,ɔrdnedə]

governatore (m)	guvernør (m)	[gʉver'nør]
console (m)	konsul (m)	['kʊn,sʉl]
diplomatico (m)	diplomat (m)	[diplʊ'mat]
sindaco (m)	borgermester (m)	[borgər'mɛstər]
sceriffo (m)	sheriff (m)	[ʂɛ'rif]

imperatore (m)	keiser (m)	['kæjsər]
zar (m)	tsar (m)	['tsar]
faraone (m)	farao (m)	['farau]
khan (m)	khan (m)	['kan]

160. Infrangere la legge. Criminali. Parte 1

bandito (m)	banditt (m)	[ban'dit]
delitto (m)	forbrytelse (m)	[for'brytəlsə]
criminale (m)	forbryter (m)	[for'brytər]

ladro (m)	tyv (m)	['tyv]
rubare (vi, vt)	å stjele	[ɔ 'stjelə]

rapire (vt)	å kidnappe	[ɔ 'kid,nɛpə]
rapimento (m)	kidnapping (m)	['kid,nɛpiŋ]

rapitore (m)	kidnapper (m)	['kid,nɛpər]
riscatto (m)	løsepenger (m pl)	['løsə,pɛŋər]
chiedere il riscatto	å kreve løsepenger	[ɔ 'krevə 'løsə,pɛŋər]

rapinare (vt)	å rane	[ɔ 'ranə]
rapina (f)	ran (n)	['ran]
rapinatore (m)	raner (m)	['ranər]

estorcere (vt)	å presse ut	[ɔ 'prɛsə ʉt]
estorsore (m)	utpresser (m)	['ʉt,prɛsər]
estorsione (f)	utpressing (m/f)	['ʉt,prɛsiŋ]

uccidere (vt)	å myrde	[ɔ 'mʏ:ɖə]
assassinio (m)	mord (n)	['mʊr]
assassino (m)	morder (m)	['mʊrdər]

sparo (m)	skudd (n)	['skʉd]
tirare un colpo	å skyte av	[ɔ 'ʂytə ɑ:]
abbattere (con armi da fuoco)	å skyte ned	[ɔ 'ʂytə ne]
sparare (vi)	å skyte	[ɔ 'ʂytə]
sparatoria (f)	skyting, skytning (m/f)	['ʂytiŋ], ['ʂytniŋ]
incidente (m) (rissa, ecc.)	hendelse (m)	['hɛndəlsə]
rissa (f)	slagsmål (n)	['ʂlaks,mol]
Aiuto!	Hjelp!	['jɛlp]
vittima (f)	offer (n)	['ɔfər]

danneggiare (vt)	å skade	[ɔ 'skadə]
danno (m)	skade (m)	['skadə]
cadavere (m)	lik (n)	['lik]
grave (reato ~)	alvorlig	[al'vɔ:[i]

aggredire (vt)	å anfalle	[ɔ 'an,falə]
picchiare (vt)	å slå	[ɔ 'ʂlɔ]
malmenare (picchiare)	å klå opp	[ɔ 'klɔ ɔp]
sottrarre (vt)	å berøve	[ɔ be'røvə]
accoltellare a morte	å stikke i hjel	[ɔ 'stikə i 'jel]
mutilare (vt)	å lemleste	[ɔ 'lem,lestə]
ferire (vt)	å såre	[ɔ 'so:rə]

ricatto (m)	utpressing (m/f)	['ʉt,prɛsiŋ]
ricattare (vt)	å utpresse	[ɔ 'ʉt,prɛsə]
ricattatore (m)	utpresser (m)	['ʉt,prɛsər]

estorsione (f)	utpressing (m/f)	['ʉt,prɛsiŋ]
estortore (m)	utpresser (m)	['ʉt,prɛsər]
gangster (m)	gangster (m)	['gɛŋstər]
mafia (f)	mafia (m)	['mafia]

borseggiatore (m)	lommetyv (m)	['lʊmə,tyv]
scassinatore (m)	innbruddstyv (m)	['inbrʉds,tyv]
contrabbando (m)	smugling (m/f)	['smʉgliŋ]
contrabbandiere (m)	smugler (m)	['smʉglər]

falsificazione (f)	forfalskning (m/f)	[fɔr'falskniŋ]
falsificare (vt)	å forfalske	[ɔ fɔr'falskə]
falso, falsificato (agg)	falsk	['falsk]

161. Infrangere la legge. Criminali. Parte 2

stupro (m)	voldtekt (m)	['vɔl,tɛkt]
stuprare (vt)	å voldta	[ɔ 'vɔl,ta]
stupratore (m)	voldtektsmann (m)	['vɔl,tɛkts man]
maniaco (m)	maniker (m)	['maniker]
prostituta (f)	prostituert (m)	[prʊstitʉ'e:t]
prostituzione (f)	prostitusjon (m)	[prʊstitʉ'ʂʊn]
magnaccia (m)	hallik (m)	['halik]
drogato (m)	narkoman (m)	[narkʊ'man]
trafficante (m) di droga	narkolanger (m)	['narkɔ,laŋer]
far esplodere	å sprenge	[ɔ 'sprɛŋə]
esplosione (f)	eksplosjon (m)	[ɛksplʊ'ʂʊn]
incendiare (vt)	å sette fyr	[ɔ 'sɛtə ,fyr]
incendiario (m)	brannstifter (m)	['bran,stifter]
terrorismo (m)	terrorisme (m)	[tɛrʊ'rismə]
terrorista (m)	terrorist (m)	[tɛrʊ'rist]
ostaggio (m)	gissel (m)	['jisəl]
imbrogliare (vt)	å bedra	[ɔ be'dra]
imbroglio (m)	bedrag (n)	[be'drag]
imbroglione (m)	bedrager, svindler (m)	[be'drager], ['svindlər]
corrompere (vt)	å bestikke	[ɔ be'stikə]
corruzione (f)	bestikkelse (m)	[be'stikəlsə]
bustarella (f)	bestikkelse (m)	[be'stikəlsə]
veleno (m)	gift (m/f)	['jift]
avvelenare (vt)	å forgifte	[ɔ for'jiftə]
avvelenarsi (vr)	å forgifte seg selv	[ɔ for'jiftə sæj sɛl]
suicidio (m)	selvmord (n)	['sɛl,mʊr]
suicida (m)	selvmorder (m)	['sɛl,mʊrdər]
minacciare (vt)	å true	[ɔ 'trʉə]
minaccia (f)	trussel (m)	['trʉsəl]
attentare (vi)	å begå mordforsøk	[ɔ be'gɔ 'mʊrdfɔ,søk]
attentato (m)	mordforsøk (n)	['mʊrdfɔ,søk]
rubare (~ una macchina)	å stjele	[ɔ 'stjələ]
dirottare (~ un aereo)	å kapre	[ɔ 'kaprə]
vendetta (f)	hevn (m)	['hɛvn]
vendicare (vt)	å hevne	[ɔ 'hɛvnə]
torturare (vt)	å torturere	[ɔ tɔ:tʉ'rerə]
tortura (f)	tortur (m)	[tʊ.'tʉɪ]
maltrattare (vt)	å plage	[ɔ 'plagə]
pirata (m)	pirat, sjørøver (m)	['pi'rat], ['ʂø,røvər]
teppista (m)	bølle (m)	['bølə]

armato (agg)	bevæpnet	[be'væpnət]
violenza (f)	vold (m)	['vɔl]
illegale (agg)	illegal	['ile‚gɑl]

| spionaggio (m) | spionasje (m) | [spiʊ'naʂə] |
| spiare (vi) | å spionere | [ɔ spiʊ'nerə] |

162. Polizia. Legge. Parte 1

| giustizia (f) | justis (m), rettspleie (m/f) | ['jʉ'stis], ['rɛts‚plæje] |
| tribunale (m) | rettssal (m) | ['rɛts‚sɑl] |

giudice (m)	dommer (m)	['dɔmər]
giurati (m)	lagrettemedlemmer (n pl)	['lag‚rɛtə medle'mer]
processo (m) con giuria	lagrette, juryordning (m)	['lag‚rɛtə], ['jʉri‚ɔrdniŋ]
giudicare (vt)	å dømme	[ɔ 'dœmə]

avvocato (m)	advokat (m)	[advʊ'kɑt]
imputato (m)	anklaget (m)	['an‚klaget]
banco (m) degli imputati	anklagebenk (m)	[an'klagə‚bɛnk]

| accusa (f) | anklage (m) | ['an‚klagə] |
| accusato (m) | anklagede (m) | ['an‚klagedə] |

| condanna (f) | dom (m) | ['dɔm] |
| condannare (vt) | å dømme | [ɔ 'dœmə] |

colpevole (m)	skyldige (m)	['ʂyldiə]
punire (vt)	å straffe	[ɔ 'strafə]
punizione (f)	straff, avstraffelse (m)	['straf], ['af‚strafəlsə]

multa (f), ammenda (f)	bot (m/f)	['bʊt]
ergastolo (m)	livsvarig fengsel (n)	['lifs‚vari 'fɛŋsəl]
pena (f) di morte	dødsstraff (m/f)	['død‚straf]
sedia (f) elettrica	elektrisk stol (m)	[ɛ'lektrisk ‚stʊl]
impiccagione (f)	galge (m)	['galgə]

| giustiziare (vt) | å henrette | [ɔ 'hɛn‚rɛtə] |
| esecuzione (f) | henrettelse (m) | ['hɛn‚rɛtəlsə] |

| prigione (f) | fengsel (n) | ['fɛŋsəl] |
| cella (f) | celle (m) | ['sɛlə] |

scorta (f)	eskorte (m)	[ɛs'kɔːʈə]
guardia (f) carceraria	fangevokter (m)	['faŋə‚vɔktər]
prigioniero (m)	fange (m)	['faŋə]

| manette (f pl) | håndjern (n pl) | ['hɔn‚jæːɳ] |
| mettere le manette | å sette håndjern | [ɔ 'sɛtə 'hɔn‚jæːɳ] |

fuga (f)	flykt (m/f)	['flʏkt]
fuggire (vi)	å flykte, å rømme	[ɔ 'flʏktə], [ɔ 'rœmə]
scomparire (vi)	å forsvinne	[ɔ fɔ'ʂvinə]
liberare (vt)	å løslate	[ɔ 'løs‚latə]

amnistia (f)	amnesti (m)	[ɑmnɛ'sti]
polizia (f)	politi (n)	[pʊli'ti]
poliziotto (m)	politi (m)	[pʊli'ti]
commissariato (m)	politistasjon (m)	[pʊli'ti‚stɑ'ʂʊn]
manganello (m)	gummikølle (m/f)	['gʉmi‚kølə]
altoparlante (m)	megafon (m)	[mega'fʊn]

macchina (f) di pattuglia	patruljebil (m)	[pɑ'trʉljə‚bil]
sirena (f)	sirene (m/f)	[si'renə]
mettere la sirena	å slå på sirenen	[ɔ 'ʂlɔ pɔ si'renən]
suono (m) della sirena	sirene hyl (n)	[si'renə ‚hyl]

luogo (m) del crimine	åsted (n)	['ɔsted]
testimone (m)	vitne (n)	['vitnə]
libertà (f)	frihet (m)	['fri‚het]
complice (m)	medskyldig (m)	['mɛ‚ʂyldi]
fuggire (vi)	å flykte	[ɔ 'flʏktə]
traccia (f)	spor (n)	['spʊr]

163. Polizia. Legge. Parte 2

ricerca (f) (~ di un criminale)	ettersøking (m/f)	['ɛtə‚søkiŋ]
cercare (vt)	å søke etter ...	[ɔ 'søkə ‚ɛtər ...]
sospetto (m)	mistanke (m)	['mis‚tɑnkə]
sospetto (agg)	mistenkelig	[mis'tɛnkəli]
fermare (vt)	å stoppe	[ɔ 'stɔpə]
arrestare (qn)	å anholde	[ɔ 'ɑn‚holə]

causa (f)	sak (m/f)	['sɑk]
inchiesta (f)	etterforskning (m/f)	['ɛtər‚fɔʂkniŋ]
detective (m)	detektiv (m)	[detɛk'tiv]
investigatore (m)	etterforsker (m)	['ɛtər‚fɔʂkər]
versione (f)	versjon (m)	[væ'ʂʊn]

movente (m)	motiv (n)	[mʊ'tiv]
interrogatorio (m)	forhør (n)	[for'hør]
interrogare (sospetto)	å forhøre	[ɔ for'hørə]
interrogare (vicini)	å avhøre	[ɔ 'ɑv‚hørə]
controllo (m) (~ di polizia)	sjekking (m/f)	['ʂɛkiŋ]

retata (f)	rassia, razzia (m)	['rɑsia]
perquisizione (f)	ransakelse (m)	['rɑn‚sɑkəlsə]
inseguimento (m)	jakt (m/f)	['jɑkt]
inseguire (vt)	å forfølge	[ɔ for'følə]
essere sulle tracce	å spore	[ɔ 'spʊrə]

arresto (m)	arrest (m)	[ɑ'rɛst]
arrestare (qn)	å arrestere	[ɔ ɑrɛ'sterə]
catturare (~ un ladro)	å fange	[ɔ 'fɑŋə]
cattura (f)	pågripelse (m)	['pɔ‚grlpəlsə]

documento (m)	dokument (n)	[dokʉ'mɛnt]
prova (f), reperto (m)	bevis (n)	[be'vis]
provare (vt)	å bevise	[ɔ be'visə]

impronta (f) del piede	fotspor (n)	['fʊt͵spʊr]
impronte (f pl) digitali	fingeravtrykk (n pl)	['fiŋər͵avtrʏk]
elemento (m) di prova	bevis (n)	[be'vis]

alibi (m)	alibi (n)	['alibi]
innocente (agg)	uskyldig	[ʉ'ʂyldi]
ingiustizia (f)	urettferdighet (m)	['ʉrɛtfærdi͵het]
ingiusto (agg)	urettferdig	['ʉrɛt͵færdi]

criminale (agg)	kriminell	[krimi'nɛl]
confiscare (vt)	å konfiskere	[ɔ kʉnfi'skerə]
droga (f)	narkotika (m)	[nar'kɔtika]
armi (f pl)	våpen (n)	['vɔpən]
disarmare (vt)	å avvæpne	[ɔ 'av͵væpnə]
ordinare (vt)	å befale	[ɔ be'falə]
sparire (vi)	å forsvinne	[ɔ fɔ'ʂvinə]

legge (f)	lov (m)	['lɔv]
legale (agg)	lovlig	['lɔvli]
illegale (agg)	ulovlig	[ʉ'lɔvli]

| responsabilità (f) | ansvar (n) | ['an͵svar] |
| responsabile (agg) | ansvarlig | [ans'va:[i] |

LA NATURA

La Terra. Parte 1

164. L'Universo

cosmo (m)	rommet, kosmos (n)	['rʊmə], ['kɔsmɔs]
cosmico, spaziale (agg)	rom-	['rʊm-]
spazio (m) cosmico	ytre rom (n)	['ytrə ˌrʊm]
mondo (m)	verden (m)	['værdən]
universo (m)	univers (n)	[ʉni'væs̩]
galassia (f)	galakse (m)	[gɑ'lɑksə]
stella (f)	stjerne (m/f)	['stjæ:ŋə]
costellazione (f)	stjernebilde (n)	['stjæ:ŋəˌbildə]
pianeta (m)	planet (m)	[plɑ'net]
satellite (m)	satellitt (m)	[sɑtɛ'lit]
meteorite (m)	meteoritt (m)	[meteʉ'rit]
cometa (f)	komet (m)	[kʊ'met]
asteroide (m)	asteroide (n)	[asterʊ'idə]
orbita (f)	bane (m)	['bɑnə]
ruotare (vi)	å rotere	[ɔ rɔ'terə]
atmosfera (f)	atmosfære (m)	[atmʊ'sfærə]
il Sole	Solen	['sʊlən]
sistema (m) solare	solsystem (n)	['sʊl sY'stem]
eclisse (f) solare	solformørkelse (m)	['sʊl fɔr'mœrkəlsə]
la Terra	Jorden	['ju:rən]
la Luna	Månen	['mo:nən]
Marte (m)	Mars	['mɑs̩]
Venere (f)	Venus	['venʉs]
Giove (m)	Jupiter	['jʉpitər]
Saturno (m)	Saturn	['sɑˌtʉ:n̩]
Mercurio (m)	Merkur	[mær'kʉr]
Urano (m)	Uranus	[ʉ'rɑnʉs]
Nettuno (m)	Neptun	[nɛp'tʉn]
Plutone (m)	Pluto	['plʉtʉ]
Via (f) Lattea	Melkeveien	['mɛlkəˌvæjən]
Orsa (f) Maggiore	den Store Bjørn	['dən 'stʊrə ˌbjœ:n̩]
Stella (f) Polare	Nordstjernen, Polaris	['nʊ:rˌstjæ:nən], [pɔ'laris]
marziano (m)	marsbeboer (m)	['mɑs̩ˌbebʊer]
extraterrestre (m)	utenomjordisk vesen (n)	['ʉtənɔmˌju:rdisk 'vesən]

155

| alieno (m) | romvesen (n) | ['rʊmˌvesən] |
| disco (m) volante | flygende tallerken (m) | ['flygenə ta'lærkən] |

nave (f) spaziale	romskip (n)	['rʊmˌʂip]
stazione (f) spaziale	romstasjon (m)	['rʊmˌsta'ʂʊn]
lancio (m)	start (m), oppskyting (m/f)	['staːt], ['ɔpˌʂytiŋ]

motore (m)	motor (m)	['mɔtʊr]
ugello (m)	dyse (m)	['dysə]
combustibile (m)	brensel (n), drivstoff (n)	['brɛnsəl], ['drifˌstɔf]

cabina (f) di pilotaggio	cockpit (m), flydekk (n)	['kɔkpit], ['flyˌdɛk]
antenna (f)	antenne (m)	[an'tɛnə]
oblò (m)	koøye (n)	['kuˌøjə]
batteria (f) solare	solbatteri (n)	['sʊl batɛ'ri]
scafandro (m)	romdrakt (m/f)	['rʊmˌdrakt]

| imponderabilità (f) | vektløshet (m/f) | ['vɛktløsˌhet] |
| ossigeno (m) | oksygen (n) | ['ɔksy'gen] |

| aggancio (m) | dokking (m/f) | ['dɔkiŋ] |
| agganciarsi (vr) | å dokke | [ɔ 'dɔkə] |

osservatorio (m)	observatorium (n)	[ɔbsərva'tʊrium]
telescopio (m)	teleskop (n)	[tele'skʊp]
osservare (vt)	å observere	[ɔ ɔbsɛr'verə]
esplorare (vt)	å utforske	[ɔ 'ʉtˌføʂkə]

165. La Terra

la Terra	Jorden	['juːrən]
globo (m) terrestre	jordklode (m)	['juːrˌklɔdə]
pianeta (m)	planet (m)	[pla'net]

atmosfera (f)	atmosfære (m)	[atmʊ'sfærə]
geografia (f)	geografi (m)	[geʊgra'fi]
natura (f)	natur (m)	[na'tʉr]

mappamondo (m)	globus (m)	['glɔbʉs]
carta (f) geografica	kart (n)	['kaːt]
atlante (m)	atlas (n)	['atlas]

| Europa (f) | Europa | [ɛʉ'rʊpa] |
| Asia (f) | Asia | ['asia] |

| Africa (f) | Afrika | ['afrika] |
| Australia (f) | Australia | [aʉ'stralia] |

America (f)	Amerika	[a'merika]
America (f) del Nord	Nord-Amerika	['nʊːr a'merika]
America (f) del Sud	Sør-Amerika	['sør a'merika]

| Antartide (f) | Antarktis | [an'tarktis] |
| Artico (m) | Arktis | ['arktis] |

166. Punti cardinali

nord (m)	nord (n)	['nuːr]
a nord	mot nord	[mʊt 'nuːr]
al nord	i nord	[i 'nuːr]
del nord (agg)	nordlig	['nuːrli]
sud (m)	syd, sør	['syd], ['sør]
a sud	mot sør	[mʊt 'sør]
al sud	i sør	[i 'sør]
del sud (agg)	sydlig, sørlig	['sydli], ['søːli]
ovest (m)	vest (m)	['vɛst]
a ovest	mot vest	[mʊt 'vɛst]
all'ovest	i vest	[i 'vɛst]
dell'ovest, occidentale	vestlig, vest-	['vɛstli]
est (m)	øst (m)	['øst]
a est	mot øst	[mʊt 'øst]
all'est	i øst	[i 'øst]
dell'est, orientale	østlig	['østli]

167. Mare. Oceano

mare (m)	hav (n)	['hɑv]
oceano (m)	verdenshav (n)	[værdəns'hɑv]
golfo (m)	bukt (m/f)	['bʉkt]
stretto (m)	sund (n)	['sʉn]
terra (f) (terra firma)	fastland (n)	['fast,lɑn]
continente (m)	fastland, kontinent (n)	['fast,lɑn], [kʊnti'nɛnt]
isola (f)	øy (m/f)	['øj]
penisola (f)	halvøy (m/f)	['hɑl,øːj]
arcipelago (m)	skjærgård (m), arkipelag (n)	['ṣær,gɔr], [arkipe'lɑg]
baia (f)	bukt (m/f)	['bʉkt]
porto (m)	havn (m/f)	['hɑvn]
laguna (f)	lagune (m)	[la'gʉnə]
capo (m)	nes (n), kapp (n)	['nes], ['kɑp]
atollo (m)	atoll (m)	[a'tɔl]
scogliera (f)	rev (n)	['rev]
corallo (m)	korall (m)	[kʊ'rɑl]
barriera (f) corallina	korallrev (n)	[kʊ'rɑl,rɛv]
profondo (agg)	dyp	['dyp]
profondità (f)	dybde (m)	['dʏbdə]
abisso (m)	avgrunn (m)	['ɑv,grʉn]
fossa (f) (~ delle Marianne)	dyphavsgrop (m/f)	['dypʰɑfs,grɔp]
corrente (f)	strøm (m)	['strøm]
circondare (vt)	å omgi	[ɔ 'ɔm,ji]
litorale (m)	kyst (m)	['çyst]

157

costa (f)	kyst (m)	['çyst]
alta marea (f)	flo (m/f)	['fluʊ]
bassa marea (f)	ebbe (m), fjære (m/f)	['ɛbə], ['fjærə]
banco (m) di sabbia	sandbanke (m)	['sanˌbankə]
fondo (m)	bunn (m)	['bʉn]

onda (f)	bølge (m)	['bølgə]
cresta (f) dell'onda	bølgekam (m)	['bølgəˌkam]
schiuma (f)	skum (n)	['skʉm]

tempesta (f)	storm (m)	['stɔrm]
uragano (m)	orkan (m)	[ɔr'kan]
tsunami (m)	tsunami (m)	[tsʉ'nami]
bonaccia (f)	stille (m/f)	['stilə]
tranquillo (agg)	stille	['stilə]

polo (m)	pol (m)	['pʊl]
polare (agg)	pol-, polar	['pʊl-], [pʊ'lɑr]

latitudine (f)	bredde, latitude (m)	['brɛdə], ['latiˌtʉdə]
longitudine (f)	lengde (m/f)	['leŋdə]
parallelo (m)	breddegrad (m)	['brɛdəˌgrad]
equatore (m)	ekvator (m)	[ɛ'kvatʊr]

cielo (m)	himmel (m)	['himəl]
orizzonte (m)	horisont (m)	[hʊri'sɔnt]
aria (f)	luft (f)	['lʉft]

faro (m)	fyr (n)	['fyr]
tuffarsi (vr)	å dykke	[ɔ 'dʏkə]
affondare (andare a fondo)	å synke	[ɔ 'sʏnkə]
tesori (m)	skatter (m pl)	['skatər]

168. Montagne

monte (m), montagna (f)	fjell (n)	['fjɛl]
catena (f) montuosa	fjellkjede (m)	['fjɛlˌçɛːdə]
crinale (m)	fjellrygg (m)	['fjɛlˌrʏg]

cima (f)	topp (m)	['tɔp]
picco (m)	tind (m)	['tin]
piedi (m pl)	fot (m)	['fʊt]
pendio (m)	skråning (m)	['skrɔniŋ]

vulcano (m)	vulkan (m)	[vʉl'kan]
vulcano (m) attivo	virksom vulkan (m)	['virksɔm vʉl'kan]
vulcano (m) inattivo	utslukt vulkan (m)	['ʉtˌslʉkt vʉl'kan]

eruzione (f)	utbrudd (n)	['ʉtˌbrʉd]
cratere (m)	krater (n)	['kratər]
magma (m)	magma (m/n)	['magma]
lava (f)	lava (m)	['lava]
fuso (lava ~a)	glødende	['glødenə]
canyon (m)	canyon (m)	['kanjən]

gola (f)	gjel (n), kløft (m)	['jel], ['klœft]
crepaccio (m)	renne (m/f)	['rɛnə]
precipizio (m)	avgrunn (m)	['ɑv‚grʉn]

passo (m), valico (m)	pass (n)	['pɑs]
altopiano (m)	platå (n)	[plɑ'to]
falesia (f)	klippe (m)	['klipə]
collina (f)	ås (m)	['ɔs]

ghiacciaio (m)	bre, jøkel (m)	['bre], ['jøkəl]
cascata (f)	foss (m)	['fɔs]
geyser (m)	geysir (m)	['gɛjsir]
lago (m)	innsjø (m)	['in‚ʂø]

pianura (f)	slette (m/f)	['ʂletə]
paesaggio (m)	landskap (n)	['lɑn‚skɑp]
eco (f)	ekko (n)	['ɛkʉ]

alpinista (m)	alpinist (m)	[ɑlpi'nist]
scalatore (m)	fjellklatrer (m)	['fjɛl‚klɑtrər]
conquistare (~ una cima)	å erobre	[ɔ ɛ'rʉbrə]
scalata (f)	bestigning (m/f)	[be'stigniŋ]

169. Fiumi

fiume (m)	elv (m/f)	['ɛlv]
fonte (f) (sorgente)	kilde (m)	['çildə]
letto (m) (~ del fiume)	elveleie (n)	['ɛlvə‚læje]
bacino (m)	flodbasseng (n)	['flʉd bɑ‚seŋ]
sfociare nel ...	å munne ut ...	[ɔ 'mʉnə ʉt ...]

| affluente (m) | bielv (m/f) | ['bi‚elv] |
| riva (f) | bredd (m) | ['brɛd] |

corrente (f)	strøm (m)	['strøm]
a valle	medstrøms	['me‚strøms]
a monte	motstrøms	['mʉt‚strøms]

inondazione (f)	oversvømmelse (m)	['ɔvə‚svœməlsə]
piena (f)	flom (m)	['flɔm]
straripare (vi)	å overflø	[ɔ 'ɔvər‚flø]
inondare (vt)	å oversvømme	[ɔ 'ɔvə‚svœmə]

| secca (f) | grunne (m/f) | ['grʉnə] |
| rapida (f) | stryk (m/n) | ['stryk] |

diga (f)	demning (m)	['dɛmniŋ]
canale (m)	kanal (m)	[kɑ'nɑl]
bacino (m) di riserva	reservoar (n)	[resɛrvʉ'ɑr]
chiusa (f)	sluse (m)	['ʂlʉsə]

specchio (m) d'acqua	vannmasse (m)	['vɑn‚mɑsə]
palude (f)	myr, sump (m)	['myr], ['sʉmp]
pantano (m)	hengemyr (m)	['hɛŋe‚myr]

vortice (m)	virvel (m)	['virvəl]
ruscello (m)	bekk (m)	['bɛk]
potabile (agg)	drikke-	['drikə-]
dolce (di acqua ~)	fersk-	['fæşk-]

| ghiaccio (m) | is (m) | ['is] |
| ghiacciarsi (vr) | å fryse til | [ɔ 'frysə til] |

170. Foresta

| foresta (f) | skog (m) | ['skʊg] |
| forestale (agg) | skog- | ['skʊg-] |

foresta (f) fitta	tett skog (n)	['tɛt ˌskʊg]
boschetto (m)	lund (m)	['lʉn]
radura (f)	glenne (m/f)	['glenə]

| roveto (m) | krattskog (m) | ['kratˌskʊg] |
| boscaglia (f) | kratt (n) | ['krat] |

| sentiero (m) | sti (m) | ['sti] |
| calanco (m) | ravine (m) | [ra'vinə] |

albero (m)	tre (n)	['trɛ]
foglia (f)	blad (n)	['bla]
fogliame (m)	løv (n)	['løv]

caduta (f) delle foglie	løvfall (n)	['løvˌfal]
cadere (vi)	å falle	[ɔ 'falə]
cima (f)	tretopp (m)	['trɛˌtɔp]

ramo (m), ramoscello (m)	kvist, gren (m)	['kvist], ['gren]
ramo (m)	gren, grein (m/f)	['gren], ['græjn]
gemma (f)	knopp (m)	['knɔp]
ago (m)	nål (m/f)	['nɔl]
pigna (f)	kongle (m/f)	['kʊŋlə]

cavità (f)	trehull (n)	['trɛˌhʉl]
nido (m)	reir (n)	['ræjr]
tana (f) (del fox, ecc.)	hule (m/f)	['hʉlə]

tronco (m)	stamme (m)	['stamə]
radice (f)	rot (m/f)	['rʊt]
corteccia (f)	bark (m)	['bark]
musco (m)	mose (m)	['mʊsə]

sradicare (vt)	å rykke opp med roten	[ɔ 'rʏkə ɔp me 'rutən]
abbattere (~ un albero)	å felle	[ɔ 'fɛlə]
disboscare (vt)	å hogge ned	[ɔ 'hɔgə 'ne]
ceppo (m)	stubbe (m)	['stʉbə]

falò (m)	bål (n)	['bɔl]
incendio (m) boschivo	skogbrann (m)	['skʊgˌbran]
spegnere (vt)	å slokke	[ɔ 'şløkə]

guardia (f) forestale	skogvokter (m)	['skʊɡ,vɔktər]
protezione (f)	vern (n), beskyttelse (m)	['væːn], ['be'ʂytəlsə]
proteggere (~ la natura)	å beskytte	[ɔ be'ʂytə]
bracconiere (m)	tyvskytter (m)	['tyf,ʂytər]
tagliola (f) (~ per orsi)	saks (m/f)	['sɑks]

raccogliere (vt)	å plukke	[ɔ 'plʉkə]
perdersi (vr)	å gå seg vill	[ɔ 'gɔ sæj 'vil]

171. Risorse naturali

risorse (f pl) naturali	naturressurser (m pl)	[nɑ'tʉr rɛ'sʉʂər]
minerali (m pl)	mineraler (n pl)	[minə'ralər]
deposito (m) (~ di carbone)	forekomster (m pl)	['forə,komstər]
giacimento (m) (~ petrolifero)	felt (m)	['fɛlt]

estrarre (vt)	å utvinne	[ɔ 'ʉt,vinə]
estrazione (f)	utvinning (m/f)	['ʉt,viniŋ]
minerale (m) grezzo	malm (m)	['mɑlm]
miniera (f)	gruve (m/f)	['grʉvə]
pozzo (m) di miniera	gruvesjakt (m/f)	['grʉvə,ʂakt]
minatore (m)	gruvearbeider (m)	['grʉvə'ar,bæjdər]

gas (m)	gass (m)	['gɑs]
gasdotto (m)	gassledning (m)	['gɑs,ledniŋ]

petrolio (m)	olje (m)	['ɔljə]
oleodotto (m)	oljeledning (m)	['ɔljə,ledniŋ]
torre (f) di estrazione	oljebrønn (m)	['ɔljə,brœn]
torre (f) di trivellazione	boretårn (n)	['boːrə,toːn]
petroliera (f)	tankskip (n)	['tɑnk,ʂip]

sabbia (f)	sand (m)	['sɑn]
calcare (m)	kalkstein (m)	['kɑlk,stæjn]
ghiaia (f)	grus (m)	['grʉs]
torba (f)	torv (m/f)	['tɔrv]
argilla (f)	leir (n)	['læjr]
carbone (m)	kull (n)	['kʉl]

ferro (m)	jern (n)	['jæːn]
oro (m)	gull (n)	['gʉl]
argento (m)	sølv (n)	['søl]
nichel (m)	nikkel (m)	['nikəl]
rame (m)	kobber (n)	['kɔbər]

zinco (m)	sink (m/n)	['sink]
manganese (m)	mangan (m/n)	[mɑ'ŋan]
mercurio (m)	kvikksølv (n)	['kvik,søl]
piombo (m)	bly (n)	['bly]

minerale (m)	mineral (n)	[minə'ral]
cristallo (m)	krystall (m/n)	[kry'stal]
marmo (m)	marmor (m/n)	['mɑrmʉr]
uranio (m)	uran (m/n)	[ʉ'ran]

La Terra. Parte 2

172. Tempo

tempo (m)	vær (n)	['vær]
previsione (f) del tempo	værvarsel (n)	['vær‚vaşəl]
temperatura (f)	temperatur (m)	[tɛmpəra'tʉr]
termometro (m)	termometer (n)	[tɛrmʉ'metər]
barometro (m)	barometer (n)	[barʉ'metər]
umido (agg)	fuktig	['fʉkti]
umidità (f)	fuktighet (m)	['fʉkti‚het]
caldo (m), afa (f)	hete (m)	['heːtə]
molto caldo (agg)	het	['het]
fa molto caldo	det er hett	[de ær 'het]
fa caldo	det er varmt	[de ær 'varmt]
caldo, mite (agg)	varm	['varm]
fa freddo	det er kaldt	[de ær 'kalt]
freddo (agg)	kald	['kal]
sole (m)	sol (m/f)	['sʉl]
splendere (vi)	å skinne	[ɔ 'şinə]
di sole (una giornata ~)	solrik	['sʉl‚rik]
sorgere, levarsi (vr)	å gå opp	[ɔ 'gɔ ɔp]
tramontare (vi)	å gå ned	[ɔ 'gɔ ne]
nuvola (f)	sky (m)	['şy]
nuvoloso (agg)	skyet	['şyːət]
nube (f) di pioggia	regnsky (m/f)	['ræjn‚şy]
nuvoloso (agg)	mørk	['mœrk]
pioggia (f)	regn (n)	['ræjn]
piove	det regner	[de 'ræjnər]
piovoso (agg)	regnværs-	['ræjn‚væş-]
piovigginare (vi)	å småregne	[ɔ 'smoːræjnə]
pioggia (f) torrenziale	piskende regn (n)	['piskenə ‚ræjn]
acquazzone (m)	styrtregn (n)	['styːt‚ræjn]
forte (una ~ pioggia)	kraftig, sterk	['krafti], ['stærk]
pozzanghera (f)	vannpytt (m)	['van‚pyt]
bagnarsi (~ sotto la pioggia)	å bli våt	[ɔ 'bli 'vɔt]
foschia (f), nebbia (f)	tåke (m/f)	['toːkə]
nebbioso (agg)	tåke	['toːkə]
neve (f)	snø (m)	['snø]
nevica	det snør	[de 'snør]

173. Rigide condizioni metereologiche. Disastri naturali

temporale (m)	tordenvær (n)	['tʊrdən̩ˌvær]
fulmine (f)	lyn (n)	['lyn]
lampeggiare (vi)	å glimte	[ɔ 'glimtə]
tuono (m)	torden (m)	['tʊrdən]
tuonare (vi)	å tordne	[ɔ 'tʊrdnə]
tuona	det tordner	[de 'tʊrdnər]
grandine (f)	hagle (m/f)	['haglə]
grandina	det hagler	[de 'haglər]
inondare (vt)	å oversvømme	[ɔ 'ɔvəˌsvœmə]
inondazione (f)	oversvømmelse (m)	['ɔvəˌsvœməlsə]
terremoto (m)	jordskjelv (n)	['juːrˌsɛlv]
scossa (f)	skjelv (n)	['sɛlv]
epicentro (m)	episenter (n)	[ɛpi'sɛntər]
eruzione (f)	utbrudd (n)	['ʉtˌbrʉd]
lava (f)	lava (m)	['lava]
tromba (f) d'aria	skypumpe (m/f)	['syˌpʉmpə]
tornado (m)	tornado (m)	[tʊ:'ŋadʉ]
tifone (m)	tyfon (m)	[ty'fʊn]
uragano (m)	orkan (m)	[ɔr'kan]
tempesta (f)	storm (m)	['stɔrm]
tsunami (m)	tsunami (m)	[tsʉ'nami]
ciclone (m)	syklon (m)	[sy'klun]
maltempo (m)	uvær (n)	['ʉːˌvær]
incendio (m)	brann (m)	['bran]
disastro (m)	katastrofe (m)	[kata'strɔfə]
meteorite (m)	meteoritt (m)	[meteʉ'rit]
valanga (f)	lavine (m)	[la'vinə]
slavina (f)	snøskred, snøras (n)	['snøˌskred], ['snøras]
tempesta (f) di neve	snøstorm (m)	['snøˌstɔrm]
bufera (f) di neve	snøstorm (m)	['snøˌstɔrm]

Fauna

174. Mammiferi. Predatori

predatore (m)	**rovdyr** (n)	['rɔv‚dyr]
tigre (f)	**tiger** (m)	['tigər]
leone (m)	**løve** (m/f)	['løve]
lupo (m)	**ulv** (m)	['ʉlv]
volpe (m)	**rev** (m)	['rev]
giaguaro (m)	**jaguar** (m)	[jagʉ'ar]
leopardo (m)	**leopard** (m)	[leʊ'pard]
ghepardo (m)	**gepard** (m)	[ge'pard]
pantera (f)	**panter** (m)	['pantər]
puma (f)	**puma** (m)	['pʉma]
leopardo (m) delle nevi	**snøleopard** (m)	['snø leʊ'pard]
lince (f)	**gaupe** (m/f)	['gaʊpə]
coyote (m)	**coyote, prærieulv** (m)	[kɔ'jotə], ['præri‚ʉlv]
sciacallo (m)	**sjakal** (m)	[ʂa'kal]
iena (f)	**hyene** (m)	[hy'enə]

175. Animali selvatici

animale (m)	**dyr** (n)	['dyr]
bestia (f)	**best, udyr** (n)	['bɛst], ['ʉ‚dyr]
scoiattolo (m)	**ekorn** (n)	['ɛkʊːn]
riccio (m)	**pinnsvin** (n)	['pin‚svin]
lepre (f)	**hare** (m)	['harə]
coniglio (m)	**kanin** (m)	[ka'nin]
tasso (m)	**grevling** (m)	['grɛvliŋ]
procione (f)	**vaskebjørn** (m)	['vaskə‚bjœːn]
criceto (m)	**hamster** (m)	['hamstər]
marmotta (f)	**murmeldyr** (n)	['mʉrməl‚dyr]
talpa (f)	**muldvarp** (m)	['mʉl‚varp]
topo (m)	**mus** (m/f)	['mʉs]
ratto (m)	**rotte** (m/f)	['rɔtə]
pipistrello (m)	**flaggermus** (m/f)	['flagər‚mʉs]
ermellino (m)	**røyskatt** (m)	['røjskat]
zibellino (m)	**sobel** (m)	['sʊbəl]
martora (f)	**mår** (m)	['mor]
donnola (f)	**snømus** (m/f)	['snø‚mʉs]
visone (m)	**mink** (m)	['mink]

castoro (m)	bever (m)	['bevər]
lontra (f)	oter (m)	['ʊtər]
cavallo (m)	hest (m)	['hɛst]
alce (m)	elg (m)	['ɛlg]
cervo (m)	hjort (m)	['jɔ:t]
cammello (m)	kamel (m)	[kɑ'mel]
bisonte (m) americano	bison (m)	['bisɔn]
bisonte (m) europeo	urokse (m)	['ʉrˌʊksə]
bufalo (m)	bøffel (m)	['bøfəl]
zebra (f)	sebra (m)	['sebrɑ]
antilope (f)	antilope (m)	[ɑnti'lʊpə]
capriolo (m)	rådyr (n)	['rɔˌdyr]
daino (m)	dåhjort, dådyr (n)	['dɔˌjɔ:t], ['dɔˌdyr]
camoscio (m)	gemse (m)	['gɛmsə]
cinghiale (m)	villsvin (n)	['vilˌsvin]
balena (f)	hval (m)	['vɑl]
foca (f)	sel (m)	['sel]
tricheco (m)	hvalross (m)	['vɑlˌrɔs]
otaria (f)	pelssel (m)	['pɛlsˌsel]
delfino (m)	delfin (m)	[dɛl'fin]
orso (m)	bjørn (m)	['bjœ:n̩]
orso (m) bianco	isbjørn (m)	['isˌbjœ:n̩]
panda (m)	panda (m)	['pɑndɑ]
scimmia (f)	ape (m/f)	['ape]
scimpanzè (m)	sjimpanse (m)	[ʂim'pɑnsə]
orango (m)	orangutang (m)	[ʊ'rɑŋgʉˌtɑŋ]
gorilla (m)	gorilla (m)	[gɔ'rilɑ]
macaco (m)	makak (m)	[mɑ'kɑk]
gibbone (m)	gibbon (m)	['gibʊn]
elefante (m)	elefant (m)	[ɛle'fɑnt]
rinoceronte (m)	neshorn (n)	['nesˌhʊ:n̩]
giraffa (f)	sjiraff (m)	[ʂi'rɑf]
ippopotamo (m)	flodhest (m)	['flʊdˌhɛst]
canguro (m)	kenguru (m)	['kɛŋgʉrʉ]
koala (m)	koala (m)	[kʊ'ɑlɑ]
mangusta (f)	mangust, mungo (m)	[mɑŋ'gʉst], ['mʉŋgu]
cincillà (f)	chinchilla (m)	[ʂin'ʂilɑ]
moffetta (f)	skunk (m)	['skunk]
istrice (m)	hulepinnsvin (n)	['hʉləˌpinsvin]

176. Animali domestici

gatta (f)	katt (m)	['kɑt]
gatto (m)	hannkatt (m)	['hɑnˌkɑt]
cane (m)	hund (m)	['hʉŋ]

cavallo (m)	hest (m)	['hɛst]
stallone (m)	hingst (m)	['hiŋst]
giumenta (f)	hoppe, merr (m/f)	['hɔpə], ['mɛr]
mucca (f)	ku (f)	['kʉ]
toro (m)	tyr (m)	['tyr]
bue (m)	okse (m)	['ɔksə]
pecora (f)	sau (m)	['saʉ]
montone (m)	vær, saubukk (m)	['vær], ['saʉˌbʉk]
capra (f)	geit (m/f)	['jæjt]
caprone (m)	geitebukk (m)	['jæjtəˌbʉk]
asino (m)	esel (n)	['ɛsəl]
mulo (m)	muldyr (n)	['mʉlˌdyr]
porco (m)	svin (n)	['svin]
porcellino (m)	gris (m)	['gris]
coniglio (m)	kanin (m)	[ka'nin]
gallina (f)	høne (m/f)	['hønə]
gallo (m)	hane (m)	['hanə]
anatra (f)	and (m/f)	['an]
maschio (m) dell'anatra	andrik (m)	['andrik]
oca (f)	gås (m/f)	['gɔs]
tacchino (m)	kalkunhane (m)	[kal'kʉnˌhanə]
tacchina (f)	kalkunhøne (m/f)	[kal'kʉnˌhønə]
animali (m pl) domestici	husdyr (n pl)	['hʉsˌdyr]
addomesticato (agg)	tam	['tam]
addomesticare (vt)	å temme	[ɔ 'tɛmə]
allevare (vt)	å avle, å oppdrette	[ɔ 'avlə], [ɔ 'ɔpˌdrɛtə]
fattoria (f)	farm, gård (m)	['farm], ['gɔːr]
pollame (m)	fjærfe (n)	['fjærˌfɛ]
bestiame (m)	kveg (n)	['kvɛg]
branco (m), mandria (f)	flokk, bøling (m)	['flɔk], ['bøliŋ]
scuderia (f)	stall (m)	['stal]
porcile (m)	grisehus (n)	['grisəˌhʉs]
stalla (f)	kufjøs (m/n)	['kuˌfjøs]
conigliera (f)	kaninbur (n)	[ka'ninˌbʉr]
pollaio (m)	hønsehus (n)	['hønsəˌhʉs]

177. Cani. Razze canine

cane (m)	hund (m)	['hʉn]
cane (m) da pastore	fårehund (m)	['foːrəˌhʉn]
pastore (m) tedesco	schàferhund (m)	['ʂɛfærˌhʉn]
barbone (m)	puddel (m)	['pʉdəl]
bassotto (m)	dachshund (m)	['daʂˌhʉn]
bulldog (m)	bulldogg (m)	['bʉlˌdɔg]

boxer (m)	bokser (m)	['bɔksər]
mastino (m)	mastiff (m)	[mɑs'tif]
rottweiler (m)	rottweiler (m)	['rɔtˌvæjlər]
dobermann (m)	dobermann (m)	['dɔbermɑn]

bassotto (m)	basset (m)	['basɛt]
bobtail (m)	bobtail (m)	['bɔbtɛjl]
dalmata (m)	dalmatiner (m)	[dɑlmɑ'tinər]
cocker (m)	cocker spaniel (m)	['kɔkerˌspɑniəl]

| terranova (m) | newfoundlandshund (m) | [njʉ'fawndˌlənds 'hʉn] |
| sanbernardo (m) | sankt bernhardshund (m) | [ˌsɑnkt 'bɛːɳɑdsˌhʉn] |

husky (m)	husky (m)	['hɑski]
chow chow (m)	chihuahua (m)	[tʂi'vɑvɑ]
volpino (m)	spisshund (m)	['spisˌhʉn]
carlino (m)	mops (m)	['mɔps]

178. Versi emessi dagli animali

abbaiamento (m)	gjøing (m/f)	['jøːiŋ]
abbaiare (vi)	å gjø	[ɔ 'jø]
miagolare (vi)	å mjaue	[ɔ 'mjaʉe]
fare le fusa	å spinne	[ɔ 'spinə]

muggire (vacca)	å raute	[ɔ 'raʉtə]
muggire (toro)	å belje, å brøle	[ɔ 'belje], [ɔ 'brøle]
ringhiare (vi)	å knurre	[ɔ 'knʉrə]

ululato (m)	hyl (n)	['hyl]
ululare (vi)	å hyle	[ɔ 'hylə]
guaire (vi)	å klynke	[ɔ 'klʏnkə]

belare (pecora)	å breke	[ɔ 'brekə]
grugnire (maiale)	å grynte	[ɔ 'grʏntə]
squittire (vi)	å hvine	[ɔ 'vinə]

gracidare (rana)	å kvekke	[ɔ 'kvɛkə]
ronzare (insetto)	å surre	[ɔ 'sʉrə]
frinire (vi)	å gnisse	[ɔ 'gnisə]

179. Uccelli

uccello (m)	fugl (m)	['fʉl]
colombo (m), piccione (m)	due (m/f)	['dʉə]
passero (m)	spurv (m)	['spʉrv]
cincia (f)	kjøttmeis (m/f)	['çœtˌmæjs]
gazza (f)	skjære (m/f)	['ʂærə]

corvo (m)	ravn (m)	['rɑvn]
cornacchia (f)	kråke (m)	['kroːkə]
taccola (f)	kaie (m/f)	['kɑjə]

corvo (m) nero	kornkråke (m/f)	['kuːŋˌkroːkə]
anatra (f)	and (m/f)	['ɑn]
oca (f)	gås (m/f)	['gɔs]
fagiano (m)	fasan (m)	[fɑ'sɑn]

aquila (f)	ørn (m/f)	['œːŋ]
astore (m)	hauk (m)	['hauk]
falco (m)	falk (m)	['fɑlk]

grifone (m)	gribb (m)	['grib]
condor (m)	kondor (m)	[kun'dur]

cigno (m)	svane (m/f)	['svɑnə]
gru (f)	trane (m/f)	['trɑnə]
cicogna (f)	stork (m)	['stɔrk]

pappagallo (m)	papegøye (m)	[pɑpe'gøjə]
colibrì (m)	kolibri (m)	[ku'libri]
pavone (m)	påfugl (m)	['pɔˌfʉl]

struzzo (m)	struts (m)	['strʉts]
airone (m)	hegre (m)	['hæjrə]

fenicottero (m)	flamingo (m)	[flɑ'mingu]
pellicano (m)	pelikan (m)	[peli'kɑn]

usignolo (m)	nattergal (m)	['nɑtərˌgɑl]
rondine (f)	svale (m/f)	['svɑlə]

tordo (m)	trost (m)	['trʊst]
tordo (m) sasello	måltrost (m)	['moːlˌtrʊst]
merlo (m)	svarttrost (m)	['svɑːˌtrʊst]

rondone (m)	tårnseiler (m), tårnsvale (m/f)	['toːŋˌsæjlə], ['toːŋˌsvɑlə]
allodola (f)	lerke (m/f)	['lærkə]
quaglia (f)	vaktel (m)	['vɑktəl]

picchio (m)	hakkespett (m)	['hɑkəˌspɛt]
cuculo (m)	gjøk, gauk (m)	['jøk], ['gauk]
civetta (f)	ugle (m/f)	['ʉglə]
gufo (m) reale	hubro (m)	['hʉbrʊ]
urogallo (m)	storfugl (m)	['stʊrˌfʉl]

fagiano (m) di monte	orrfugl (m)	['ɔrˌfʉl]
pernice (f)	rapphøne (m/f)	['rɑpˌhønə]

storno (m)	stær (m)	['stær]
canarino (m)	kanarifugl (m)	[kɑ'nɑriˌfʉl]
francolino (m) di monte	jerpe (m/f)	['jærpə]

fringuello (m)	bokfink (m)	['bʊkˌfink]
ciuffolotto (m)	dompap (m)	['dʊmpɑp]

gabbiano (m)	måke (m/f)	['moːkə]
albatro (m)	albatross (m)	['ɑlbɑˌtrɔs]
pinguino (m)	pingvin (m)	[piŋ'vin]

180. Uccelli. Cinguettio e versi

cantare (vi)	å synge	[ɔ 'sʏŋə]
gridare (vi)	å skrike	[ɔ 'skrikə]
cantare (gallo)	å gale	[ɔ 'galə]
chicchirichì (m)	kykeliky	[kykəli'ky:]
chiocciare (gallina)	å kakle	[ɔ 'kaklə]
gracchiare (vi)	å krae	[ɔ 'kraə]
fare qua qua	å snadre, å rappe	[ɔ 'snadrə], [ɔ 'rapə]
pigolare (vi)	å pipe	[ɔ 'pipə]
cinguettare (vi)	å kvitre	[ɔ 'kvitrə]

181. Pesci. Animali marini

abramide (f)	brasme (m/f)	['brasmə]
carpa (f)	karpe (m)	['karpə]
perca (f)	åbor (m)	['obɔr]
pesce (m) gatto	malle (m)	['malə]
luccio (m)	gjedde (m/f)	['jɛdə]
salmone (m)	laks (m)	['laks]
storione (m)	stør (m)	['stør]
aringa (f)	sild (m/f)	['sil]
salmone (m)	atlanterhavslaks (m)	[at'lantərhafs‚laks]
scombro (m)	makrell (m)	[ma'krɛl]
sogliola (f)	rødspette (m/f)	['rø‚spɛtə]
lucioperca (f)	gjørs (m)	['jø:ʂ]
merluzzo (m)	torsk (m)	['tɔʂk]
tonno (m)	tunfisk (m)	['tʉn‚fisk]
trota (f)	ørret (m)	['øret]
anguilla (f)	ål (m)	['ɔl]
torpedine (f)	elektrisk rokke (m/f)	[ɛ'lektrisk ‚rɔkə]
murena (f)	murene (m)	[mʉ'rɛnə]
piranha (f)	piraja (m)	[pi'raja]
squalo (m)	hai (m)	['haj]
delfino (m)	delfin (m)	[dɛl'fin]
balena (f)	hval (m)	['val]
granchio (m)	krabbe (m)	['krabə]
medusa (f)	manet (m/f), meduse (m)	['manet], [me'dʉsə]
polpo (m)	blekksprut (m)	['blek‚sprʉt]
stella (f) marina	sjøstjerne (m/f)	['ʂø‚stjæ:ŋə]
riccio (m) di mare	sjøpinnsvin (n)	['ʂø:'pɪn‚svɪn]
cavalluccio (m) marino	sjøhest (m)	['ʂø‚hɛst]
ostrica (f)	østers (m)	['østəʂ]
gamberetto (m)	reke (m/f)	['rekə]

astice (m)	hummer (m)	['hʉmər]
aragosta (f)	langust (m)	[laŋ'gʉst]

182. Anfibi. Rettili

serpente (m)	slange (m)	['ʂlaŋə]
velenoso (agg)	giftig	['jifti]

vipera (f)	hoggorm, huggorm (m)	['hʊg,ɔrm], ['hʉg,ɔrm]
cobra (m)	kobra (m)	['kʊbra]
pitone (m)	pyton (m)	['pytɔn]
boa (m)	boaslange (m)	['bɔa,slaŋə]

biscia (f)	snok (m)	['snʊk]
serpente (m) a sonagli	klapperslange (m)	['klapə,slaŋə]
anaconda (f)	anakonda (m)	[ana'kɔnda]

lucertola (f)	øgle (m/f)	['øglə]
iguana (f)	iguan (m)	[igʉ'an]
varano (m)	varan (n)	[va'ran]
salamandra (f)	salamander (m)	[sala'mandər]
camaleonte (m)	kameleon (m)	[kamələ'ʊn]
scorpione (m)	skorpion (m)	[skɔrpi'ʊn]

tartaruga (f)	skilpadde (m/f)	['ʂil,padə]
rana (f)	frosk (m)	['frɔsk]
rospo (m)	padde (m/f)	['padə]
coccodrillo (m)	krokodille (m)	[krʊkə'dilə]

183. Insetti

insetto (m)	insekt (n)	['insɛkt]
farfalla (f)	sommerfugl (m)	['sɔmər,fʉl]
formica (f)	maur (m)	['maʊr]
mosca (f)	flue (m/f)	['flʉə]
zanzara (f)	mygg (m)	['mʏg]
scarabeo (m)	bille (m)	['bilə]

vespa (f)	veps (m)	['vɛps]
ape (f)	bie (m/f)	['biə]
bombo (m)	humle (m/f)	['hʉmlə]
tafano (m)	brems (m)	['brɛms]

ragno (m)	edderkopp (m)	['ɛdər,kɔp]
ragnatela (f)	edderkoppnett (n)	['ɛdərkɔp,nɛt]

libellula (f)	øyenstikker (m)	['øjən,stikər]
cavalletta (f)	gresshoppe (m/f)	['grɛs,hɔpə]
farfalla (f) notturna	nattsvermer (m)	['nat,sværmər]

scarafaggio (m)	kakerlakk (m)	[kakə'lak]
zecca (f)	flått, midd (m)	['flɔt], ['mid]

pulce (f)	loppe (f)	['lɔpə]
moscerino (m)	knott (m)	['knɔt]

locusta (f)	vandgresshoppe (m/f)	['van 'grɛsˌhɔpə]
lumaca (f)	snegl (m)	['snæjl]
grillo (m)	siriss (m)	['siˌris]
lucciola (f)	ildflue (m/f), lysbille (m)	['ilˌflʉe], ['lysˌbilə]
coccinella (f)	marihøne (m/f)	['mariˌhønə]
maggiolino (m)	oldenborre (f)	['ɔldənˌbɔrə]

sanguisuga (f)	igle (m/f)	['iglə]
bruco (m)	sommerfugllarve (m/f)	['sɔmərfʉlˌlarvə]
verme (m)	meitemark (m)	['mæjtəˌmark]
larva (f)	larve (m/f)	['larvə]

184. Animali. Parti del corpo

becco (m)	nebb (n)	['nɛb]
ali (f pl)	vinger (m pl)	['viŋər]
zampa (f)	fot (m)	['fʊt]
piumaggio (m)	fjærdrakt (m/f)	['fjærˌdrakt]
penna (f), piuma (f)	fjær (m/f)	['fjær]
cresta (f)	fjærtopp (m)	['fjæːˌtɔp]

branchia (f)	gjeller (m/f pl)	['jɛlər]
uova (f pl)	rogn (m/f)	['rɔŋn]
larva (f)	larve (m/f)	['larvə]
pinna (f)	finne (m)	['finə]
squama (f)	skjell (n)	['ʂɛl]

zanna (f)	hoggtann (m/f)	['hɔgˌtan]
zampa (f)	pote (m)	['pɔːtə]
muso (m)	snute (m/f)	['snʉtə]
bocca (f)	kjeft (m)	['çɛft]
coda (f)	hale (m)	['halə]
baffi (m pl)	værhår (n)	['værˌhɔr]

zoccolo (m)	klov, hov (m)	['klɔv], ['hɔv]
corno (m)	horn (n)	['huːn]

carapace (f)	ryggskjold (n)	['rygˌʂɔl]
conchiglia (f)	skall (n)	['skal]
guscio (m) dell'uovo	eggeskall (n)	['ɛgəˌskal]

pelo (m)	pels (m)	['pɛls]
pelle (f)	skinn (n)	['ʂin]

185. Animali. Ambiente naturale

ambiente (m) naturale	habitat (n)	[habi'tat]
migrazione (f)	migrasjon (m)	[migra'ʂʉn]
monte (m), montagna (f)	fjell (n)	['fjɛl]

scogliera (f)	rev (n)	['rev]
falesia (f)	klippe (m)	['klipə]
foresta (f)	skog (m)	['skʊg]
giungla (f)	jungel (m)	['jʉŋəl]
savana (f)	savanne (m)	[sɑ'vɑnə]
tundra (f)	tundra (m)	['tʉndrɑ]
steppa (f)	steppe (m)	['stɛpə]
deserto (m)	ørken (m)	['œrkən]
oasi (f)	oase (m)	[ʊ'ɑsə]
mare (m)	hav (n)	['hɑv]
lago (m)	innsjø (m)	['in'şø]
oceano (m)	verdenshav (n)	[værdəns'hɑv]
palude (f)	myr (m/f)	['myr]
di acqua dolce	ferskvanns-	['fæşkˌvɑns-]
stagno (m)	dam (m)	['dɑm]
fiume (m)	elv (m/f)	['ɛlv]
tana (f) (dell'orso)	hi (n)	['hi]
nido (m)	reir (n)	['ræjr]
cavità (f) (~ in un albero)	trehull (n)	['trɛˌhʉl]
tana (f) (del fox, ecc.)	hule (m/f)	['hʉlə]
formicaio (m)	maurtue (m/f)	['mɑʊːˌʈʉə]

Flora

186. Alberi

albero (m)	tre (n)	['trɛ]
deciduo (agg)	løv-	['løv-]
conifero (agg)	bar-	['bar-]
sempreverde (agg)	eviggrønt	['ɛvi͵grœnt]
melo (m)	epletre (n)	['ɛplə͵trɛ]
pero (m)	pæretre (n)	['pærə͵trɛ]
ciliegio (m)	morelltre (n)	[mʊ'rɛl͵trɛ]
amareno (m)	kirsebærtre (n)	['çiṣəbær͵trɛ]
prugno (m)	plommetre (n)	['plʊmə͵trɛ]
betulla (f)	bjørk (f)	['bjœrk]
quercia (f)	eik (f)	['æjk]
tiglio (m)	lind (m/f)	['lin]
pioppo (m) tremolo	osp (m/f)	['ɔsp]
acero (m)	lønn (m/f)	['lœn]
abete (m)	gran (m/f)	['gran]
pino (m)	furu (m/f)	['fʉrʉ]
larice (m)	lerk (m)	['lærk]
abete (m) bianco	edelgran (m/f)	['ɛdəl͵gran]
cedro (m)	seder (m)	['sedər]
pioppo (m)	poppel (m)	['pɔpəl]
sorbo (m)	rogn (m/f)	['rɔŋn]
salice (m)	pil (m/f)	['pil]
alno (m)	or, older (m/f)	['ʊr], ['ɔldər]
faggio (m)	bøk (m)	['bøk]
olmo (m)	alm (m)	['alm]
frassino (m)	ask (m/f)	['ask]
castagno (m)	kastanjetre (n)	[ka'stanjə͵trɛ]
magnolia (f)	magnolia (m)	[maŋ'nʉlia]
palma (f)	palme (m)	['palmə]
cipresso (m)	sypress (m)	[sʏ'prɛs]
mangrovia (f)	mangrove (m)	[maŋ'grʊvə]
baobab (m)	apebrødtre (n)	['apebrø͵trɛ]
eucalipto (m)	eukalyptus (m)	[ɛvka'lyptʉs]
sequoia (f)	sequoia (m)	['sek͵vɔja]

187. Arbusti

cespuglio (m)	busk (m)	['bʉsk]
arbusto (m)	busk (m)	['bʉsk]

vite (f)	vinranke (m)	['vin,rankə]
vigneto (m)	vinmark (m/f)	['vin,mark]

lampone (m)	bringebærbusk (m)	['briŋə,bær bʉsk]
ribes (m) nero	solbærbusk (m)	['sʉlbær,bʉsk]
ribes (m) rosso	ripsbusk (m)	['rips,bʉsk]
uva (f) spina	stikkelsbærbusk (m)	['stikəlsbær,bʉsk]

acacia (f)	akasie (m)	[a'kasiə]
crespino (m)	berberis (m)	['bærberis]
gelsomino (m)	sjasmin (m)	[ʂas'min]

ginepro (m)	einer (m)	['æjnər]
roseto (m)	rosenbusk (m)	['rʉsən,bʉsk]
rosa (f) canina	steinnype (m/f)	['stæjn,nypə]

188. Funghi

fungo (m)	sopp (m)	['sɔp]
fungo (m) commestibile	spiselig sopp (m)	['spisəli ,sɔp]
fungo (m) velenoso	giftig sopp (m)	['jifti ,sɔp]
cappello (m)	hatt (m)	['hat]
gambo (m)	stilk (m)	['stilk]

porcino (m)	steinsopp (m)	['stæjn,sɔp]
boleto (m) rufo	rødskrubb (m/n)	['rø,skrʉb]
porcinello (m)	brunskrubb (m/n)	['brʉn,skrʉb]
gallinaccio (m)	kantarell (m)	[kanta'rel]
rossola (f)	kremle (m/f)	['krɛmlə]

spugnola (f)	morkel (m)	['mɔrkəl]
ovolaccio (m)	fluesopp (m)	['flʉə,sɔp]
fungo (m) moscario	grønn fluesopp (m)	['grœn 'flʉə,sɔp]

189. Frutti. Bacche

frutto (m)	frukt (m/f)	['frʉkt]
frutti (m pl)	frukter (m/f pl)	['frʉktər]
mela (f)	eple (n)	['ɛplə]
pera (f)	pære (m/f)	['pærə]
prugna (f)	plomme (m/f)	['plʊmə]

fragola (f)	jordbær (n)	['juːr,bær]
amarena (f)	kirsebær (n)	['çiʂə,bær]
ciliegia (f)	morell (m)	[mʊ'rɛl]
uva (f)	drue (m)	['drʉə]

lampone (m)	bringebær (n)	['briŋə,bær]
ribes (m) nero	solbær (n)	['sʊl,bær]
ribes (m) rosso	rips (m)	['rips]
uva (f) spina	stikkelsbær (n)	['stikəls,bær]
mirtillo (m) di palude	tranebær (n)	['tranə,bær]

arancia (f)	appelsin (m)	[apel'sin]
mandarino (m)	mandarin (m)	[manda'rin]
ananas (m)	ananas (m)	['ananas]
banana (f)	banan (m)	[ba'nan]
dattero (m)	daddel (m)	['dadəl]

limone (m)	sitron (m)	[si'trʊn]
albicocca (f)	aprikos (m)	[apri'kʊs]
pesca (f)	fersken (m)	['fæʂkən]
kiwi (m)	kiwi (m)	['kivi]
pompelmo (m)	grapefrukt (m/f)	['grɛjp‚frʊkt]

bacca (f)	bær (n)	['bær]
bacche (f pl)	bær (n pl)	['bær]
mirtillo (m) rosso	tyttebær (n)	['tʏtə‚bær]
fragola (f) di bosco	markjordbær (n)	['mark ju:r‚bær]
mirtillo (m)	blåbær (n)	['blɔ‚bær]

190. Fiori. Piante

fiore (m)	blomst (m)	['blɔmst]
mazzo (m) di fiori	bukett (m)	[bʉ'kɛt]

rosa (f)	rose (m/f)	['rʊsə]
tulipano (m)	tulipan (m)	[tʉli'pan]
garofano (m)	nellik (m)	['nɛlik]
gladiolo (m)	gladiolus (m)	[gladi'ɔlʉs]

fiordaliso (m)	kornblomst (m)	['kʊːn‚blɔmst]
campanella (f)	blåklokke (m/f)	['blɔ‚klɔkə]
soffione (m)	løvetann (m/f)	['løvə‚tan]
camomilla (f)	kamille (m)	[ka'milə]

aloe (m)	aloe (m)	['alʉe]
cactus (m)	kaktus (m)	['kaktʉs]
ficus (m)	gummiplante (m/f)	['gʉmi‚plantə]

giglio (m)	lilje (m)	['liljə]
geranio (m)	geranium (m)	[ge'ranium]
giacinto (m)	hyasint (m)	[hia'sint]

mimosa (f)	mimose (m/f)	[mi'mɔsə]
narciso (m)	narsiss (m)	[na'ʂɪs]
nasturzio (m)	blomkarse (m)	['blɔm‚kaʂə]

orchidea (f)	orkidé (m)	[ɔrki'de]
peonia (f)	peon, pion (m)	[pe'ʊn], [pi'ʊn]
viola (f)	fiol (m)	[fi'ʊl]

viola (f) del pensiero	stemorsblomst (m)	['stemʊʂ‚blɔmst]
nontiscordardimé (m)	forglemmegei (m)	[for'glemə‚jæj]
margherita (f)	tusenfryd (m)	['tʉsən‚fryd]
papavero (m)	valmue (m)	['valmʉə]
canapa (f)	hamp (m)	['hamp]

menta (f)	mynte (m/f)	['mʏntə]
mughetto (m)	liljekonvall (m)	['liljə kɔn'val]
bucaneve (m)	snøklokke (m/f)	['snø‚klɔkə]

ortica (f)	nesle (m/f)	['nɛslə]
acetosa (f)	syre (m/f)	['syrə]
ninfea (f)	nøkkerose (m/f)	['nøkə‚rʊse]
felce (f)	bregne (m/f)	['brɛjnə]
lichene (m)	lav (m/n)	['lav]

serra (f)	drivhus (n)	['driv‚hʉs]
prato (m) erboso	gressplen (m)	['grɛs‚plen]
aiuola (f)	blomsterbed (n)	['blɔmstər‚bed]

pianta (f)	plante (m/f), vekst (m)	['plantə], ['vɛkst]
erba (f)	gras (n)	['gras]
filo (m) d'erba	grasstrå (n)	['gras‚strɔ]

foglia (f)	blad (n)	['bla]
petalo (m)	kronblad (n)	['krɔn‚bla]
stelo (m)	stilk (m)	['stilk]
tubero (m)	rotknoll (m)	['rʊt‚knɔl]

| germoglio (m) | spire (m/f) | ['spirə] |
| spina (f) | torn (m) | ['tʊːɳ] |

fiorire (vi)	å blomstre	[ɔ 'blɔmstrə]
appassire (vi)	å visne	[ɔ 'visnə]
odore (m), profumo (m)	lukt (m/f)	['lʉkt]
tagliare (~ i fiori)	å skjære av	[ɔ 'ʂæːrə aː]
cogliere (vt)	å plukke	[ɔ 'plʉkə]

191. Cereali, granaglie

grano (m)	korn (n)	['kʊːɳ]
cereali (m pl)	cerealer (n pl)	[sere'alər]
spiga (f)	aks (n)	['aks]

frumento (m)	hvete (m)	['vetə]
segale (f)	rug (m)	['rʉg]
avena (f)	havre (m)	['havrə]

| miglio (m) | hirse (m) | ['hiʂə] |
| orzo (m) | bygg (m/n) | ['bʏg] |

mais (m)	mais (m)	['mais]
riso (m)	ris (m)	['ris]
grano (m) saraceno	bokhvete (m)	['bʊk‚vetə]

pisello (m)	ert (m/f)	['æːt]
fagiolo (m)	bønne (m/f)	['bœnə]
soia (f)	soya (m)	['sɔja]
lenticchie (f pl)	linse (m/f)	['linsə]
fave (f pl)	bønner (m/f pl)	['bœnər]

GEOGRAFIA REGIONALE

Paesi. Nazionalità

192. Politica. Governo. Parte 1

politica (f)	politikk (m)	[pʊli'tik]
politico (agg)	politisk	[pʊ'litisk]
politico (m)	politiker (m)	[pʊ'litikər]
stato (m) (nazione, paese)	stat (m)	['stat]
cittadino (m)	statsborger (m)	['stats͵bɔrgər]
cittadinanza (f)	statsborgerskap (n)	['statsbɔrgə͵skap]
emblema (m) nazionale	riksvåpen (n)	['riks͵vɔpən]
inno (m) nazionale	nasjonalsang (m)	[naʂʊ'nal͵saŋ]
governo (m)	regjering (m/f)	[rɛ'jeriŋ]
capo (m) di Stato	landets leder (m)	['lanɛts ͵ledər]
parlamento (m)	parlament (n)	[pɑ:[ɑ'mɛnt]
partito (m)	parti (n)	[pɑ:'ţi]
capitalismo (m)	kapitalisme (n)	[kapita'lismə]
capitalistico (agg)	kapitalistisk	[kapita'listisk]
socialismo (m)	sosialisme (m)	[sʊsia'lismə]
socialista (agg)	sosialistisk	[sʊsia'listisk]
comunismo (m)	kommunisme (m)	[kʊmʉ'nismə]
comunista (agg)	kommunistisk	[kʊmʉ'nistisk]
comunista (m)	kommunist (m)	[kʊmʉ'nist]
democrazia (f)	demokrati (n)	[demʊkra'ti]
democratico (m)	demokrat (m)	[demʊ'krat]
democratico (agg)	demokratisk	[demʊ'kratisk]
partito (m) democratico	demokratisk parti (n)	[demʊ'kratisk pɑ:'ţi]
liberale (m)	liberaler (m)	[libə'ralər]
liberale (agg)	liberal	[libə'ral]
conservatore (m)	konservativ (m)	[kʊn'sɛrva͵tiv]
conservatore (agg)	konservativ	[kʊn'sɛrva͵tiv]
repubblica (f)	republikk (m)	[repʉ'blik]
repubblicano (m)	republikaner (m)	[repʉbli'kanər]
partito (m) repubblicano	republikanske parti (n)	[repʉbli'kanskə pɑ:'ţi]
elezioni (f pl)	valg (n)	['valg]
eleggere (vt)	å velge	[ɔ 'vɛlgə]

elettore (m)	velger (m)	['vɛlgər]
campagna (f) elettorale	valgkampanje (m)	['valg kam'panjə]
votazione (f)	avstemning, votering (m)	['af‚stɛmniŋ], ['vɔteriŋ]
votare (vi)	å stemme	[ɔ 'stɛmə]
diritto (m) di voto	stemmerett (m)	['stɛmə‚rɛt]
candidato (m)	kandidat (m)	[kandi'dat]
candidarsi (vr)	å kandidere	[ɔ kandi'derə]
campagna (f)	kampanje (m)	[kam'panjə]
d'opposizione (agg)	opposisjons-	[ɔpʉsi'ʂʉns-]
opposizione (f)	opposisjon (m)	[ɔpʉsi'ʂʉn]
visita (f)	besøk (n)	[be'søk]
visita (f) ufficiale	offisielt besøk (n)	[ɔfi'sjɛlt be'søk]
internazionale (agg)	internasjonal	['intɛ:ŋaʂʉ‚nal]
trattative (f pl)	forhandlinger (m pl)	[fɔr'handliŋər]
negoziare (vi)	å forhandle	[ɔ fɔr'handlə]

193. Politica. Governo. Parte 2

società (f)	samfunn (n)	['sam‚fʉn]
costituzione (f)	grunnlov (m)	['grʉn‚lɔv]
potere (m) (~ politico)	makt (m)	['makt]
corruzione (f)	korrupsjon (m)	[kʉrʉp'ʂʉn]
legge (f)	lov (m)	['lɔv]
legittimo (agg)	lovlig	['lɔvli]
giustizia (f)	rettferdighet (m)	[rɛt'færdi‚het]
giusto (imparziale)	rettferdig	[rɛt'færdi]
comitato (m)	komité (m)	[kʉmi'te]
disegno (m) di legge	lovforslag (n)	['lɔv‚fɔʂlag]
bilancio (m)	budsjett (n)	[bʉd'ʂɛt]
politica (f)	politikk (m)	[pʉli'tik]
riforma (f)	reform (m/f)	[rɛ'fɔrm]
radicale (agg)	radikal	[radi'kal]
forza (f) (potenza)	kraft (m/f)	['kraft]
potente (agg)	mektig	['mɛkti]
sostenitore (m)	tilhenger (m)	['til‚hɛŋər]
influenza (f)	innflytelse (m)	['in‚flytəlse]
regime (m) (~ militare)	regime (n)	[rɛ'ʂimə]
conflitto (m)	konflikt (m)	[kʉn'flikt]
complotto (m)	sammensvergelse (m)	['samən‚sværgəlsə]
provocazione (f)	provokasjon (m)	[prʉvʉka'ʂʉn]
rovesciare (~ un regime)	å styrte	[ɔ 'sty:tə]
rovesciamento (m)	styrting (m/f)	['sty:tiŋ]
rivoluzione (f)	revolusjon (m)	[revʉlʉ'ʂʉn]

colpo (m) di Stato	statskupp (n)	['stats,kʉp]
golpe (m) militare	militærkupp (n)	[mili'tær,kʉp]

crisi (f)	krise (m/f)	['krisə]
recessione (f) economica	økonomisk nedgang (m)	[økʉ'nɔmisk 'ned,gaŋ]
manifestante (m)	demonstrant (m)	[demɔn'strant]
manifestazione (f)	demonstrasjon (m)	[demɔnstra'ʂʉn]
legge (f) marziale	krigstilstand (m)	['krigstil,stan]
base (f) militare	militærbase (m)	[mili'tær,basə]

stabilità (f)	stabilitet (m)	[stabili'tet]
stabile (agg)	stabil	[sta'bil]

sfruttamento (m)	utbytting (m/f)	['ʉt,bʏtiŋ]
sfruttare (~ i lavoratori)	å utbytte	[ɔ 'ʉt,bʏtə]

razzismo (m)	rasisme (m)	[ra'sismə]
razzista (m)	rasist (m)	[ra'sist]
fascismo (m)	fascisme (m)	[fa'ʂismə]
fascista (m)	fascist (m)	[fa'ʂist]

194. Paesi. Varie

straniero (m)	utlending (m)	['ʉt,leniŋ]
straniero (agg)	utenlandsk	['ʉtən,lansk]
all'estero	i utlandet	[i 'ʉt,lanə]

emigrato (m)	emigrant (m)	[ɛmi'grant]
emigrazione (f)	emigrasjon (m)	[ɛmigra'ʂʉn]
emigrare (vi)	å emigrere	[ɔ ɛmi'grɛrə]

Ovest (m)	Vesten	['vɛstən]
Est (m)	Østen	['østən]
Estremo Oriente (m)	Det fjerne østen	['de 'fjæ:ŋə ,østɛn]

civiltà (f)	sivilisasjon (m)	[sivilisa'ʂʉn]
umanità (f)	menneskehet (m)	['mɛnəske,het]
mondo (m)	verden (m)	['værdən]
pace (f)	fred (m)	['frɛd]
mondiale (agg)	verdens-	['værdəns-]

patria (f)	fedreland (n)	['fædrə,lan]
popolo (m)	folk (n)	['fɔlk]
popolazione (f)	befolkning (m)	[be'fɔlkniŋ]
gente (f)	folk (n)	['fɔlk]
nazione (f)	nasjon (m)	[na'ʂʉn]
generazione (f)	generasjon (m)	[genera'ʂʉn]

territorio (m)	territorium (n)	[tɛri'tʉrium]
regione (f)	region (m)	[rɛgi'ʉn]
stato (m)	delstat (m)	['del,stat]

tradizione (f)	tradisjon (m)	[tradi'ʂʉn]
costume (m)	skikk, sedvane (m)	['ʂik], ['sɛd,vanə]

ecologia (f)	økologi (m)	[økulu'gi]
indiano (m)	indianer (m)	[indi'anər]
zingaro (m)	sigøyner (m)	[si'gøjnər]
zingara (f)	sigøynerske (m/f)	[si'gøjnəşkə]
di zingaro	sigøynersk	[si'gøjnəşk]

impero (m)	imperium, keiserrike (n)	['im'perium], ['kæjsə‚rike]
colonia (f)	koloni (m)	[kulu'ni]
schiavitù (f)	slaveri (n)	[slavɛ'ri]
invasione (f)	invasjon (m)	[inva'şun]
carestia (f)	hungersnød (m/f)	['hʉŋɛş‚nød]

195. Principali gruppi religiosi. Credi religiosi

| religione (f) | religion (m) | [religi'un] |
| religioso (agg) | religiøs | [reli'gjøs] |

fede (f)	tro (m)	['tru]
credere (vi)	å tro	[ɔ 'tru]
credente (m)	troende (m)	['truenə]

| ateismo (m) | ateisme (m) | [ate'ismə] |
| ateo (m) | ateist (m) | [ate'ist] |

cristianesimo (m)	kristendom (m)	['kristən‚dɔm]
cristiano (m)	kristen (m)	['kristən]
cristiano (agg)	kristelig	['kristəli]

cattolicesimo (m)	katolisisme (m)	[katuli'sismə]
cattolico (m)	katolikk (m)	[katu'lik]
cattolico (agg)	katolsk	[ka'tulsk]

Protestantesimo (m)	protestantisme (m)	[prutɛstan'tismə]
Chiesa (f) protestante	den protestantiske kirke	[den prutɛ'stantiskə ‚çirkə]
protestante (m)	protestant (m)	[prutɛ'stant]

Ortodossia (f)	ortodoksi (m)	[ɔ:ţuduk'si]
Chiesa (f) ortodossa	den ortodokse kirke	[den ɔ:ţu'dɔksə ‚çirkə]
ortodosso (m)	ortodoks (n)	[ɔ:ţu'dɔks]

Presbiterianesimo (m)	presbyterianisme (m)	[prɛsbytæria'nismə]
Chiesa (f) presbiteriana	den presbyterianske kirke	[den prɛsbyteri'anskə ‚çirkə]
presbiteriano (m)	presbyterianer (m)	[prɛsbytæri'anər]

| Luteranesimo (m) | lutherdom (m) | [lʉtər'dɔm] |
| luterano (m) | lutheraner (m) | [lʉtə'ranər] |

| confessione (f) battista | baptisme (m) | [bap'tismə] |
| battista (m) | baptist (m) | [bap'tist] |

Chiesa (f) anglicana	den anglikanske kirke	[den aŋli'kanskə ‚çirkə]
anglicano (m)	anglikaner (m)	[aŋli'kanər]
mormonismo (m)	mormonisme (m)	[mɔrmɔ'nismə]
mormone (m)	mormon (m)	[mur'mun]

| giudaismo (m) | judaisme (m) | ['jɵdaˌismə] |
| ebreo (m) | judeer (m) | ['jɵ'deər] |

| buddismo (m) | buddhisme (m) | [bɵ'dismə] |
| buddista (m) | buddhist (m) | [bɵ'dist] |

| Induismo (m) | hinduisme (m) | [hindɵ'ismə] |
| induista (m) | hindu (m) | ['hindɵ] |

Islam (m)	islam	['islam]
musulmano (m)	muslim (m)	[mɵ'slim]
musulmano (agg)	muslimsk	[mɵ'slimsk]

| sciismo (m) | sjiisme (m) | [ʂi'ismə] |
| sciita (m) | sjiitt (m) | [ʂi'it] |

| sunnismo (m) | sunnisme (m) | [sɵ'nismə] |
| sunnita (m) | sunnimuslim (m) | ['sɵni mɵsˌlim] |

196. Religioni. Sacerdoti

| prete (m) | prest (m) | ['prɛst] |
| Papa (m) | Paven | ['pavən] |

monaco (m)	munk (m)	['mɵnk]
monaca (f)	nonne (m/f)	['nɔnə]
pastore (m)	pastor (m)	['pastʊr]

abate (m)	abbed (m)	['abed]
vicario (m)	sogneprest (m)	['sɔŋnəˌprɛst]
vescovo (m)	biskop (m)	['biskɔp]
cardinale (m)	kardinal (m)	[kaːɖi'nal]

predicatore (m)	predikant (m)	[prɛdi'kant]
predica (f)	preken (m)	['prɛkən]
parrocchiani (m)	menighet (m/f)	['meniˌhet]

| credente (m) | troende (m) | ['trʊenə] |
| ateo (m) | ateist (m) | [ate'ist] |

197. Fede. Cristianesimo. Islam

| Adamo | Adam | ['adam] |
| Eva | Eva | ['ɛva] |

Dio (m)	Gud (m)	['gɵd]
Signore (m)	Herren	['hæːrən]
Onnipotente (m)	Den Allmektige	[den al'mɛktlə]

peccato (m)	synd (m/f)	['syn]
peccare (vi)	å synde	[ɔ 'synə]
peccatore (m)	synder (m)	['synər]

peccatrice (f)	synderinne (m)	['sʏnəˌrinə]
inferno (m)	helvete (n)	['hɛlvetə]
paradiso (m)	paradis (n)	['paraˌdis]
Gesù	Jesus	['jesʉs]
Gesù Cristo	Jesus Kristus	['jesʉs ˌkristʉs]
Spirito (m) Santo	Den Hellige Ånd	[dən 'hɛliə ˌon]
Salvatore (m)	Frelseren	['frelserən]
Madonna	Jomfru Maria	['jɔmfrʉ maˌria]
Diavolo (m)	Djevel (m)	['djevəl]
del diavolo	djevelsk	['djevəlsk]
Satana (m)	Satan	['satan]
satanico (agg)	satanisk	[sa'tanisk]
angelo (m)	engel (m)	['ɛŋəl]
angelo (m) custode	skytsengel (m)	['ʂytsˌɛŋəl]
angelico (agg)	engle-	['ɛŋlə-]
apostolo (m)	apostel (m)	[a'postəl]
arcangelo (m)	erkeengel (m)	['ærkəˌæŋəl]
Anticristo (m)	Antikrist	['antiˌkrist]
Chiesa (f)	kirken (m)	['çirkən]
Bibbia (f)	bibel (m)	['bibəl]
biblico (agg)	bibelsk	['bibəlsk]
Vecchio Testamento (m)	Det Gamle Testamente	[de 'gamlə tɛsta'mentə]
Nuovo Testamento (m)	Det Nye Testamente	[de 'nye tɛsta'mentə]
Vangelo (m)	evangelium (n)	[ɛvan'gelium]
Sacra Scrittura (f)	Den Hellige Skrift	[dən 'hɛliə ˌskrift]
Il Regno dei Cieli	Himmerike (n)	['himəˌrikə]
comandamento (m)	bud (n)	['bʉd]
profeta (m)	profet (m)	[prʉ'fet]
profezia (f)	profeti (m)	[prʉfe'ti]
Allah	Allah	['ala]
Maometto	Muhammed	[mʉ'hamed]
Corano (m)	Koranen	[kʉ'ranən]
moschea (f)	moské (m)	[mʉ'ske]
mullah (m)	mulla (m)	['mʉla]
preghiera (f)	bønn (m)	['bœn]
pregare (vi, vt)	å be	[ɔ 'be]
pellegrinaggio (m)	pilegrimsreise (m/f)	['pilҽgrimsˌræjsə]
pellegrino (m)	pilegrim (m)	['pilҽgrim]
La Mecca (f)	Mekka	['mɛka]
chiesa (f)	kirke (m/f)	['çirkə]
tempio (m)	tempel (n)	['tɛmpəl]
cattedrale (f)	katedral (m)	[kate'dral]
gotico (agg)	gotisk	['gɔtisk]
sinagoga (f)	synagoge (m)	[syna'gʉgə]

moschea (f)	moské (m)	[mʊ'ske]
cappella (f)	kapell (n)	[ka'pɛl]
abbazia (f)	abbedi (n)	['ɑbedi]
convento (m) di suore	kloster (n)	['klɔstər]
monastero (m)	kloster (n)	['klɔstər]
campana (f)	klokke (m/f)	['klɔkə]
campanile (m)	klokketårn (n)	['klɔkə,to:n]
suonare (campane)	å ringe	[ɔ 'riŋə]
croce (f)	kors (n)	['kɔ:ş]
cupola (f)	kuppel (m)	['kʉpəl]
icona (f)	ikon (m/n)	[i'kʊn]
anima (f)	sjel (m)	['şɛl]
destino (m), sorte (f)	skjebne (m)	['şɛbnə]
male (m)	ondskap (n)	['ʊn,skɑp]
bene (m)	godhet (m)	['gʊ,het]
vampiro (m)	vampyr (m)	[vɑm'pyr]
strega (f)	heks (m)	['hɛks]
demone (m)	demon (m)	[de'mʊn]
spirito (m)	ånd (m)	['ɔn]
redenzione (f)	forløsning (m/f)	[fɔ:'løsniŋ]
redimere (vt)	å sone	[ɔ 'sʊnə]
messa (f)	gudstjeneste (m)	['gʉts,tjenɛstə]
dire la messa	å holde gudstjeneste	[ɔ 'hɔldə 'gʉts,tjenɛstə]
confessione (f)	skriftemål (n)	['skriftə,mol]
confessarsi (vr)	å skrifte	[ɔ 'skriftə]
santo (m)	helgen (m)	['hɛlgən]
sacro (agg)	hellig	['hɛli]
acqua (f) santa	vievann (n)	['viə,vɑn]
rito (m)	ritual (n)	[ritʉ'ɑl]
rituale (agg)	rituell	[ritʉ'ɛl]
sacrificio (m) (offerta)	ofring (m/f)	['ɔfriŋ]
superstizione (f)	overtro (m)	['ɔvə,trʊ]
superstizioso (agg)	overtroisk	['ɔvə,trʊisk]
vita (f) dell'oltretomba	livet etter dette	['livə ,ɛtər 'dɛtə]
vita (f) eterna	det evige liv	[de ,eviə 'liv]

183

VARIE

198. Varie parole utili

Italiano	Norvegese	Pronuncia
aiuto (m)	hjelp (m)	['jɛlp]
barriera (f) (ostacolo)	hinder (n)	['hindər]
base (f)	basis (n)	['basis]
bilancio (m) (equilibrio)	balanse (m)	[ba'lansə]
categoria (f)	kategori (m)	[kategʉ'ri]
causa (f) (ragione)	årsak (m/f)	['oːˌʂak]
coincidenza (f)	sammenfall (n)	['samənˌfal]
comodo (agg)	bekvem	[be'kvem]
compenso (m)	kompensasjon (m)	[kʉmpɛnsa'ʂʉn]
confronto (m)	sammenlikning (m)	['samənˌlikniŋ]
cosa (f) (oggetto, articolo)	ting (m)	['tiŋ]
crescita (f)	vekst (m)	['vɛkst]
differenza (f)	skilnad, forskjell (m)	['ʂilnad], ['foːʂɛl]
effetto (m)	effekt (m)	[ɛ'fɛkt]
elemento (m)	element (n)	[ɛle'mɛnt]
errore (m)	feil (m)	['fæjl]
esempio (m)	eksempel (n)	[ɛk'sɛmpəl]
fatto (m)	faktum (n)	['faktum]
forma (f) (aspetto)	form (m/f)	['form]
frequente (agg)	hyppig	['hʏpi]
genere (m) (tipo, sorta)	slags (n)	['ʂlaks]
grado (m) (livello)	grad (m)	['grad]
ideale (m)	ideal (n)	[ide'al]
inizio (m)	begynnelse (m)	[be'jinəlsə]
labirinto (m)	labyrint (m)	[laby'rint]
modo (m) (maniera)	måte (m)	['moːtə]
momento (m)	moment (n)	[mo'mɛnt]
oggetto (m) (cosa)	objekt (n)	[ɔb'jɛkt]
originale (m) (non è una copia)	original (m)	[ɔrigi'nal]
ostacolo (m)	hindring (m/f)	['hindriŋ]
parte (f) (~ di qc)	del (m)	['del]
particella (f)	partikel (m)	[paː'ʈikəl]
pausa (f)	stopp (m), hvile (m/f)	['stɔp], ['vilə]
pausa (f) (sosta)	pause (m)	['paʉsə]
posizione (f)	posisjon (m)	[posi'ʂʉn]
principio (m)	prinsipp (n)	[prin'sip]
problema (m)	problem (n)	[prʉ'blem]
processo (m)	prosess (m)	[prʉ'sɛs]
progresso (m)	fremskritt (n)	['frɛmˌskrit]

| proprietà (f) (qualità) | egenskap (m) | ['ɛgənˌskap] |
| reazione (f) | reaksjon (m) | [rɛak'ʂʊn] |

rischio (m)	risiko (m)	['risikʊ]
ritmo (m)	tempo (n)	['tɛmpʊ]
scelta (f)	valg (n)	['valg]
segreto (m)	hemmelighet (m/f)	['hɛməliˌhet]
serie (f)	serie (m)	['seriə]

sfondo (m)	bakgrunn (m)	['bakˌgrʉn]
sforzo (m) (fatica)	anstrengelse (m)	['anˌstrɛŋəlsə]
sistema (m)	system (n)	[sʏ'stem]
situazione (f)	situasjon (m)	[sitʉa'ʂʊn]
soluzione (f)	løsning (m)	['løsniŋ]

standard (agg)	standard-	['stanˌdar-]
standard (m)	standard (m)	['stanˌdar]
stile (m)	stil (m)	['stil]
sviluppo (m)	utvikling (m/f)	['ʉtˌvikliŋ]
tabella (f) (delle calorie, ecc.)	tabell (m)	[ta'bɛl]

termine (m)	slutt (m)	['ʂlʉt]
termine (m) (parola)	term (m)	['tɛrm]
tipo (m)	type (m)	['typə]
turno (m)	tur (m)	['tʉr]
(aspettare il proprio ~)		
urgente (agg)	omgående	['ɔmˌgɔːnə]

urgentemente	omgående	['ɔmˌgɔːnə]
utilità (f)	nytte (m/f)	['nʏtə]
variante (f)	variant (m)	[vari'ant]
verità (f)	sannhet (m)	['sanˌhet]
zona (f)	sone (m/f)	['sʊnə]

www.ingramcontent.com/pod-product-compliance
Lightning Source LLC
LaVergne TN
LVHW051341080426
835509LV00020BA/3236